三茅百万
HR
系列丛书

人力资源
核心技能实战复盘

技能升级 | 案例精解 | 经验复制 | 战略落地

三茅人力资源网 ◎ 编著

中国法制出版社
CHINA LEGAL PUBLISHING HOUSE

人力资源核心技能实战复盘：
技能升级、案例精解、经验复制、战略落地

编委会：黄志宾　阚新婷　周轩同

撰稿人：袁　鹏　海　儿　罗　明　侯熙儒　白　睿

撰稿人简介

袁鹏 国家一级人力资源管理师，从业十余年，曾任职于国内首批5A级现代综合物流百强企业、国家高新技术企业、农牧科技集团的人力资源管理岗位。在薪酬管理、人才发展、组织发展方面均有较为深入的实操经验和心得，专注于做对HR有益的事。

海儿 常州海文咨询服务公司创始人，三茅人力资源网专栏作家、特聘讲师，EMN咨询公司梦想合伙人及多家企业高级管理顾问，曾担任知名汽车公司的HRD，精通企业组织框架设计、企业培训体系搭建。

罗明 泉州市高层次人才，卓越绩效自评师，国家绩效薪酬管理师。人力资源管理师，泉州师范学院兼职副教授，三茅人力资源网最受欢迎HR达人资深专栏作家。从业十余年以来，专注并擅长使用组织绩效、薪酬管理板块的管理工具运用。历任中型民企、大型上市民企企业绩效薪酬主管、经理及高级经理。

侯熙儒 职业讲师，华南理工大学MBA班讲师，曾担任上市公司HR总监，长期为阿里巴巴、中国移动、中国联通、中车等知名企业授课，多家企业的内训师团队训练导师，对企业培训体系搭建拥有丰富的经验。

白睿 组织发展专家、上市公司组织发展总监、上海交通大学特聘讲师、中国人力资源开发研究会理事、《组织赋能》《改写人力资源管理》等畅销书作者、“白睿频道”创始人。精耕组织领域14年，先后为多家企业提供过内训及管理咨询服务，具有百亿级上市集团公司总部的组织发展总监的管理、决策经验。

PREFACE | 前言

2019年，三茅网出版了《HR硬实力》《HR软实力》两本畅销书。这两本书上市之后获得了读者们的广泛好评。很多读者反馈“这是我能从头到尾，真正读进去的实务书”。

一直以来，三茅的核心理念就是从HR中来，到HR中去，每个HR都有自己的成长诉求，每个HR也都有自己的优势，哪怕只是一份资料或是一个想法，三茅的初衷就是把HR连结起来，用实操经验来帮助每个HR，只做实际的、对HR有价值的事。

很多读者希望三茅网能出版更多类似的、有实操指导意义的书。在这样的诉求下，三茅网为各位HR带来了这本《人力资源核心技能实战复盘》。《HR硬实力》《HR软实力》属于全模块、全技能的讲解，而本书，就是在理论基础上，基于实际企业工作场景，只讲案例，用案例带动大家自发实操的一本书。

人力资源管理涉及企业管理的方方面面，它所呈现的客观事实就是：人力资源管理是复杂而又庞大的存在，想要在一本书内将其全面地讲透，几乎是不可能的事情。

所以，本书没有笼统地讲解人力资源管理的整个体系，而是选择了人力资源管理实操中核心的部分，以薪酬、绩效、管理为主线，在案例操作方面下工夫。即便你还没有精通人力资源管理，但你可以通过这些案例掌握操作技巧。这些案例全部来自撰稿人自己的实际工作经验，是撰稿人亲自经历过的实实在在的实操案例。

鱼目睹了这本凝结团队智慧的好书产生的整个过程，从初期的开会讨论到中期的书稿写作、案例筛选，再到最后的书稿修改、整合完成，可谓是一步一个脚印。每位撰稿老师和工作人员都付出了大量的时间和心血，脚踏实地地完成这本书。我相信，大家在阅读本书的过程中一定能感受到三茅网创作团队的诚意，并且可以从书中获取到智慧、学以致用。

思考鱼

CONTENTS | 目录

第4篇 企业培训体系搭建——从梳理现状到落地执行

第5篇 康语：组织快发展，特教慢艺术

第1篇
基于战略的任职资格薪酬管理

"盛年不重来，一日不再晨。及时当勉励，岁月不待人。"作为HR的我们，时刻都在修行的路上。

关于薪酬管理的文章很多，但大都较为传统或千篇一律，缺乏新颖观点或者说格局未打开，再或者说脱离了企业的实际状况，如未关注企业所在行业、发展阶段等。针对此，经过与朋友们交流后，我认为：要想做好如今VUCA（Volatility，易变性；Uncertainty，不确定性；Complexity，复杂性；Ambiguity，模糊性，以下简称VUCA）时代的薪酬管理，应从企业战略角度出发，从产业价值链分析，最终回归到任职资格体系的构建与任职资格的评审，从而进行薪酬的科学管理。本篇文章，旨在带给您不一样的思路，给您思想上的启发，并取得工作上的突破。

——袁鹏

第1章

不懂企业战略，何谈做好薪酬管理

案例

深圳莱福德科技股份有限公司（以下简称LIFUD）是一家集研发、生产、销售、服务为一体的专业制造LED照明驱动电源的国家高新技术企业。LIFUD的总部位于深圳，根据其产品类别和产品系列，LIFUD在深圳临近区域以及西南地区分别建立了不同的产品工厂，工厂之间除各自生产成品外，又相互供给各自所需要的配件。从规模来说，LIFUD已进入集团化管控模式。

企业要生存和发展，往往每个阶段的管理侧重点都会有所不同。同样，LIFUD也不例外。在LIFUD发展的前期，为了快速响应市场需求，迅速抢占同类产品高地和占领市场，LIFUD前期管理的侧重点是研发、生产、销售。因为此项管理策略，LIFUD成为中国首批LED电源企业国际竞争力TOP10企业和中国LED照明灯饰行业100强企业。

尽管LIFUD在前期取得了不错的成绩，但某些管理问题也日益凸显，尤其是薪酬管理缺乏系统性，阻碍了LIFUD的快速、稳健发展。我们知道，薪资调整与企业的职族、职系、职级、职等都密切相关，但这些LIFUD都不健全。因此，每次招聘新人或者为老员工调整工资时都没有系统的定薪依据，这就导致调整工资时主观性太强、随意性太大。随着时间的推移，薪酬管理问题也就成了LIFUD需要迫切解决的问题。

如何让LIFUD的人力资源管理走上正轨？如何解决LIFUD的薪酬管理问题？如何让LIFUD的薪酬管理制度成为员工的物质保证，并激发员工的工作热情？如何让LIFUD提升其企业的核心竞争力？这些都困扰着LIFUD的管理者，甚至股东会的一众股东。

基于以上问题，LIFUD决定进行薪酬改革以突破目前的困境，并最终实现企业“点亮全球三分之一”的宏大目标。那时，我是LIFUD改革的直接参与者，见证了LIFUD的改革过程，经历了改革过程中的艰难曲折以及一点一滴的辛酸，并最终扭转了LIFUD的不良局面。于是，今天我们就有了“基于战略的任职资格薪酬管理”系列文章。所谓“仁者见仁，智者见智”，每个人都有自己的方法和心得。希望这个案例能给你实际的帮助。

怎样做好LIFUD的薪酬管理，或者说企业如何才能做好薪酬管理？一切都应从企业战略谈起。不懂企业战略，何谈做好薪酬管理？这显然很难。

第一节 | 解读战略：从起源到企业管理的实操意义

“战略”一词，是企业经营管理当中的一个热门名词。**“战”即战争、战役，“略”即筹划、谋略，战略即指导战争全局的计划和方略。**从战争的角度来说，指军事将领运用其拥有的力量，指挥军队对抗敌人。在我国，早在春秋时期就出现了关于战略的著作，即孙武的《孙子兵法》，它被认为是中国乃至世界上最早对战略进行全局筹划的著作。清代举人陈澹然就“战略”一词也提到了“不谋万世者，不足谋一时；不谋全局者，不足谋一域”，可见“战略”一词，历史久远。

在企业经营管理中，关于战略的表述有很多种，如“战略是企业基本的长期目标及其为达成目标所采取的行动方案与配置所需资源的决策”，又如，“战略是一系列或整套的决策或行动方式”，再如，“战略是公司为之奋斗的终点与公司为达到它们而寻求途径的结合物”“战略是企业选择成为什么样的公司，占领什么样的市场位置？”

我认为：“战略就是让企业和企业的产品与众不同，形成核心竞争优势，从而让顾客消费之前选择你的产品而不给竞争对手机会。”战略其实是一整套系统的、一致性的经营方略。它决定了我们企业的产品规划、市场布局、组织文化、组织结构、人才布局等，它是我们企业内外部一切运营活动的指南针。

所以，企业只有内外部运营活动与战略一致，才能形成最佳的资源配置与回报率，否则徒劳无功。

如今，企业处在大竞争来临时代，要做大做强的基本前提就是企业自身的定位要准，我们要成为优秀企业、卓越企业，还是领军企业？应该说，企业有什么样的定位？就要有什么样的战略，就要有什么样的组织体系、企业文化以及配套活动。

所以，不管是什么样的企业，我们都要根据企业的发展阶段、行业特色等制定好企业战略，给企业一个准确的定位，进而在瞬息万变的时代击败对手，立足于世。战略研究的三大主题如下图所示：

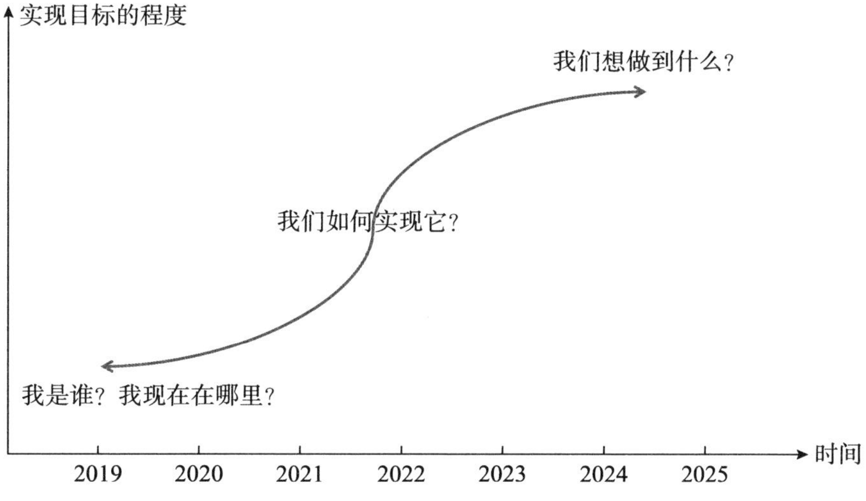

图 1-1　战略研究的三大主题

第二节 | 企业战略的构成

企业战略是如何构成的，或者说它的管理范畴有哪些呢？一般来说，它由公司总体战略、业务战略（也称竞争战略或经营战略）、职能战略三个层级构成。企业战略构成如下图所示：

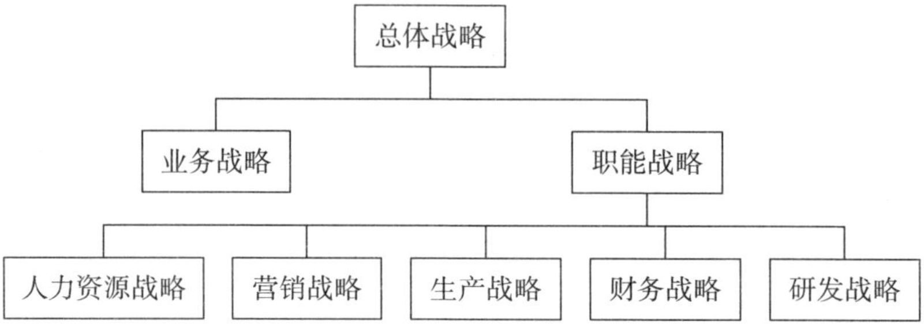

图1-2 战略组织图

总体战略的定义

总体战略，我们也称它为公司战略，是事关全局的公司最高层次战略。如LIFUD的战略目标是“点亮全球三分之一”，愿景是“使能源更高效、更清洁”，这时LIFUD所有工作都围绕着该战略展开，并对公司资源进行有效配置组合和合理分配（如以战略目标指引经营决策、资源配置、运营行为，以此提升品牌资产影响力），或各下属单位如何提高绩效、相互协调聚集团体竞争优势，再或如何根据LIFUD体制和战略目标进入新领域等（如2019年之前只做LED驱动电源，2020年开始进入充电桩智能领域）。

那公司战略是如何分类的呢？一般情况下，公司战略基本可分为：**外部导向战略**和**内部导向战略**。前者侧重于适应企业外部环境的压力，后者侧重于内部资源的开发。常规情况下，企业都应以自身的动态资源（非静态资源）为基础，制定并推行企业自身的战略，即内部导向的发展战略。内部导向的发展战略是建立在内部资源和不确定的人力资源基础上的，而不是建立在确定性资源（如资金、设备和原材料）的基础上。换言之，它建立在能创造不确定资源的人力资源的基础上，并且是建立在动态性资源，如智力、信息、技术、组织等要素基础之上的。这让我想到了华为曾经的人力资源战略规划中心思想：人才投资、汇聚精英，这就是内部导向战略的一种。通过此，华为建立了先进的人力资源管理系统，同时汇聚和沉淀了大量的精英人才，缔造了如今华为的成就。

业务战略的定义

业务战略也称竞争战略或经营战略，它属于企业的二级战略，或属于事业部层次的战略。它指生产经营企业为了生存发展和赢利，实现总体战略目标，围绕企业的生产经营模式、增强市场竞争优势、提高整体绩效等问题所作出的战略决策。

在制定企业竞争战略时，还需要我们思考以下内容，并注意控制每个节点，具体如下图所示：

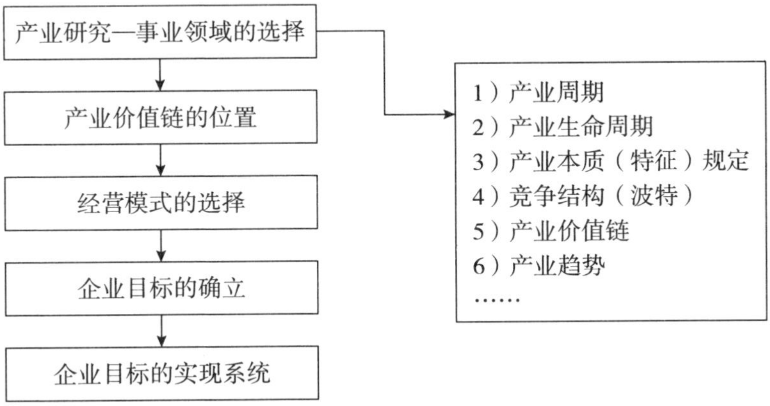

图1-3 制定企业竞争战略思考的关注点及其极点

波士顿矩阵（BCG Matrix）分析

企业为了制定出准确的竞争战略，往往也会用到波士顿矩阵，具体如下图所示：

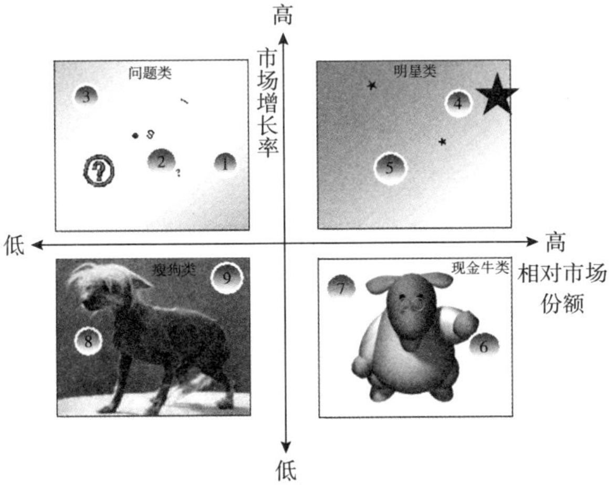

- **明星产品**：处于产品生命周期的成长阶段。高增长、高相对份额。尽管现金流动性强，却可能难以满足市场迅速扩张的需要，如果扶持不好，可能转化为金牛产品、甚至瘦狗产品。
- **金牛产品**：处于产品生命周期的成熟阶段，能提供大量现金，可用于投资明星产品和问题产品。
- **问题产品**：处于产品生命周期的导入阶段，需相当数量的现金以维持份额。在问题产品上投资可能增加相对份额，并转化为明星产品。
- **瘦狗产品**：处于产品生命周期的衰退阶段，不但市场增长率低，而且竞争地位差、现金流动慢，甚至出现负数，可果断舍弃。

图1-4 透过波士顿矩阵图，分析企业产品构成

图1-4中横坐标轴代表相对市场份额，本品市场份额为分子，该品类最大竞争对手的份额为分母；纵坐标轴代表企业内部增长率；坐标原点是“占最大竞争对手的平均份额，企业内部平均增长率”。

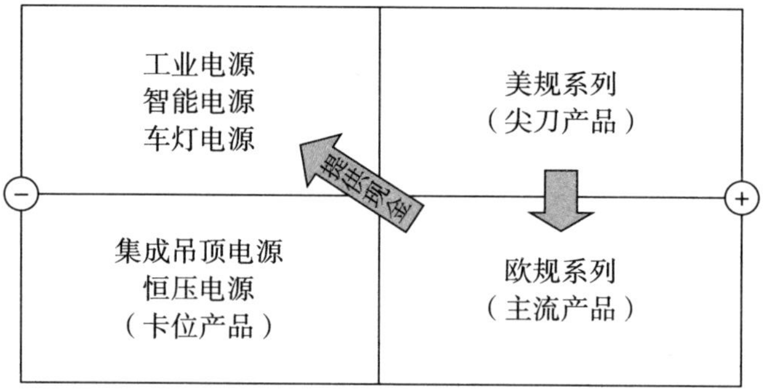

图1-5　透过波士顿矩阵分析LIFUD企业产品

LIFUD在制定竞争策略时，也会根据波士顿矩阵图分析出自己的产品应该往哪个方向发展，自己的明星产品是什么？金牛产品是什么？问题产品是什么？瘦狗产品是什么？通过此分析，如图1-5所示，找到自己的产品优势，淘汰不良产品。例如，某系列产品仅属于卡位产品（通过走量占领市场，但利润很薄的产品），某系列产品属于主流产品、某系列产品属于尖刀产品（高、精、尖的领先产品）等，通过产品导向确定企业的整体战略，进而确定竞争策略。

第三节 | 企业竞争策略类型的选择

对制定战略的各类工具了解后，我们来看看企业通常采用的策略类型。

企业的整体战略应该说决定了企业的竞争策略，因为竞争策略是从企业发展的总体战略目标出发的，要想企业能够在竞争中出奇制胜，占领市场的制高点，企业必须要保持其竞争策略的优势。也就是说，其产品和服务要具有一定的特色，一方面要保持独特性，另一方面要受到客户信赖。总之，就是要在客户心中留有深刻印象，要收获客户的心智资源：让客户在使用某种产品时，首先想到的就是我们的产品。

那么企业竞争策略一般有哪几种类型呢？根据每个企业的实际情况，往往可采用廉价竞争型或产品独特性竞争策略。

何为廉价型竞争策略

廉价型竞争策略，通常指以扩大市场占有率为目的或者生产较为稳定，技术变化不大的企业，以低价来推销自己的产品或某种服务，这时一般要求企业凭借高科技、扩大生产规模或雄厚的财务实力等手段，在生产、采购供应上或营销过程中节省开支，降低成本。应该说，LIFUD也采用了这种策略，如其四川工厂：从供应链中心的采购管理、计划生产、物料控制、原材料库存周期管理，再到产品生产的前段采用高精度的贴片机进行贴片加工、插件段采用机械抓手插件，都无不体现着其原材料采购成本控制、库存成本控制、生产成本控制等，进而生产出大批量占领市场的卡位产品。

何为独特型竞争策略

独特型竞争策略一般力求在市场竞争过程中，采用独特性的产品击败竞争对手，此类竞争策略一般分为创新竞争策略和优质竞争策略。

创新型竞争策略：采用这类策略的企业，通常在参与市场竞争的过程中，力求生产销售竞争对手不能制造的创新性产品，以获取其竞争优势。LIFUD应该说也有采用这种策略，如其尖刀产品往往领先于同行业竞争对手半年以上。

优质型竞争策略：采用这类策略的企业，通常生产和销售竞争对手所不能制造的优质产品，他们往往以高品质赢得消费者的喜爱和欢迎，它不是以“价廉”取胜，而是以物美取胜。同样，LIFUD也采用了这种策略，他们把产品质量看成企业的尊严和生命并加强了这方面的投入，以此击败同类竞争对手。

事实上，稍微成规模的企业以上三种竞争策略都是并存的，只是其竞争策略的侧重点不同。比如，LIFUD，其主要是采用优质型竞争策略为主，通过品质赢得客户信赖，赢得市场，但其又必须与廉价型、创新型竞争策略相结合，通过组合拳形式克敌制胜。

何为职能战略

职能战略又称职能支持战略，它是受企业总体战略或业务战略决定和影响的，这也是为什么我们开篇会谈总体战略和业务战略的原因之一。应该说，我们实行什么样的企业战略，就必须匹配相应的职能战略以顺应企业总体战略或业务战略，并为它们做好服务。

一般情况下，职能战略涉及公司各个职能部门，它是推动企业总体战略实现的具体分支战略，我们一般将它分为研发战略、生产战略、营销战略、财务战略、人力资源战略。因本文研究的是基于任职资格的薪酬管理，故此处只对人力资源战略这一职能战略进行详细解读。

事实上，当企业确定采取哪种竞争战略之后，就决定了企业采取什么样的人力资源战略。比如，企业战略确立了差异化的发展方向，我们要培养创新的核心能力，企业的人力资源战略就必须体现出对创新的鼓励，需要重视培训，鼓励学习，把创新贡献纳入绩效考核指标体系，进而在薪酬方面加强对各种创新的奖励。

第四节 | 何为人力资源战略

人力资源战略是指企业为实现公司战略目标而在雇佣关系、甄选、录用、培训、绩效、薪酬、激励、职业生涯管理等方面所做的决策。应该说，人力资源战略可以反作用于企业战略，它是企业战略的核心。人力资源战略设计并实践好了，可提高企业的绩效，可形成持续的企业竞争优势，对企业管理工作也具有指导作用。

结合实际情况，按照不同的标准，我们可按如下进行区分。

1. 从时限上分为：短期战略、中期战略、长期战略。如下图所示：

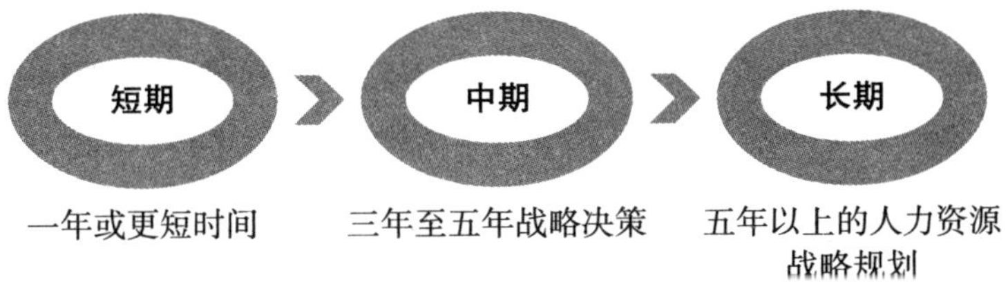

图1-6　短期战略/中期战略/长期战略的分类

2. 从层级和内容上可区分

人力资源总体发展战略、组织变革与创新战略、员工培训开发战略、专才培养选拔策略、员工招聘策略、绩效管理策略、薪酬福利与保险策略、员工激励与发展策略、劳动关系管理策略。

3. 从性质上可区分为：吸引策略、参与策略和投资策略

在企业确定采取某种竞争策略后，需采取与之对应的人力资源管理策略，不同人力资源策略运行差异见“人力资源策略的运行比较表”（表1–1）。

● 吸引策略

一般情况下，当企业采取廉价竞争策略时，其产品以廉价取胜。此时，企业会尽量减少一切与业务无关的开支，对人工成本实行严格的控制，进而达到“人少高效”的目的。所以，企业在招收、录用、人员培训方面，投入的资金都很少，企业与员工之间的关系纯粹是一种简单的利益交换关系。例如，LIFUD的四川工厂，其车间均采用流水线作业模式，每一位员工的动作均是从产品制程过程中分解而来，在员工收入上主要采用工资、奖金方式，这实则就是典型的吸引策略。

● 投资策略

当企业采取创新性产品竞争策略时，宜采用投资策略模式（如华为公司等国际性企业）。这时，企业特别重视人才储备和人力资本投资，应该说企业与员工之间建立了长期合作关系，此时企业往往重视发挥管理人员和技术人员的作用。

采取投资策略时，企业的竞争策略往往以创新型产品取胜，同时其生产技术复杂，对人员的要求很高。此时，为了有效地配合企业创新策略的实施，企业常常聘用多于实际工作需要的员工，注重专业人才的储备和培养，高度重视对员工的教育培养和训练，不断提高员工个体素质和企业整体素质，并通过较高的薪酬福利保险，与员工之间建立长期稳固的关系。同样，LIFUD本身就为高新技术企业，其特别注重技术研发。为了保证企业的技术领先于市场半年以上，从2017年就开始加强对技术人才的培养投资，以确保继续加大领先优势。

- 参与策略

当企业采取优质竞争策略时，企业往往将决策权下放，员工参与管理并乐在其中，员工拥有着较高的归属感，此时团队注重发挥绝大多数员工的积极性、创造性和主动性。例如，日本企业中的小组自管制使团队成员享有较大的自主权，小组员工的聘任由小组决定，管理人员只为小组提供必要的信息和技术上的支持，培训的重点放在员工的沟通、协调以及解决问题的能力方面，薪酬与奖励制度也是以小组为单位贯彻实施，这样就从根本上保障了全面质量控制制度得到有效的贯彻和实施。此类管理模式，应该说在中国较为少有，对于LIFUD来说，则几乎没有。

总之，企业无论是采取哪一种人力资源管理策略，其主旨都是一样的，即通过系统有效的人力资源管理，统一团队成员的观念和行为，协调员工与企业的关系，充分调动全员的积极性、主动性和创造性，一方面使员工适应企业内在的环境和要求，另一方面使人力资源成为实现企业竞争策略的强有力内在动力。

表1-1　人力资源策略的运行比较表

内　　容	吸引策略	投资策略	参与策略
岗位分析评价	详尽/具体/明确	广泛	详尽、明确
员工招聘来源	外部劳动力市场	内在劳动力市场	两者兼顾
职位晋升阶梯	非常狭窄，不易转换	广泛，灵活多样	较为狭窄，不易转换
绩效考评目标 行为/结果导向 个人/小组导向	注重短线目标 重视实际成果 以个人为主	注重长期目标 重视行为与成果 以小组为主	注重中短期目标 重视实际成果 个人和小组综合评估
培训内容	应用范围有限的知识和技能	应用范围广泛的知识和技能	应用范围适中的知识和技能
薪酬原则 基本薪酬水平	对外公平 水平较低	对内公平 水平很高	对内公平 水平适中
归属感	低	较高	很高
雇佣保障	低	较高	很高

第2章

解读企业总体战略下的薪酬策略

第一节 | 如何理解“薪酬”这一词

员工在企业最为关注的是什么？我想很多人想到的是收入，也就是企业提供的薪酬。基于我们自身的经历、感受和体会不同，每个人在谈到薪酬一词时，往往有着不同的理解和诠释。

对于企业而言，薪酬是所雇之人工作的一种交易成本，付出了薪酬就须回报给企业更多的附加值。对于员工而言，上班本身就是一件累人的活，心理压力大，要有补偿，它是自身付出体力劳动和脑力劳动之后，从企业一方所获得的收入，是自己的底线，它是付出时间、精力和知识的等价交换，薪酬有了，其他都好说。应该说，薪酬的实质就是服务于公司战略、劳动报酬、激励核心人才、体现公司价值观，如下图所示。

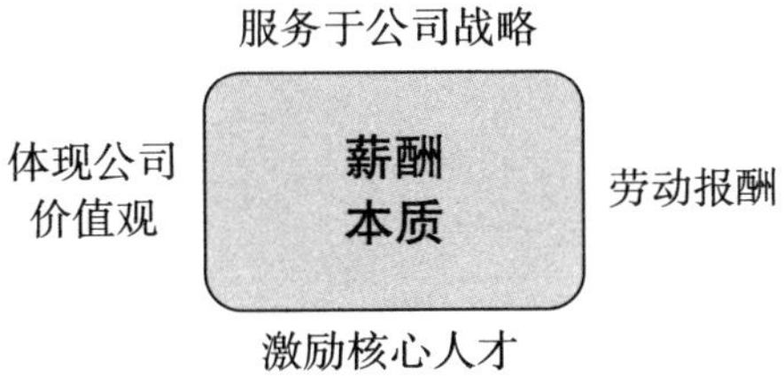

图2-1　薪酬本质关系图

我认为薪酬是劳动者付出自己的体力劳动和脑力劳动之后，从企业一方所获得的货币收入以及各种具体的服务和福利之和。

按交易媒介形式，薪酬由货币形式和非货币形式构成。货币形式由固定工资、浮动工资构成，非货币形式包括法定福利和公司福利。具体如下图所示：

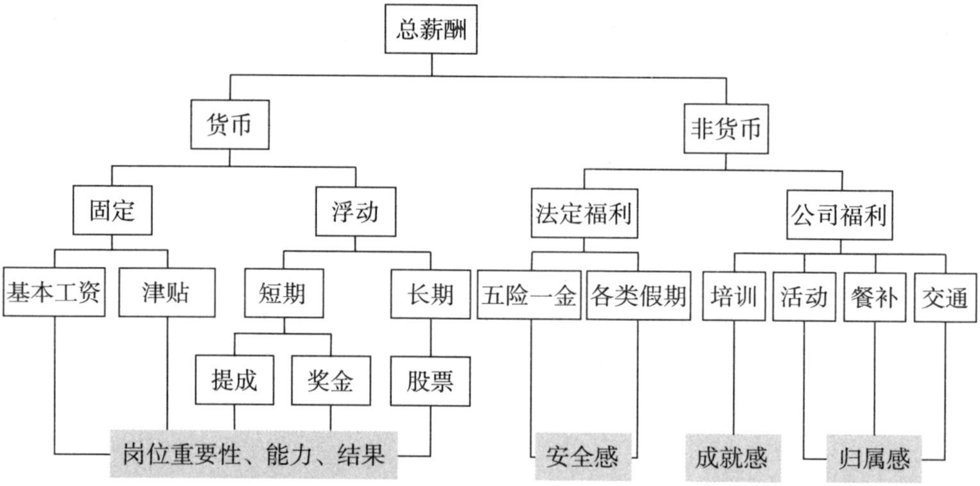

图2-2 薪酬构成图

按收入的感官形式，薪酬由物质收入和精神收入构成。物质收入是指基本工资、绩效工资、短期和长期激励工资、福利和服务等，精神收入则指企业为员工提供的安全稳定的就业机会、学习机会、职业发展通道等。

这里，以LIFUD薪酬构成举例，具体如下图所示：

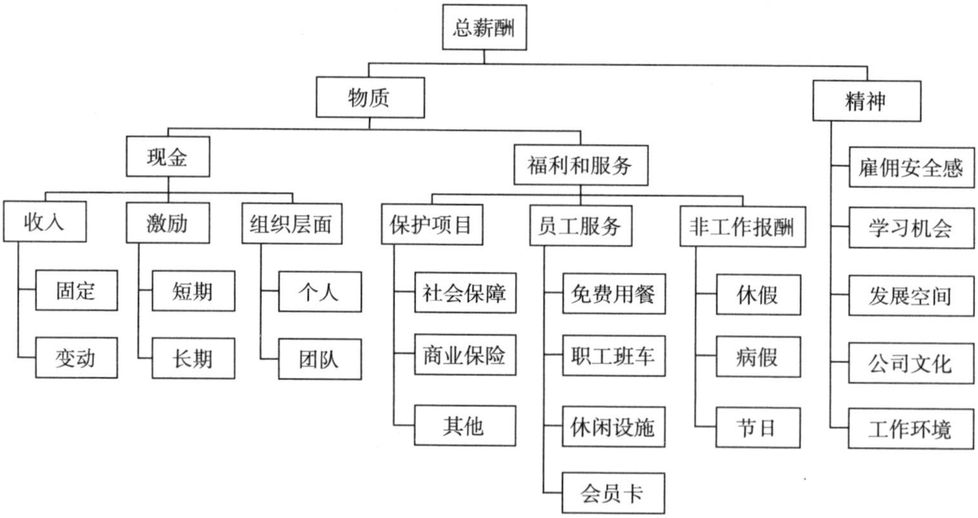

图2-3 全面薪酬示例图

从上图可以看出，尽管LIFUD在福利和服务方面有着自己的特色，但薪酬构成的框架思路与其他企业有着共通性。

弄清楚了薪酬的定义与构成后，我们自然需顺理成章地搞懂薪酬战略。薪酬战略的目的是什么呢？它的目的在于建立科学的薪酬管理体系，制定正确的薪酬政策，采取有效的薪酬策略，支持并帮助企业赢得并保持人力资源竞争的优势。

所谓薪酬战略的基本前提就是薪酬体系必须服从并服务于企业经营战略，并将其与企业发展总方向和总目标密切地结合起来。

所以，不同的企业经营战略就会具体化为不同的薪酬管理办法，这也是为什么我们开篇就谈企业战略的原因。

第二节 | 我们眼中的薪酬战略目标是什么

有人问："关于薪酬战略的目标是什么？"其实，主要有三个方面：效率目标、公平目标、合法目标。

1.效率目标

（1）劳动生产率提高的程度；

（2）产品数量和质量、工作绩效、客户满意度等；

（3）劳动力（人工）成本的增长程度。

2.公平目标

（1）对内公平：各岗位的薪酬水平要具有较强的合理性，做到干什么活拿什么钱、一岗一薪、同岗同薪。

（2）对外竞争：企业在市场竞争中要做到技术领先、品质领先、交付领先、服务领先等优势，须根据实际情况进行薪酬结构的调整，也就是说使员工获得等于或高于劳动力市场价格的薪酬水平，如某关键岗位薪酬稍高于市场，这样我们才能吸引到优秀人才加盟。

（3）对员工公平：多劳多得、少劳少得、不劳不得、体现员工贡献率。调薪时要公平、公正、公开，而不是与谁关系近就给谁涨薪。应该说，这也是我们的终极目标。如下图所示：

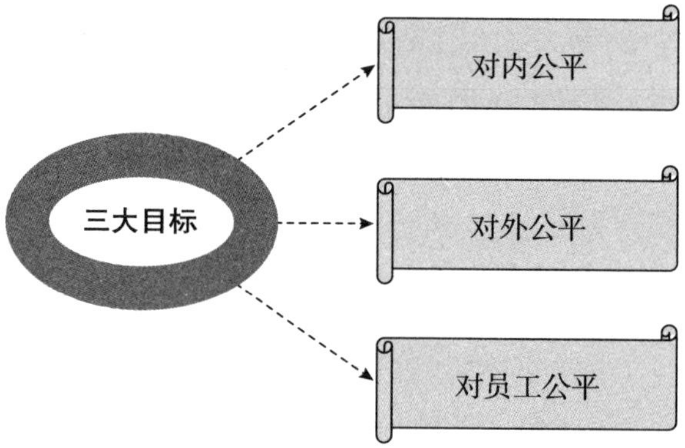

图2-4 薪酬战略的公平目标

3.合法目标：遵守国家和地方的法律法规

了解了薪酬战略的目标后，作为企业的HR应该要有什么样的薪酬理念呢？我认为应该做到两点：一是薪酬对外有竞争力，员工、企业不是存在于真空的，市场上会有着很多的竞争性企业，我们需要做好薪酬数据调研。二是薪酬须要做到对内公平，要做到对岗位公平，做好岗位评估，对员工进行公平的绩效考核。

第三节 | 薪酬战略的内容构成与制定

薪酬战略的内容构成

关于薪酬战略的内容构成，其实市场上很多书籍都谈到了这方面的内容，在这里我概括为内部一致性、外部竞争力、员工贡献率、薪酬体系管理。

1.内部一致性：同一企业内部不同岗位之间或不同技能水平员工之间的比较。

2.外部竞争力：企业参照外部劳动力市场和竞争对手的薪酬水平，给自己员工的薪酬水平做出正确定位的过程。

3.员工的贡献率：企业相对重视员工的业绩水平。

4.薪酬体系管理：通过科学化的管理，促进企业薪酬体系的良性循环。如下图所示：

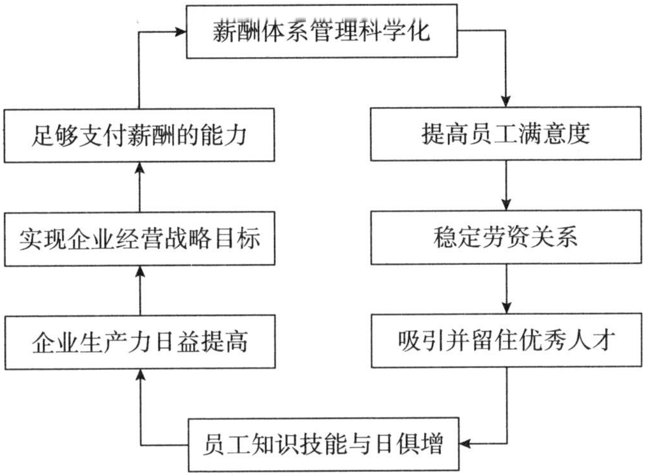

图2-5　企业薪酬体系运行图

制定薪酬战略策略的关键

结合多年的人力资源管理工作经验，我总结为以下几点：

（1）我们所确立的薪酬方向和目标，是否能在未来五年或更长时期内，吸引并留住公司所需的业务骨干和专门人才；

（2）我们的薪酬战略政策和策略，是否能最大限度地激发员工的积极性，是否有利于提高个体和总体的劳动效率；

（3）我们的员工是否感受到了薪酬体系的公平性和合理合法性；他们对薪酬决策的形成过程是否了解；绩效较好、收益丰厚、市场占有率较高的公司是如何向员工支付薪酬的；与同行比较，本公司的劳动成本是高了还是低了。

影响制定薪酬策略的因素

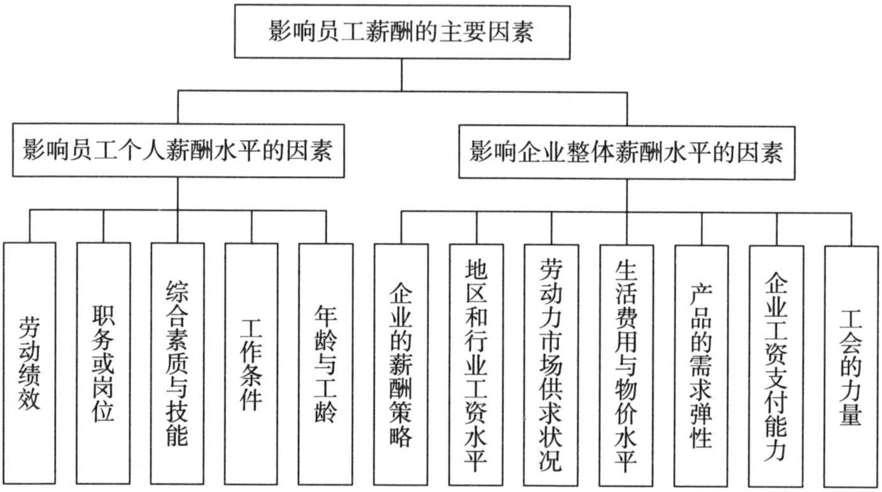

图2-6　影响员工薪酬的主要因素

如上图所示，其实影响企业薪酬的因素很多，可以说不胜枚举，鉴于文章篇幅原因，这里我概括了6大因素来进行分析。

1.企业文化与价值观

公司企业文化与价值观对员工薪酬的影响应该说是很大的，他们可以直接确定不同类型的员工收入多少。如LIFUD的核心价值为：技术、品质、服务。技术占第一位，所以该企业的技术人员待遇远比其他类型员工的收入高很多（其实就是员工在企业内部价值链上发生作用的重要性，而给予的薪酬收入定位，针对此，企业会设定不同职群、职族、任职资格等级）。

2.社会、政治环境、经济形式

（1）本地劳动力市场供求关系的变动：每年各地人才的供给情况，如某地电源类开发人才稀少，而LIFUD又急需这样的人才，此时LIFUD为抢占人才高地，往往只有抬高薪酬水平，以获得该类技术人才的信赖。

（2）劳动法律及其相关法律法规的约束：例如，《中华人民共和国劳动法》第四十四条规定：企业安排劳动者延长工作时间的，支付不低于工资的百分之一百五十的工资报酬；休息日安排劳动者工作但又不能安排补休的，支付不低于工资的百分之二百的工资报酬；法定休假日安排劳动者工作的，支付不低于工资的百分之三百的工资报酬。以上条款也就决定了企业的薪酬不得违反公司法律法规，从而改变企业原有薪酬战略。

（3）社会消费水平的提高：物价上涨，意味着薪酬也会相应地增长。例如，2019年四川省猪肉价格暴涨，从10元/斤上涨至近40元/斤，其他物价涨幅紧随其后，涨薪就成为员工的迫切愿望，当需求越过平衡点时，企业涨薪就成为必然。

（4）各类专业人才的素质状况：这由员工本人自身所表现出的专业技能所确定，如企业研发工程师的薪资自然要比后勤人员薪资高。

（5）贸易战影响：如中美贸易战对国内电子制造型企业的影响。2019年5月10日，美方将对2000亿美元中国输美商品加征的关税从10%上调至25%。再如关键零部件限购，供应链条中断，导致国内某企业无法再次生产某类产品，业务大幅缩水，甚至濒临破产边缘（交不出签订合同的产品，产生高昂违约金），最终导致企业大面积裁人或降薪情况出现。本文所讲的LIFUD刚好属于电子制造型企业，其80%的产品远销欧美地区，因贸易战原因其2019年上半年订单与2018年上半年相比下降50%，此种情况下企业要养上千人的团队，对上千个家庭负责，可能就会重新调整薪酬策略。

3.竞争对手的压力

企业收入来源于服务的客户，如果企业的客户被竞争对手所抢走，就意味着收入减少。这对于企业的经营发展来说是一个危险的信号，企业可能由此进行经营策略的调整，自然其人力资源也会发生变化，这时就会影响企业现今和未来员工的收入。

4.员工对薪酬制度的期望

人的需求并不是相同的，马斯洛需求层次理论将人的需求从低到高分为五个层级：生理需要、安全需要、社会需要、尊重需要、自我实现需求，其中生理需要、安全需要、社会的需要属于基本需要，主要依靠外部条件或因素满足。

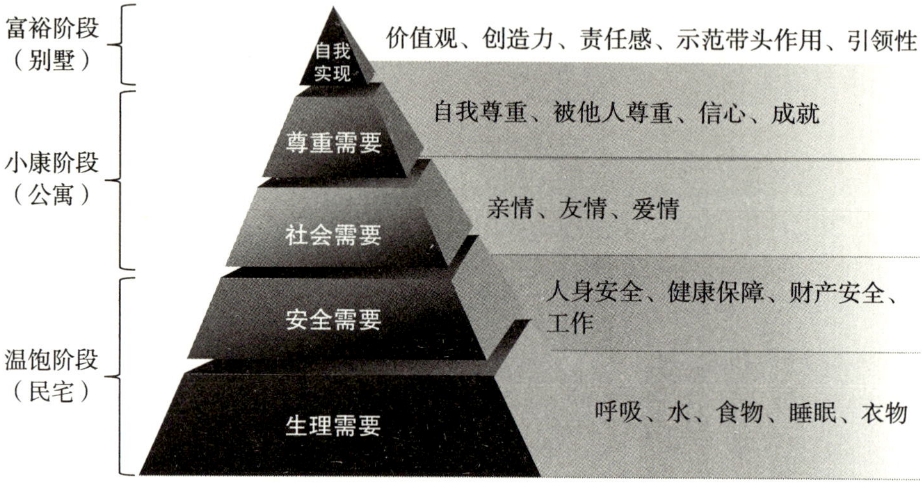

图2-7 马斯洛需求层次理论解析图

当企业员工获得了某项需要上的满足时，就如马斯洛需求层次理论所分析的一样，员工所期望获得的就会从低到高而提升一个层次，这里拿企业员工食堂举例：

20世纪80、90年代，各种物资相对较为紧缺，企业员工食堂一般采用分餐制，这时员工只要能吃饱就行。反观如今，随着生活水平的提高，员工对就餐质量要求越来越高，他们已经不满足于吃饱就可以，还要吃得干净卫生、美味可口、营养丰富，且就餐环境需要明亮、温馨。所以，如今企业只有变着法让员工满意，如实行自助餐、点餐、套餐等，就餐环境也日趋人性化，如将员工食堂设计为咖啡吧形式，并添置各类绿色植物，摆放各类书籍，播放各类视频、音乐，甚至在食堂旁直接安装几个唱吧设备等，可见如今员工的需求是越来越高的。

5. 工会组织的作用

当外部环境发生变化时，如政策、法规发生改变，造成当地最低保障工资发生增幅，这时工会往往就会出面与企业进行调整。例如，某地原来最低保障工资是1380元/月，现今调整为1650元/月，工会会实时督促企业进行薪酬调整，从而影响企业薪酬策略。

6. 薪酬在整个人力资源管理中的地位和作用

当企业发生人力资源流动时（如人员调岗、晋升、流失、退休、辞退、开除等导致某个岗位空缺；再如企业经营战略发生变化，成立新的事业部而出现空岗等情况），企业就可能会对在职的某位员工调薪或在招聘时调高或降低薪酬。

制定薪酬战略的设计技术

如何设计薪酬战略？关于这点，很多书都提到过，因为这是所有企业都关注的焦点。这里，我也不例外地写到了薪酬战略的设计技术，如何做呢？具体如下图所示：

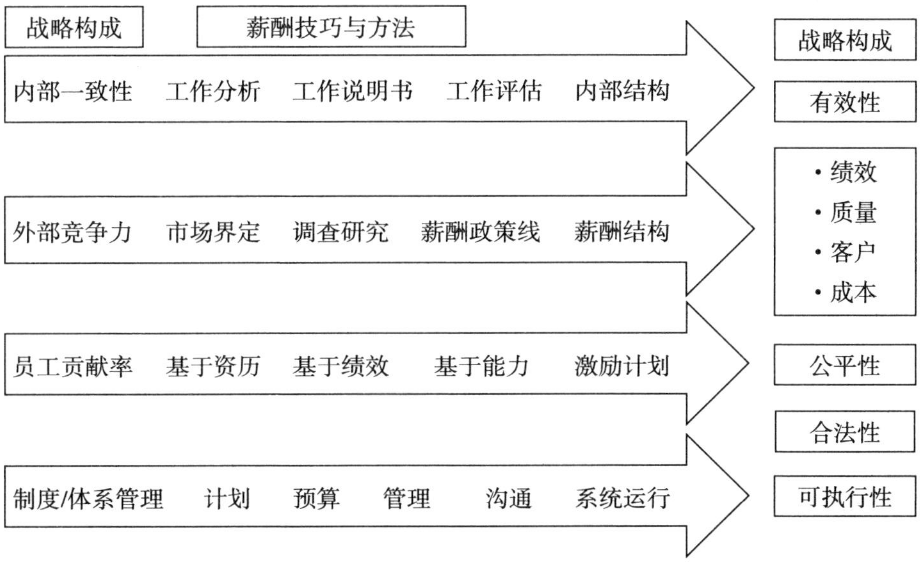

图2-8 薪酬战略的设计技术

我们可按以上方法设计企业的薪酬战略，并按以下步骤进行：

第一步：对公司薪酬战略的内涵进行必要的分析评价，这有助于制定更具适应性的薪酬战略。

第二步：还应使薪酬战略与公司经营战略、环境相适应，薪酬决策与薪酬战略相适应，做出薪酬的目标、内部一致性、外部竞争力、员工贡献率和薪酬管理体系五种薪酬决策。

第三步：将公司整体性薪酬战略的目标具体化，通过制定薪酬体系来实现薪酬战略。

第四步：重新衡量薪酬战略与公司战略和环境之间的适应性，对薪酬战略做评价和调整，及时进行必要的修正、调整，并使各个步骤形成环状的循环结构。

找准企业薪酬战略的正确定位

一是薪酬战略没有最好的只有最合适的；二是薪酬战略的制定与实施必须坚持系统性、配套性和实用性；三是包括薪酬在内的人力资源战略应该可以发挥积极的引导作用。做到以上三点，我们的薪酬战略就是成功的。

同时，在公司薪酬战略方案提出之后，我们也应当从以下几个方面对薪酬战略能否增强公司的竞争优势做出全面的检测和判断。

（1）薪酬战略所提出的各种决策能否为公司创造价值。

（2）公司薪酬管理体系与经营战略之间是否相互适应、相互促进、相互影响。

（3）公司薪酬体系与人力资源其他活动之间的适应性和配套性。

（4）公司薪酬体系运行的系统性和可靠性。

第3章

任职资格体系的具体内容与运用

我们开篇谈了企业战略体系，随后谈到了薪酬管理。通过此，我们基本厘清了企业战略与企业薪酬管理之间的关系：企业战略决定企业薪酬管理。接下来，我们再谈企业战略布局下的任职资格体系。

任职资格体系这一词，这些年特别火，不管是国外的知名企业（如谷歌、亚马逊、西门子），还是国内的华为、阿里巴巴等知名企业，他们都已建立了任职资格体系，并进行了运用。到底任职资格体系有什么样的魅力和作用呢？它是如何建立的？在本系列文章里，我会谈到建立它的方法、步骤、流程、工具，以及运用和好处。相信大家掌握了这些，在接下来的工作中，就知道了如何进行任职资格体系的构建和运用。

第一节 | 任职资格体系与各版块之间的关系

任职资格体系与人力资源各板块的关系，这一话题可能是很多HR乐此不疲的永恒话题。HR想要有所作为，想从“生在招聘，死在绩效”的循环模式中逃离出来，任职资格体系的构建就成了“救命草”。

因为一个企业的任职资格体系本身就是我们人力资源管理的基础，要是没有做好这项工作，我们如何做好招聘管理、如何做好绩效管理、如何做好职务升迁、如何做好培训开发，并且如何做好薪酬管理呢？可能即使做好了，也仅仅是表面现象，还存在不少潜在问题。日子久了，问题就会接踵而来，并一发不可收拾。

任职资格体系与人力资源各板块的关系到底是怎样的呢？我们可以通过下图进行展示：

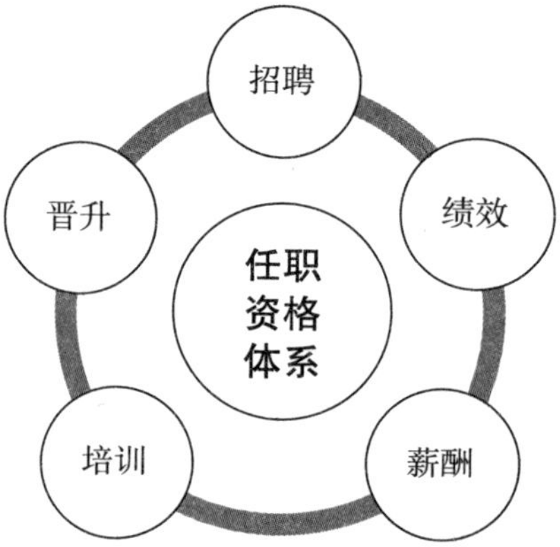

图3-1 任职资格体系与各板块之间的关系

与招聘的关系：按任职资格体系要求对人员进行分类考核，易于人员定位，提高招聘的准确性和效率。

与培训的关系：针对不同任职资格的人员，分别进行达标辅导培训，可以增加培训的针对性和有效性。

与晋升的关系：任职资格体系可以帮助公司明确人员选拔的基本原则，帮助员工清楚个人发展方向和具体目标。

与绩效的关系：根据员工需要的基本任职条件，有针对性地进行短期和长期考核，增加绩效考核对员工的引导作用。

与薪酬的关系：以岗位为基准、以任职资格为调节，综合决定员工的薪酬范围，使薪酬激励更具灵活性和实效性。

任职资格体系就是企业员工的一面镜子，可映照出员工的卓越、合格或不良，让他们看到自身在沟通、计划、自我认知、自我评估等方面与企业岗位要求的差距，同时它又是一个较好的牵引系统，让员工不断地追求更高层面的技能，为提升做好积极准备。

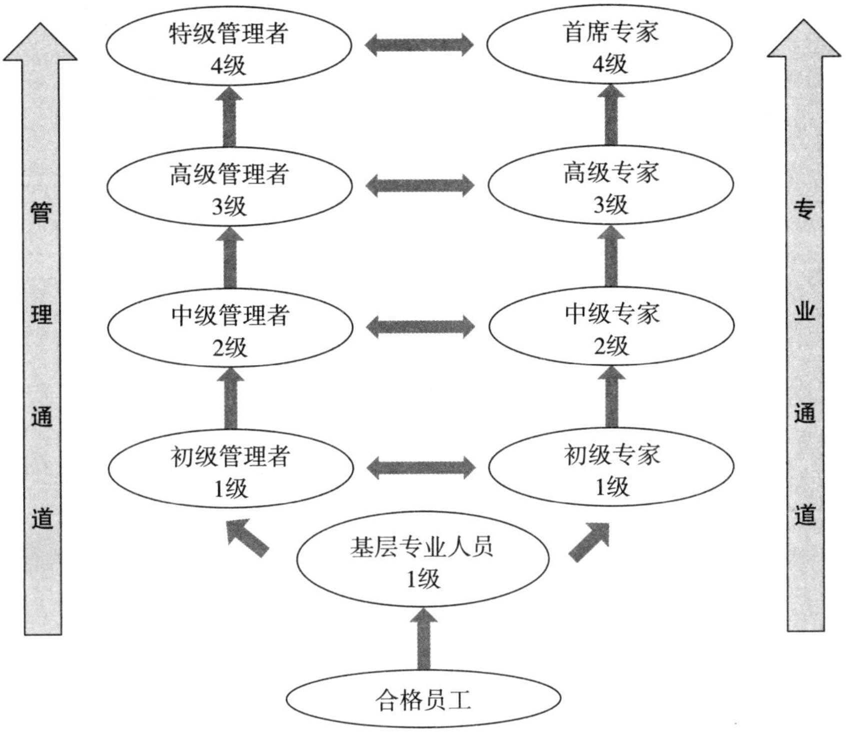

图3-2　任职资格体系为员工搭建双向的职业发展通道

所以，感受到任职资格体系对企业管理的重要性，以及企业人力资源管理工作面临的严峻问题，不少HR开始着手这方面的工作，即便自己系统知识不全或没有项目实操经验，此项工作也一如既往地开展，哪怕在此过程中可能会得不到支持，会造成搁浅。作为过来人，我能体会到这当中HR的痛苦，体会到HR自身因不知如何体现价值而迷失。所以，最终构建“任职资格体系”就成为HR的“救命草”。

总之，企业有了任职资格体系，可以有系统性、有针对性地提升员工的技能，可以促进员工自我学习，加强公司培训和学习氛围的建设，也可以为公司人事决策（晋升、任用等）提供客观依据，确保人力资源开发和利用效果。

第二节 | 任职资格体系的历史由来与定义

任职资格体系思想的历史由来

纵观中国古今历史，任职资格体系管理思想实则也秉承了中国历朝官品制度精华，这里我们从“九品中正制”的发展与应用讲起。

“九品中正制”又名“九品官人法”。起源于曹魏时期，魏文帝曹丕采纳吏部尚书陈群的意见，于黄初元年（220年）命其制定的制度。当时，将士人按才能分为九等，称为九品，以后又将官员的尊卑也分作九等，亦称为九品。

此制度至西晋渐趋完备。到北魏时，又进行了更细致的区分，先将各品分为正与从，即正一品、从一品到正九品、从九品，再将四品以下的正与从分为上下阶，即自正四品上阶，一直到正九品上阶、正九品下阶、从九品上阶、从九品下阶。这样，就由最初的九个等级发展为三十个等级。随后各朝各代均有发展和沿袭使用。

清朝沿袭了明朝的官职制度，保留了九品之中分正从的部分，废除了上下阶，而且文职武职完全一致，成为整齐划分的由正一品到从九品的十八个等级。

文职官员：内阁大学士为正一品，协办大学士、各部院尚书、大臣、都察院左右都御使为从一品……

武职官员：领侍卫内大臣为正一品，提督九门步军巡捕五营统领、八旗满蒙汉军都统步统为从一品……

任职资格体系到底是什么

熟悉了“九品中正制”在历朝历代的衍变后，我们再来看何谓当今企业所讲的任职资格体系。

在搞清楚任职资格体系之前，我们先来看一下什么是任职资格？

任职资格，其实就是我们常说的资质，它一是指在现实工作环境中完成任务的能力，二是指按企业标准来满足业绩要求的能力，它是工作人员工作活动能力的证明，如知识、技能、胜任能力、能力素质等，即员工承担某一职务或岗位所必须具备的资格和能力。

任职资格强调工作导向、业务相关性，强调行为管理、能力管理、职业化理念，也强调多通道的专业化发展，更强调系统性和体系的整体变革与提升。它体现了组织需要，也体现了任职者的职位胜任能力，是决定个人绩效的内部关键所在。当然，它也是动态的，会随着企业或业界的发展而发展。

而任职资格体系实则就是在分析岗位设置和任职资格的基础上组合而成的，它主要研究的是如何有效地进行人岗匹配和考核，并选择符合该组织核心能力的员工。它将所有岗位按业务性质横向分为若干族群、序列，按责任大小、工作难度、所需技术高低等纵向分为若干任职资格等级，并匹配专业级别的任职资格标准。

第三节　任职资格体系的具体构成内容

很多人说，任职资格体系不包含岗位职责、不包括绩效考核指标，但我认为不是这样的。任职资格体系是一个大的范畴，我认为凡是与工作岗位相关的能力都应算是任职资格体系的构成部分，只是有主次之分而已。

我认为任职资格体系包括的内容有：**岗位职责、绩效指标、职位序列、任职资格等级、任职资格标准**五个部分。如下图所示：

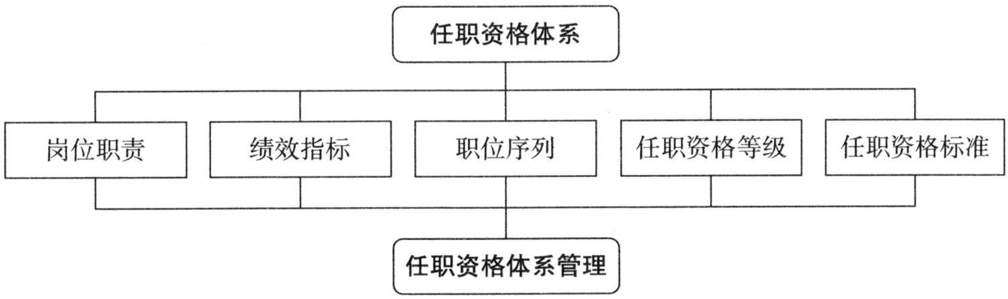

图3-3　任职资格体系组织图

岗位职责：存在于某岗位上的工作职责，它源于企业的愿景、战略、关键成功因素，通过将组织实现战略的职责落实到具体岗位的组织成员身上，确保组织正常运行，支持组织目标的实现。

绩效指标：实际上就是某岗位的工作过程或结果输出标准，参照某岗位的岗位职责，结合目标管理法（Management by Objectives，MBO）、关键绩效指标法（Key Performance Indicator，KPI）、平衡计分卡［Balanced Score Card，BSC（从财务层面、客户层面、内部流程方面、学习与成长层面进行岗位绩效指标的设计）］、目标与关键成果法（Objectives and Key Results，OKR）等，最终设计出某岗位的岗位部分绩效指标。

职位序列：它其实是指具有相同工作性质或相似能力要求的不同岗位构成的一个集合，是我们遵循一定的原则对岗位进行横向划分出的族群、序列。如下图所示：

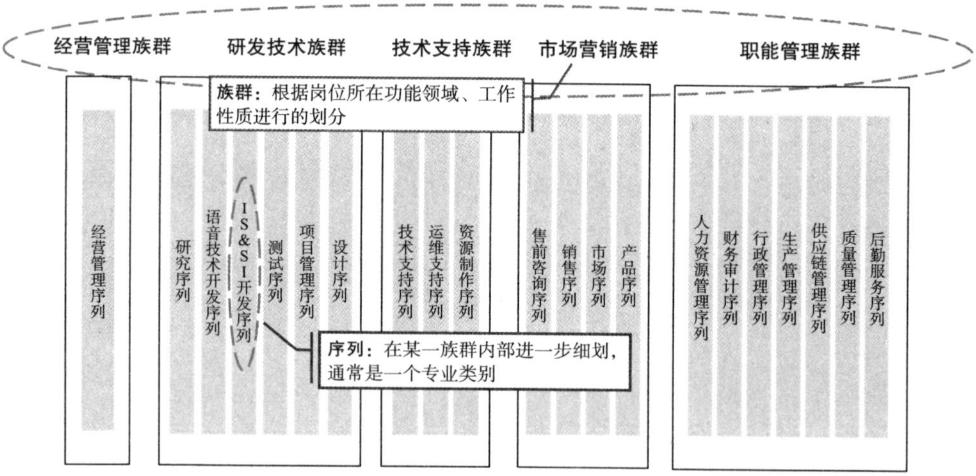

图3-4　职位序列图

任职资格等级：所谓的任职资格等级，其实就是在职位序列的横向划分基础上，将职务进行垂直划分，也就是说它是职位从低到高进行垂直分布的结果，具体如下表所示：

表3–1 任职资格等级分布表

等级	1–研发技术族群				2–营销族群		
	设计序列	研发序列	测试序列	产品序列	销售序列	市场序列	客户序列
15				首席产品经理			
14		首席研发工程师		资深产品经理			
13		资深研发工程师	资深测试工程师	高级产品经理		资深市场专员	
12		高级研发工程师	高级测试工程师	中级产品经理	资深销售专员	高级市场专员	
11	高级设计师	中级研发工程师	中级测试工程师	初级产品经理	高级销售专员	中级市场专员	高级客户工程师
10	中级设计师	初级研发工程师	初级测试工程师	助理产品经理	中级销售专员	初级市场专员	中级客户工程师
9	初级设计师	助理研发工程师	助理测试工程师		初级销售专员	助理市场专员	初级客户工程师
8	助理设计师				助理销售专员		助理客户工程师

族群序列

任职资格等级

任职资格标准：由基础性资格标准模型、胜任特征（胜任力）模型构成。

基础性资格标准模型：它由能够被人看到的显性基本素质，如知识（基本知识、专业知识、相关知识等，当用到知识时，我们会说：我知道这个问题，我了解这种情况）、技能（把事情做好的能力，当需要使用某种技能时，我们会说：我会做）等，按一定的标准结合而成。

表3–2 基础性资格标准模型表

任职资格等级	学历	专业	专业经验	行业经验	资质证书	培 训	业绩	项目成果	专业论文	备 注
管理一级	博士	无	5年	4年	无	年度提供公司级培训累计12课时以上。	无	无	无	连续两年绩效考核结果为B以上。
	硕士		8年	5年						
	本科		10年	6年						

续表

任职资格等级	学历	专业	专业经验	行业经验	资质证书	培　训	业绩	项目成果	专业论文	备　注
管理二级	博士	无	4年	3年	无	年度提供公司级培训累计8课时以上。	无	无	无	连续两年绩效考核结果为B以上。
	硕士		6年	4年						
	本科		7年	5年						
管理三级	博士	无	3年	2年	无	年度提供公司级培训累计6课时以上。	无	无	无	连续两年绩效考核结果为B以上。
	硕士		5年	3年						
	本科		6年	4年						
管理四级	博士	无	1年	1年	无	年度提供公司级培训累计6课时以上。	无	无	无	连续两年绩效考核结果为B以上。
	硕士		2年	2年						
	本科		3年	3年						

胜任特征（胜任力）：它是指确保劳动者能顺利完成或达到目标，并能区分出绩优者和绩劣者的潜在的、深层次的各种特质，如社会角色（在他人面前自我形象的表现欲）、自我概念（自我评估、自我认识、自我教育）、自身特质（自身特有的典型行为方式）、动机（决定外显行为、自然稳定思想）。它最大的特点就是能够判别绩效优异与绩效平平，区分出表现较好和较差的个体或组织，即具有衡量性和可比较性，它是潜在的、深层次的，不是指年龄、性别、面容、知识等外显因素，如下图所示：

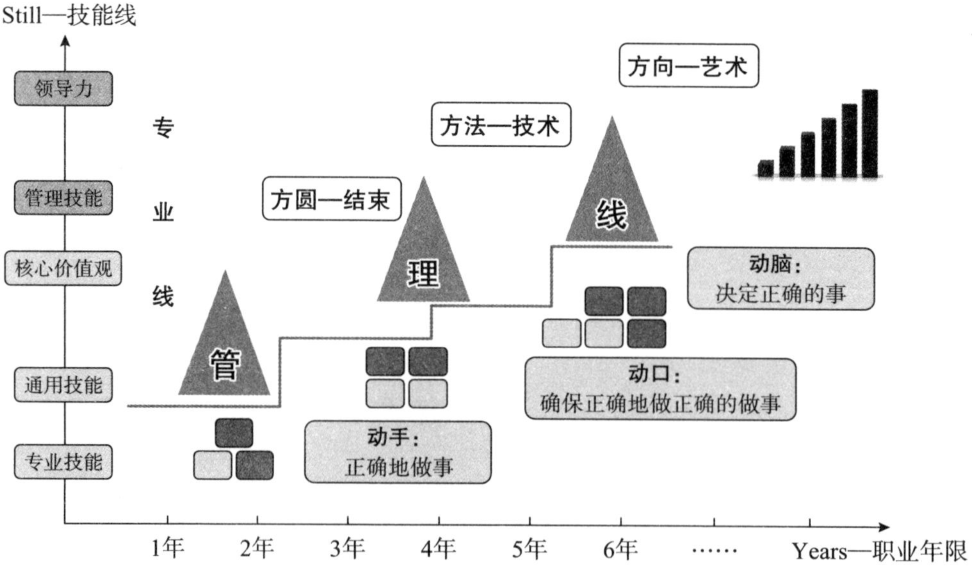

图3-5　秒懂胜任力

胜任特征（胜任力）按运用情境、主体、内涵、区分标准的不同，可进行如下分类：

（1）按运用情境的不同，可以分为技术胜任特征、人际胜任特征和概念胜任特征等。

技术胜任特征包括方法、程序、使用工具和操作设备的能力等。

人际胜任特征包括人类行为和人际过程、同情和社会敏感性、交流能力和合作能力等。

概念胜任特征包括分析能力、创造力、解决问题的有效性，认识机遇和潜在问题的能力。

（2）按主体的不同，可以分为个人胜任特征、组织胜任特征和国家胜任特征。

个人胜任特征是微观层面的，是指单个自然人身上所具有的，能够导致个人取得成功的潜在特征。

组织胜任特征是指一个团体组织综合显示的、导致其在某个行业中取得长期收益，保持行业内外竞争优势的潜在的核心特征。

国家胜任特征是指一个国家综合显示的、令其在国际上保持竞争优势的核心特征，如资源、领导、文化和人才等。

（3）按内涵的不同，可以分为以下六种：元胜任特征、行业通用胜任特征、组织内部胜任特征、标准技术胜任特征、行业技术胜任特征、特殊技术胜任特征，如下表所示：

表3–3　各类胜任特征的具体性对比

分　　类	任务具体性	公司具体性	行业具体性
元胜任特征	非	非	非
行业通用胜任特征	低	低	高
组织内部胜任特征	低	高	高
标准技术胜任特征	高	非	低
行业技术胜任特征	高	非	高
特殊技术胜任特征	高	高	高

①元胜任特征

非任务具体性、非公司具体性和非行业具体性的胜任特征。可用于完成大量不同的任务，包含广泛的知识、技能和态度，如读写能力、学习能力、分析能力、创造力、外语和文化知识、感知和操作环境信号与事件、容纳和掌握不确定性的能力、与他人沟通和合作的能力、谈判和适应变化的能力等。

②行业通用胜任特征

低任务具体性、低公司具体性和高行业具体性的胜任特征。它包括产业结构及其目前发展的知识，分析竞争对手战略运作方面的能力，在行业中的关键人物、网络和联盟方面的知识，以及在行业中同其他公司形成合作和联盟的能力等。

③组织内部胜任特征

低任务具体性、高公司具体性和高行业具体性的胜任特征。包括组织文化知识，公司内部的沟通渠道和非正式网络，组织中的政治动态性和公司的战略及目标等。

④标准技术胜任特征

高任务具体性、非公司具体性和低行业具体性的胜任特征。它是一类范围很广的具有操作定向的胜任特征，主要包括打字和速记技能、普通预算和会计原理及方法方面的知识、计算机编程技能、标准计算机软件知识、应用在不同行业中的手艺和职业定向技能等。

⑤行业技术胜任特征

高任务具体性、非公司具体性和高行业具体性的胜任特征。它在行业内可跨公司流动使用，并且仅可用来完成一项或少量有限的工作任务。这种类型的胜任特征可以描述为：建造自动机械和航空器、拼装计算机硬件、理发和酒吧服务等。

⑥特殊技术胜任特征

高任务具体性、高公司具体性和高行业具体性的胜任特征。它仅在一个公司内解决一项或非常少的工作任务，包括与独特技术和日常操作相关的知识和技能，如在公司里使用特殊工具进行精巧制作相关的技能等。

按区分标准的不同，可分为基础性胜任特征和鉴别性胜任特征。前者指的是能符合一般上岗条件的能力、特质、动机。后者指的是能将绩效优异者与绩效平平者区分开来的能力、特质、动机，两者关系如下图所示：

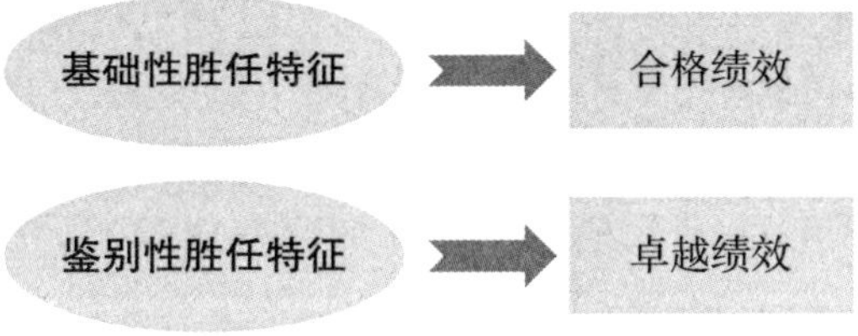

图3-6 胜任特征与绩效的关系

胜任特征（胜任力）模型

掌握了胜任特征的分类和内涵后，将他们通过科学的研究方法，有效地集合起来，就成了胜任特征模型。根据胜任特征模型的分类方式，具体介绍如下：

1.按结构形式的不同，可以分为指标集合式模型和结构方程式模型

（1）指标集合式模型：指胜任特征模型的构建由一些经过研究和筛选的胜任特征指标组合而成；包含两大类：一类是带权重的集合方式，即指标之间有较重要和较不重要的区分，另一类是不带权重的集合方式，即假设指标之间没有差异，共同影响岗位的胜任情况或绩效。

（2）结构方程式模型：多是通过回归分析等数学统计手段建立起来的关于胜任特征与绩效之间的因果关系的模型。结构方程式模型中的因子可以是概念单一的能力指标，也可以是包含多种能力指标的综合因素。

2.按建立思路的不同，可以分为层级式模型、簇型模型、盒型模型和锚型模型

（1）层级式模型：该模型是先收集数据，找出某个岗位的关键胜任特征；然后对每一个胜任特征用一个行为进行描述，根据其相对重要程度进行排序，确定每个胜任特征的排名和重要性。这种模型对于识别某个胜任水平的工作要求或角色要求来说是较为有效的，它能让人与工作很好地匹配。

（2）簇型模型：在确定了某个岗位或职业的胜任特征维度后，对每个大的胜任特征维度用好几个方面的行为进行描述。这种模型不列出各个胜任特征的相对重要程度，比较适合于掌握某项工作或某个职业群体的信息。

（3）盒型模型：针对一个胜任特征，左边注明该胜任特征的内涵，右边写出相应的出色绩效行为，该模型主要用于绩效管理。

（4）锚型模型：分别对每个胜任特征维度给出一个基本定义，同时对每个胜任特征的不同水平层次给出相应的行为锚。这种模型产生于最后一个环节，实用性强，适用于具体的工作模块，如培训和发展需求评价等，LIFUD构建胜任特征模型就采用了锚型模型，如下表所示：

表3–4　LIFUD人力资源经理职位胜任特征模型（部分样板举例）

<table>
<tr><th rowspan="2">能力模型层面</th><th rowspan="2">解释</th><th rowspan="2" colspan="2">胜任能力模型</th><th colspan="3">胜任程度及评价标准</th><th rowspan="2">定　义</th></tr>
<tr><th>1级</th><th>2级</th><th>3级</th></tr>
<tr><td rowspan="2">技能层面</td><td rowspan="2">技能是指运用资源解决实际问题的能力。</td><td rowspan="2">核心技能</td><td>表达能力</td><td>表达基本清楚。交流过程中思路不太清晰，用词不当，容易让人误解其意，但他人能够知悉其所表达的大概意思；能从事一般性的工作联系。</td><td>1.表达条理清晰，意思明了。交流过程中思路清晰，他人能非常明确地知悉其所要表达内容的重要层次；
2.在不同的场合能够保持适当的语速，但表达不够简明。</td><td>1.能够准确地以口头、书面等方式进行工作部署或有效沟通，能快速把握工作要领；
2.在交流过程中，思路清晰，表达简洁明了；语言生动，且在必要的时候能够配以手势或面部表情等来增强表达的效果；表达易于让人接近，有亲和力。</td><td>表达能力是指相关人员通过口头描述或书面文字表达自己意思的能力。</td></tr>
<tr><td>人际交往能力</td><td>待人不够真诚，无法获得他人的信任，为人处世不懂得变通，适应能力较差。</td><td>1.能够给人以一种真诚的印象，能获得周围人的支持与信赖；在工作中能考虑他人的感受；
2.具备良好的沟通能力，能够恰当地表达和倾听，对不同情境和不同交往对象，能够灵活采取不同的应对策略。</td><td>待人友好、真诚，能够获得他人的信赖、能够时时为他人着想，在工作中，人们都愿意与其合作并保持良好的关系。</td><td>人际交往能力是指相关人员对人际交往保持高度的兴趣，能够通过主动、热情的态度以及诚恳、正直的人格面貌赢得他人的尊重和信赖，从而营造出良好的人际交往氛围。</td></tr>
</table>

续表

能力模型层面	解释	胜任能力模型		胜任程度及评价标准			定　义
				1级	2级	3级	
技能层面	技能是指运用资源解决实际问题的能力。	核心技能	团队建设能力	1.发现团队的优劣势，有针对性地选人或补充人员，搭建起高效率的团队； 2.能够积极参与团队合作，并有意识地鼓励团队成员参与团队讨论和决策，促进团队内部的沟通与合作； 3.能够采取行动加强团队成员之间的相互沟通，促成团队成员的相互理解和支持； 4.能够对团队或团队成员做出的成绩表示赞赏，或有意识地向成员表达赞赏和肯定。	1.能够根据企业的战略目标确定团队建设的目标，并能够使其在全体成员中达成共识，进而得以贯彻实施； 2.能够有意识地开展团队内合作及建立适当的竞争机制，以提高团队的整体绩效； 3.能够公开表扬他人的成绩，并能够针对员工选择不同的激励方式。	1.具有个人魅力或领导气质，能够把握组织或团队成员的发展方向与目标； 2.有意识地创建团队合作精神，能够在团队间合理有效地调配资源，进而加强不同目标和背景的团队间合作； 3.能够制定出团队激励机制，并能够通过激励机制的贯彻实施使团队成员保持高昂的工作热情； 4. 能创造其他学习机会，帮助员工持续成长。	团队建设能力是指相关人员以团队利益为己任，建立、维护并运行高效团队，使团队绩效表现目标最优化的能力。并对人才进行储备与梯队建设。
省略……							

第4章

产业价值链深层含义的解读

上一章，我谈到了对任职资格体系的理解，也谈到了中国历朝历代官僚体系的演变，以及两者之间千丝万缕的关系，随后又谈到任职资格体系的具体内容和它对当今企业的作用。作为企业HR或其他中高层管理者，都迫切希望能在所在企业建立任职资格体系。那么，我们如何才能构建好企业任职资格体系呢？关于这点，本章我将从价值链解读开始谈起。

什么是价值链？其实就是对增加企业产品或服务的实用性或价值的一系列作业活动的描述。它由三部分构成：行业价值链、竞争对手价值链、企业内部价值链。价值链解读，就是对它们进行分析，找出问题和对自己企业的准确定位。

第一节 | 行业价值链分析，为自身定位

什么是行业价值链分析？行业价值链分析是指企业从行业角度，从战略的高度看待自身与供应商、上游客户的关系或者其产品属于行业内哪个层次而进行的分析，通过此可让企业在探索发展时，明白自身在行业价值链中的位置。

1. 从企业所处供应链位置分析

我们都知道LIFUD主要以生产LED驱动电源为主，下游供应商为LIFUD提供各类物料（如电阻、变压器、电感、PCB板等）。因此，LIFUD生产出了LED驱动电源。

LIFUD的产品属于工业品，意味着其产品一般不能单独或直接投入使用，而是成为其客户产品的构成部分。当LIFUD的LED驱动电源售卖给其客户时，

其客户根据应用方案，又将LIFUD生产的驱动电源与其他部件组成最终的商品。

图4-1　企业所处行业价值链位置

从这点来说，LIFUD处于价值链中端，客户与LIFUD的利益最终绑定在了一起，这也是为什么当客户的产品在德国出现问题时（LIFUD及其客户业务主要为外销），LIFUD需要第一时间奔赴现场，处理问题。

如何能在外销中处于优势？确定了LIFUD所处价值链的位置，我们就知道了LIFUD对人才的需求点，并通过需求点找准LIFUD今后的组织发展方向，进而知道需要什么样的岗位和用到什么样的人才。

2. 从企业产品所处层级分析

LIFUD属于LED行业中生产驱动电源的企业。LED行业产品价值链中，中上游占到整个行业利润的70%，主要被欧美地区的企业垄断。国内LED企业主要处于封装及应用上，其利润占比仅为30%，利润率低且竞争惨烈，产业链结构十分不合理。

价值链构成	上游		中游	下游	应用
环节	衬底	外延片	芯片制备	封装	应用（照明/背光源等）
代表企业	晶能光电、奥瑞德（<10家）	大连路明、三安光电、联创光电、华电光电（20多家）	三安光电、上海蓝宝、上海蓝光、方大科技、联创光电（40多家）	国星光电、歌尔声学、长盈精密、大族激光、天津天星、研晶光电、亿光电子、宝元电子、宁波康强（1000多家）	浙江阳光、佛山照明、海信电器、东山精密、上海贝岭、京东方A、TCL集团、同洲电子、证通电子（2000家企业）
国内规模比例	0.41%	3.18%	8.77%	28.4%	61.24%
占整个行业利润比例	70%			10–20%	10–20%
行业平均毛利率	>60%	55%	45%	30%	15%
说明	• 上游外延片及芯片制造为LED核心技术；技术难度高、进入门槛高，约占行业利润的70%，基本被欧美垄断，其中外延片占到全球90%以上份额；国内只是在外延片和芯片制造方面在逐步扩大产能，衬底发展缓慢。 • 中游和下游技术难度低、进入门槛低，竞争激烈；我国LED产业主要在封装。				

资料来源：中国光学光电子行业协会、赛迪顾问、国信证券。

图4-2　竞争状况－产业价值链

LIFUD刚好属于后者，其产品处于下游区域内。通过对企业产品在行业内所处层级的分析，LIFUD实则就知道了企业产品的层级，这时企业往往寻求差异化竞争，一方面巩固自己的产品优势，另一方面会投入较多的研发费用。并通过调整人才策略，吸引企业所需的常规型人才和研究型人才。其实，就是知道了企业组织如何发展，知道了企业当前和未来需要什么样的组织架构和需要什么样的人才，要么通过稳固常规人才打好阵地战，要么就是通过高薪引进研发型人才或对该类人才进行长期投资，让产品在质量上和创新上获得突破，并改变企业在行业价值链中的位置。

总之，其实就是确定哪些岗位需要什么样的人才，哪些岗位对于企业更为重要，并打好阵地战和攻坚战（实则与确定公司所处供应链上的位置一样，都是为了确定好关键岗位，建立任职资格体系的基础条件）。

第二节 | 竞争对手价值链分析，知己知彼

竞争对手价值链分析，其实就是分析竞争对手的价值链上哪项工作是其核心竞争力。每个企业根据其战略规划、产品层级、客户需求等，其企业内部价值链各环节工作的重点也是不同的。

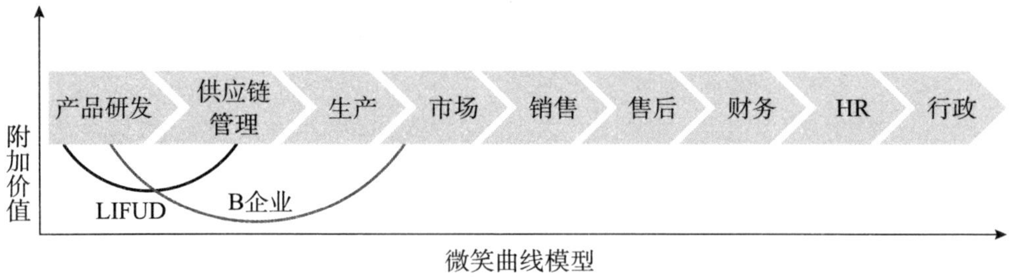

图4-3　价值链上的微笑曲线决定企业的核心竞争力

如上图表示：B企业是LIFUD的竞争对手，B企业弧线两边的端口处环节代表B企业的核心竞争力是产品研发和市场推广。

如果LIFUD与B企业直接拼产品研发或市场推广，无疑难度会加大，甚至可能自取其辱。这时LIFUD应该结合行业价值链分析的结果，采取“曲线救国”策略，调整战术，以获得竞争上的胜利。

比如，LIFUD在策略上实行双管齐下。在内部，加大技术研发的投入，加强研发人员的培养和引入，以此提高产品的质量和创新性。在外部，处理好与供应商的关系，与他们达成战略合作联盟，确保及时补给物料，并最大限度地拿到最低供货价，提升产品毛利点。虽然可能在竞争上不一定能获得胜利，但至少有战胜B企业的机会。

事实上，LIFUD在LED驱动电源行业内的竞争对手有很多，可能是明纬、锐高、飞利浦，也可能是英飞特、茂硕电源、伊戈尔电气、TCI等。如何在市场竞争中战胜他们？从微笑曲线可看出，LIFUD需要继续发挥其关键优势，做好产品研发，做好供应链管理（如采购管理、物料计划、生产计划、仓库管理等）。除此之外，还需根据行业形势，持续优化企业内部价值链，减少运营节点，梳理出关键控制板块，并针对性地最大限度地调动资源。

只有这样，LIFUD才能做到技术领先、品质领先、服务领先、交付领先，立足于解决现阶段和未来的问题，从而立足于世界。

第三节 | 企业内部价值链分析，做组织、做绩效

企业内部价值链其实和分析竞争对手价值链一样，它就是企业内部围绕价值创造而开展的一系列活动的集合（如设计、生产、营销、研发以及支持性活动），通过层层抽丝剥茧，最终形成了企业一级流程、二级流程、三级流程，并最终推导出企业组织架构图、关键部门、关键岗位、部分关键绩效指标。

结合LIFUD的实际情况，我们可用以下系列图形进行理解和掌握：

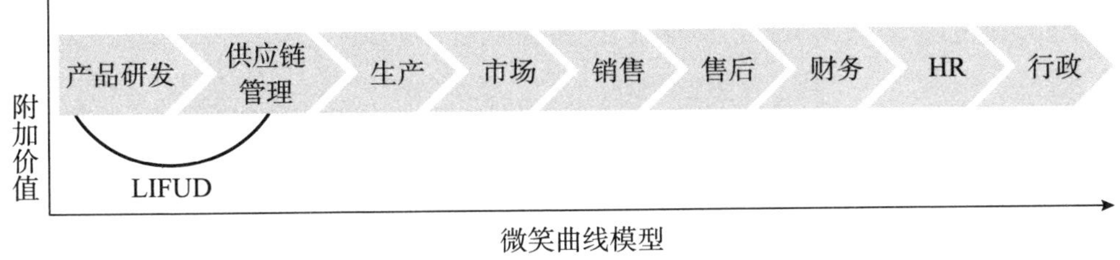

图4-4　读懂业务，画出企业价值链

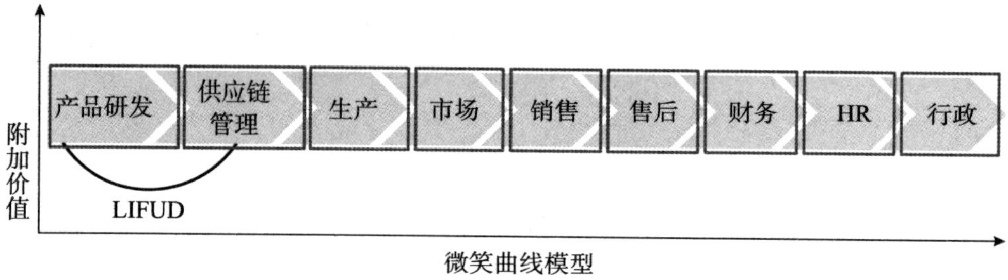

图4-5　通过价值链上做设置，完成职能模块分工（一级流程和企业部门设置的开始）

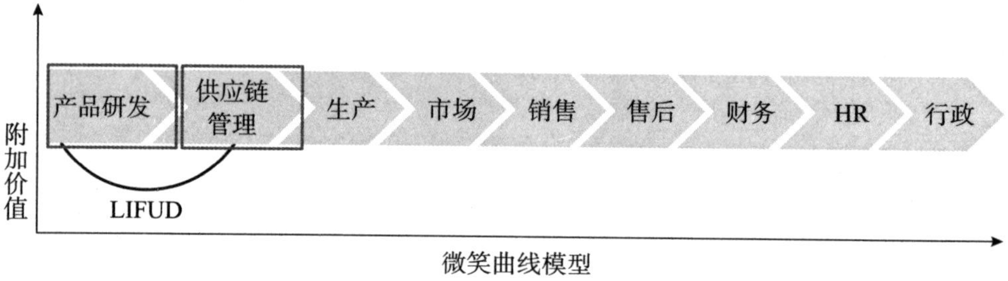

图4-6　价值链上做出微笑曲线，厘清企业核心竞争力，标注企业关键部门和岗位

应该说，企业所有的价值活动与企业战略目标都是紧密相连的，通过以上分析和推导，我们形成了LIFUD的一级流程、二级流程、三级流程集合图。如下图所示：

图4-7　价值链决定流程—供应链管理分解

因LIFUD的核心竞争力是产品研发和供应链管理，故上图以供应链管理环节进行举例。由上图可知，一级流程就是LIFUD内部价值链；二级流程是以供应链管理环节的工作内容进行的流程拆解，实则就是供应链中心的部门职责；

三级流程是以产能规划进行流程拆解，实则就是LIFUD计控部部门职责或计控经理的岗位职责。

若以产品研发和供应链管理举例，非制造型企业的HR可能不太能理解。这里，我们再以LIFUD HR部门为例说明，大家就能一目了然。具体分解如下：

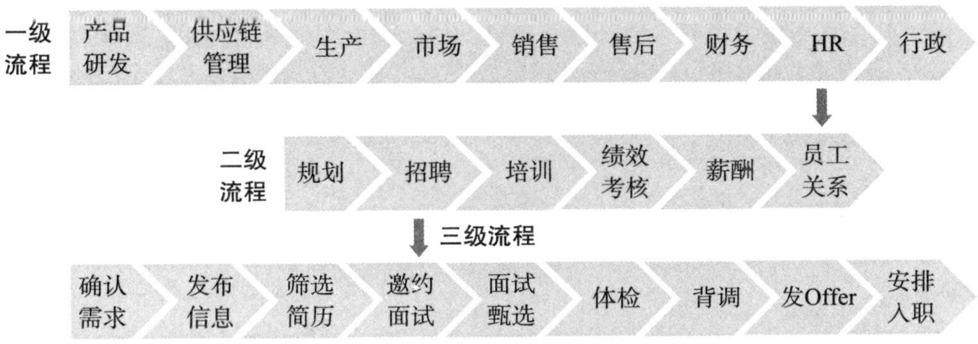

图4-8 价值链决定流程—人力资源管理分解

其实，读懂了企业的业务流程，我们就能划出企业的内部价值链，完成职能模块分工（一级流程和企业部门设置的开始）。读懂了企业的微笑曲线，我们就能厘清企业的核心竞争力，找到企业的核心部门和关键岗位，产生岗位职责，并进而将关键职责变为绩效考核指标。

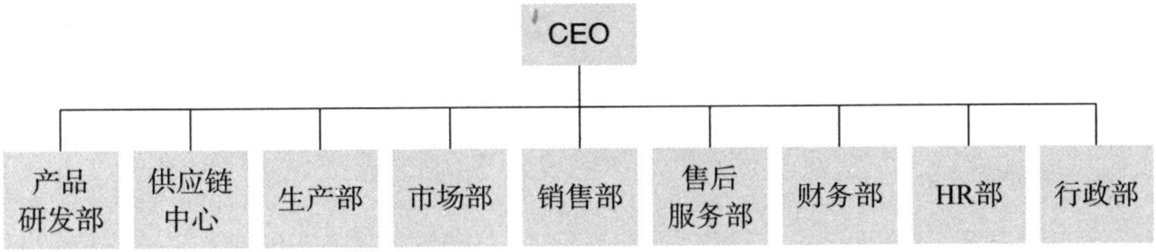

图4-9 流程决定组织架构图

所以，可见价值链分析对于构建任职资格体系的重要性，企业内部价值链决定了企业的一级组织架构图，也决定了企业关键岗位职责，更决定了企业关键岗位的部分绩效指标。

我们知道，流程节点是由人完成的，所以自然就产生了岗位职责，此处我们以LIFUD供应链中心计控经理岗位职责举例，如下表所示：

表4–1 企业价值链–岗位职责

岗位范围：该部门总人数：21人，直接下属人数：3人，间接下属人数：17人

工作关系

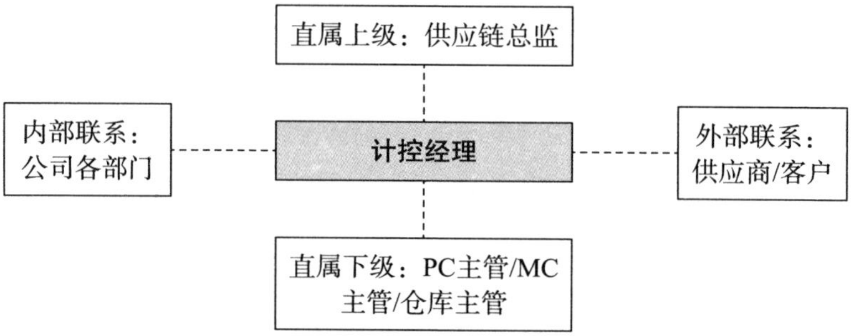

重要性	工作职责（职能任务或活动）		
	工作模块	要素描述	时间占比
1	产能规划	根据公司年度经营目标与市场预测，进行产能、人力、设备规划。	5%
	订单管理	负责订单管理、协调客户交期，执行出货计划，达成客户交期。	12%
	计划排程	指导、监督生产主排程、日排程、插件排程的制定与实施。	20%
	提效降本	优化排程、整合订单生产、提升生产效率、降低生产成本。	3%
2	物料计划	制订物料需求计划，满足生产需求；提高库存周转率，预防呆滞物料的产生并消耗。	15%
	供料计划	制订供应商产能需求计划，协调物料交期，跟进物料供应进度。	5%
	物料控制	根据MC的数据模型呈现结果对物料计划进行优化改善，做好供料保障，减少库存存量。	8%
	四川采购	指导四川采购物料的下单、交付、对账及供应商管理；优化物料采购策略、增大本地采购量、提升供应链管理水平。	4%
3	仓储管理	指导并监督仓库收、发、存业务的正常开展，持续提升库存确保账实一致和收发料的及时性与准确性。	10%
	出货管理	指导助理执行业务部出货计划，稽核出货的时效性与准确性；发布出货信息知会到业务与客户，跟进货物到达情况。	3%
	物流管理	负责开发、评审物流承运商；监控公司月度物流费用支出，审批成品及材料空运、快递申请，持续降低公司物流成本。	5%

续表

重要性	工作职责（职能任务或活动）		
	工作模块	要素描述	时间占比
4	团队建设	拟定部门人力规划，做好人才梯队建设，开展日常培训工作，持续优化部门人才结构。	5%
	行政管理	负责督促PC、MC、仓库、业助等各部执行公司相关各种规章制度；监督部门人员持续优化业务流程；控制部门费用支出。	5%

结合平衡计分卡，我们再看产生的岗位职责是否与平衡计分卡的四个维度相匹配，如是否属于财务指标、客户指标、内部流程指标、学习与创新/成长指标的范畴。如果是，我们则提炼出了该岗位的KPI绩效指标，如下表所示：

表4–2　企业价值链–KPI绩效指标

本岗位部分关键业绩考核指标	1	订单交期达成率： （1）标准品交期达成率（标品7天）≥98%。 （2）非标品交期达成率（非标品20天）≥94%。
	2	生产转线频率： 生产转线频率=当月每日排产机型累加总和/当月每日累计投入生产线条数，生产转线频率≤1.4（次）。
	3	物料上线齐套率： 物料上线齐套率=当月投入套料齐套笔数/当月投入套料笔数×100%，物料上线齐套率≥95%。
	4	原材料库存周转天数： 原材料库存周转天数=30/{当月材料领用金额/[（库存期初金额+库存期末金额）/2]}，原材料库存周转天数≤15（天）。
	5	成品仓发货出错次数： 按业务发货通知单要求出货，错、漏、少、多都视为错误，成品仓发货出错次数：≤0（次）。
	6	A类物料笔数准确率： 账实相符的笔数/抽盘总笔数×100%（A类物料指成品、半成品、锡条、锡线、变压器、IC、MOUS管），A类物料笔数准确率≥99%。
	7	BCD类物料笔数准确率： 账实相符的笔数/抽盘总笔数×100%（除A类物料外的其他物料），BCD类物料笔数准确率≥98%。

续表

	8	账物金额准确率（绝对值）： 年中或年度盘盈与盘亏绝对值总和/系统账务金额值 ×1000‰。账物金额准确率≤3‰同时盈亏绝对值≤5万元。
管理指标	1	仓库目视化管理和培训： 明确工作标准，规范5S，提升工作效率，避免收发料错误。
	2	明确岗位职责与作业规范： 通过岗位职责梳理/培训/交流、问卷调查与考核等手段，让部门成员明确工作职责、掌握工作方法。
	3	营造良好的团队氛围： 考核周期内，已任职2个月的员工主动流失≤1人次。
	4	提高员工满意度： 通过各种管理措施，提升员工的满意度与团队的凝聚力。
	5	部门员工晋升： 培训部门内员工晋级晋职。

备注：以上是结合计控经理岗位职责、平衡计分卡制定的绩效指标。因此处研究的主要对象不是绩效管理，故此处对关键绩效指标法、平衡计分卡等工具，不作详解。

通过对价值链分析，我们厘清了企业一级流程、二级流程、三级流程，最终形成了岗位职责和岗位关键绩效指标，它们成为任职资格体系的构成部分。

第5章

如何理解与运用基于价值链的四定法

在前面的章节，我们用价值链确定了LIFUD的一级部门组织结构图，就可基于LIFUD的一级部门组织结构图和总体战略，最后定出关键核心岗位的职责。但是，关于职责，我们并没有讲解哪些职责可以合并或者怎么合并；哪些职责要分开；也未谈到怎么定岗、定编、定员。所以，部分读者可能还会存在一些疑惑。为了解决这些问题，本章就从“四定”开始谈起。

第一节 | “四定”的定义以及它在企业的运用

何为“四定”？其实就是定责、定岗、定编、定员。四定在企业的运营中，能起到什么作用？接下来，针对大家对“四定”的疑惑，我们进行逐一解答。

1.定责

它是基于企业价值链上的某一个流程节点上，写清楚我们到底要干什么事情？或者确定需要什么岗位，干什么活儿？随后再根据岗位工作内容，提取行为内容，最后结合SMART原则对同类性质的工作进行合并。

2.定岗

因事设岗，常规岗位—行业规范，特殊岗位—标杆企业，独有岗位—自行设计，领导批复，如下图所示：

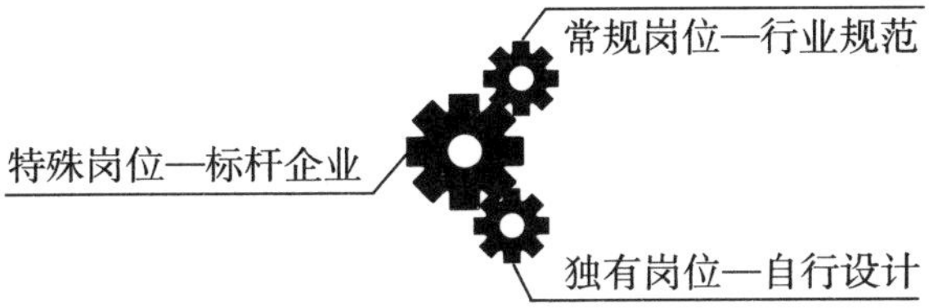

图5-1　因事设岗的方法

将同类性质的工作内容或者说将责任合并，就成了定岗。在定岗的时候，要把现在岗位上的人给清出去，要因事定岗而不是因人定岗。

在因事定岗的时候，尤其是一些常规岗位，最常用的方法是去找出行业的规范。如果是特殊岗位，是行业所独有的，我们就要找出行业中的标杆企业的岗位职责说明书做参考，它可帮助我们减免不必要的错误。更重要的一点，标杆企业已经历多次的使用论证，是可行且有效的。

表5-1　LIFUD岗位职责说明书样板

<table>
<tr><td>岗位名称</td><td>品管经理</td><td>岗位编号</td><td>SCPGBPGJL-001</td><td>岗位等级</td><td></td></tr>
<tr><td>部　　门</td><td>品质管理部</td><td>工作地点</td><td>某　地</td><td>工作环境</td><td>某环境</td></tr>
<tr><td>制 定 者</td><td>张　三</td><td>审 核 者</td><td>李　四</td><td>签 批 者</td><td>王　五</td></tr>
<tr><td>职位概要</td><td colspan="5">全面负责品管部工作的统筹、计划、执行、协调、检查、调整、指导、跟进，构建品管部管理、ISO质量及环境管理体系，为公司经营战略的实现提供有力的品质管理支持与保障。</td></tr>
<tr><td colspan="6">岗位范围：该部门总人数：47人，直接下属人数：6人，间接下属人数：40人
工作关系
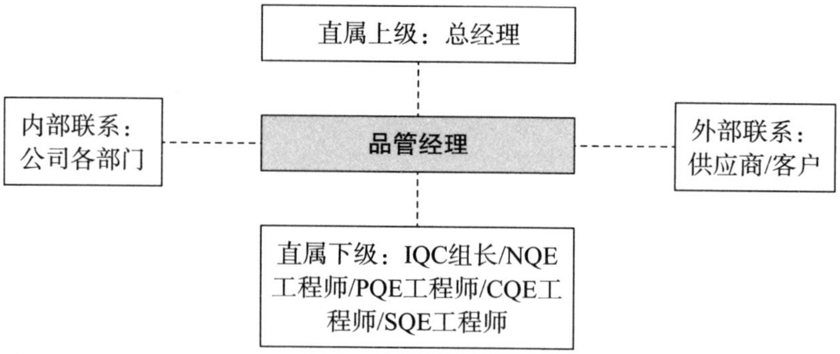
</td></tr>
</table>

<table>
<tr><td rowspan="2">重要性</td><td colspan="3">工作职责（职能任务或活动）</td></tr>
<tr><td>工作模块</td><td>要素描述</td><td>时间占比</td></tr>
<tr><td>1</td><td>品质管理体系/制度建设</td><td>（1）组织建立品质管理体系，组织、监督品质手册等品质文件的编写工作，并进行审核。
（2）组织制定和审核品质管理制度，提出修正意见，上报总经理审定后执行。
（3）定期对品质管理制度的执行情况进行检查、督促。</td><td>10%</td></tr>
</table>

续表

重要性	工作职责（职能任务或活动）		
	工作模块	要素描述	时间占比
		（4）负责品质管理认证的推进和实施工作，定期组织品质管理体系审核。 （5）各品管部门职能系统与考核系统的持续完善。 （6）全面负责和主导公司品质管理工作。	
2	品质方针/目标制定和贯彻	（1）根据公司经营发展需要，制定品质管理方针，确定品质目标体系，并贯彻实施。 （2）根据公司发展的实际情况，及时调整品质发展目标及方针政策。 （3）定期监控品质目标达成状况，进行分析改善，并向公司领导汇报。	5%
3	产品品质管理/控制与改善	（1）审核产品品质控制的流程及制度、操作规范，督促与检查品质政策制度的贯彻执行。 （2）监督检查原材料、制程、成品检验实施过程。 （3）组织对原材料供应商的评估，审批对供应商的处理意见。 （4）召开品质管理会议，处理重大品质问题，提出品质改进意见。 （5）组织品质信息数据收集和分析工作，持续改善产品品质水平。 （6）参与公司重要客户及产品的评审，履行品质否决权。	10%
4	分管部门的管理	（1）负责指导、管理、监督分管部门下属员工的业务工作。 （2）负责分管部门管理人员的招聘，部门绩效考核和人员奖惩工作。 （3）负责安排、协调、控制分管部门的各项工作。	10%
5	品质教育和培训管理	（1）组织品质教育培训制度的建立和完善。 （2）组织品质教育计划的制订，并监督实施。 （3）组织品质教育评价和考核。 （4）定期针对品质管理人员进行能力评估和专业培训。	5%
6	过程品质管理	（1）督促和检查下属及其他部门人员工作，严格按照程序文件要求执行，对原材料买入到生产出货全过程进行检查和监督，严格把好产品品质检验关。 （2）品质日常报表的审核、OA、联络单及其他信息要求的确认并安排传达跟踪落实。 （3）制程重大品质异常参与分析，提出改善对策。 （4）早会宣导前一工作日发生异常客诉、联络单客诉等内容，安排部门当日工作任务。	20%

续表

重要性	工作职责（职能任务或活动）		
	工作模块	要素描述	时间占比
7	认证产品管理	（1）认证产品技术文件与样品收集。 （2）组织过程控制，满足产品认证管理要求。 （3）接待认证审核工作。 （4）审核问题点的整理与改善。	15%
8	试产/品质改善	（1）协助品质工程师对于新产品（包含新材料和其他试产）试产问题跟进各责任部门整改，二次试产改善效果验证。 （2）产品品质标准完善，监督各部门严格按照品质标准执行。 （3）协助品质工程师优化生产工艺，合理设置品质控制点提升品质管理水平。 （4）运用品管手法解决制程品质问题。	10%
9	品质管理体系运作	（1）负责组织各部门完成第三方审核和产品认证审核。 （2）负责推行ISO品质管理体系，监督各部门按要求执行。 （3）负责组织公司各部门完成年度内部品质管理体系评审。 （4）收集各部门品质目标达成情况，督促各责任部门对未达标的做好原因分析并整改。 （5）协助品质总监做好年度管理评审。	15%
任职资格	素质要求	（1）诚实正直、踏实稳重，能吃苦耐劳、细致认真，自信力、忍耐力、抗压力强，有较强的求知欲和成功欲，具有较强的责任心和进取心，处事圆润，敬业、勤奋、无私、感恩、宽容等。 （2）有较强的目标能力、计划能力、执行能力、数据能力、总结能力、提炼能力、分析能力、表达能力、说服能力、表现能力、沟通能力、协同能力。	
任职资格	学历/专业	专科及以上学历，工商管理、采购与供应管理、电子技术等相关专业毕业。	
	经历/技能	（1）8年以上品质管理工作经验，5年以上品管经理工作经验。 （2）具有品质管理、认证管理、设备管理、生产管理等相关专业知识。 （3）熟悉品质管理相应品质标准、法律法规。 （4）熟悉品管七大手法，8D等品质工具。 （5）有一定的电子技术知识基础。 （6）熟悉ISO管理体系，有品质成本意识。	

续表

<table>
<tr><th rowspan="2">重要性</th><th colspan="3">工作职责（职能任务或活动）</th></tr>
<tr><th>工作模块</th><th>要素描述</th><th>时间占比</th></tr>
<tr><td rowspan="7">本岗位关键业绩考核指标</td><td>1</td><td colspan="2">售后损失成本 ≤30万元/年</td></tr>
<tr><td>2</td><td colspan="2">售后返修率≤ 500ppm</td></tr>
<tr><td>3</td><td colspan="2">客诉率≤ 13件/月</td></tr>
<tr><td>4</td><td colspan="2">制程不良率≤ 1500PPM</td></tr>
<tr><td>5</td><td colspan="2">QA合格率（批）≤99.7%</td></tr>
<tr><td>6</td><td colspan="2">IQC进料检验合格率（批）≤99.2%</td></tr>
<tr><td>7</td><td colspan="2">安全事故发生率 ≤0次/月</td></tr>
<tr><td colspan="2">本职位履行职责所依据的主要流程文件、操作规范、规章制度等（可只列明现在已成文的文件，对以后的成文文件，再行补充）。</td><td colspan="2">1.《员工手册》；2.《生产现场人员绩效管理办法》；3.《品质手册》；4.《异常处理制度》；5.《供应商管理程序》；6.《进料检验规范》；7.《IPQC工作指引》；8.《QA工作指引》；9.《老化作业规范》；10.《产品验证规范》；11.《不合格品处理规范》；12.《客诉处理规范》；13.《产品定期检验规范》；14.《产品例行检验规范》等。</td></tr>
</table>

如果是独有的岗位，那就要自行设计。设计完之后，请用人部门负责人与我们一同把这些岗位职责重新进行梳理。梳理完以后，请领导批复，领导审批之后，自然而然就能形成企业内部的一个特有的岗位。

3. 定编

岗位定出来后，往下自然就是定编，如何进行定编？定编时，我们有三大基础需要思考。

（1）企业战略，也就是企业整体的业务目标需要制定出来。

（2）基于企业工作流程，形成企业价值链。有了价值链后，往下我们就要做出微笑曲线。有了微笑曲线，我们就知道核心的关键部门。

（3）人均产值，每百元人力成本投入带来的收益。比如，20个销售员创造2亿元业绩，这时候人均产值就是1000万元。也就是说，我们知道了每个人相对应的收入是多少？或者是每百元的人力成本投入带来的收入或是利润，这是衡量企业员工能力的一个非常重要的值。也就是说一个人能给你带来1000万元，那要做3亿元的时候，自然而然就要30个人，这是我们进行定编时应该考虑的。

当然，在做定编时，还需要查找历史数据。所以，在我们进行定编时，历史数据是底线。它能告诉你，你的人均产值最低是1000万元，低于1000万元的员工是不符合企业要求的。

所以，我们可清楚地知道过去和未来对现在的重要性都是一致的，基于过去，我们才能去设计如何走向未来。除了参考历史数据，我们还要参考标杆企业。

除以上数据要求外，还要特别关注企业的总体战略目标是什么。我们是否能够在战略目标的基础之上，基于这些人员去达成这样的战略目标呢？比如，过去是20人产生2亿元业绩。今年老板说不增加人数，但要做3亿元，这种情况下人均产值就变成了1500万元。此时我们就要去思考这1500万元能否达成，在定编时，这些都要去思考。

前面我们谈到了核心部门的人数一旦确定，就可用比例法完成。LIFUD整个公司的总人数的定编，到底是如何实施的？

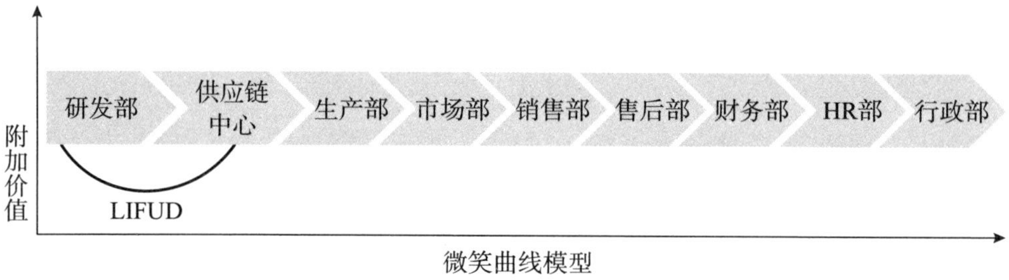

图5-2 企业一级组织架构图

如上图所示，LIFUD有研发部、供应链中心、生产部、市场部、销售部、售后部、财务部、HR部、行政部。

LIFUD去年的总体战略目标是2亿元，销售员20人，销售部是核心价值链里面的其中的一个部门。

LIFUD今年的总体战略目标是3亿元，如果按去年的人均产值1000万元/人/年计算，今年的销售员应为30人。假设市场部去年是5人，每人对应4000万元/人/年，则今年需要7.5人（按7人计算）。于是，两个核心部门合计37人。

如果按一个HR从业者服务80人计算，则还是1人。一个行政从业者按服务50人计算，则仍为1人……。以此类推，我们就算出LIFUD今年的人员配置数量，自然就完成了定编。

4. 定员

定员就是关注员工的质量，这点我们可通过岗位职责说明书确定，里面提到的就是流程节点上的核心工作内容。

在这些核心工作内容中，我们要提取出胜任特征模型，也就是胜任力标准，它决定了一个人做出绩效的重要点，是任职资格标准的构成部分。有了它，我们就知道企业的员工应怎么样去定出它的质量了，最终通过“四定”清楚地看到组织结构图。

价值链仅是帮助我们完成第一层级的部门层级的组织结构图，但如果往下要画出二级的组织结构图，也就是部门下面应该包含哪几个小的分队，就要通过“四定”确认。

比如，通过定责，我们清楚地知道企业有HR部门，这是一级的组织结构图中产生的一个部门。然后HR下面，我们会有招聘工作、培训工作、薪酬工作以及绩效工作。

从定责层面出发，我们要求一个人要负责招聘与培训，岗位不必设立两个岗位，而是在HR下面有一个招聘与培训的专员。还有一个就是薪酬与绩效的专员。所以，基于定责我们能够定出岗位。定出岗位后，组织结构图往下再去延伸就成功了，随后我们就有了相应的岗位职责说明书。

有了岗位职责说明书等一系列资料，定编、定员全出来了。此时就可做人力资源预算了。为什么？因为人员已摆在这里，这个岗位要一个人预算就是5000元，要两个人时预算就是10000元，这是最基本的一个数据。

所以定责、定岗、定编、定员是我们做人力资源规划时的非常重要的一个点。

第二节 |“四定”的作用

“四定”是一个过程，通过“四定”我们可实现如下图所示的工作：

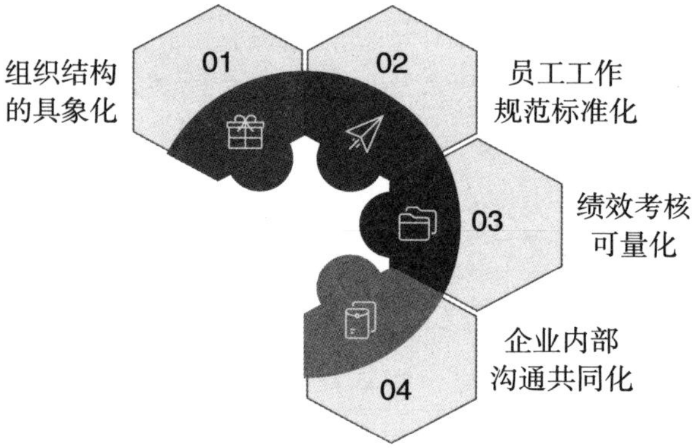

图5-3　四定的作用

（1）组织结构的具象化。可以一步一步地把企业组织结构从一级、到二级、到三级一点点地呈现出来。

（2）员工工作规范标准化。"四定"能输出清晰的岗位职责（该岗位职责也是任职资格体系的构成部分），清晰的岗位职责形成了岗位职责说明书。

（3）绩效考核可量化。因为基于岗位职责和定编的要求，员工人均产值非常清晰，于是绩效考核的标准就出来了（该绩效考核指标也是任职资格体系的构成部分）。

（4）企业内部沟通共同化。因为有清晰的沟通目标，我们知道了人均产值是什么样的？当HR与销售部沟通的时候，就能清楚地说明这个员工为了完成某项工作的这样一个职责。

当然，除以上的四个作用外，通过四定还可以做好人力资源预算。四定是基础，有了四定，LIFUD也就能清楚地知道整体的人力资源需求：到底这个池子有多大，要多少人？每一个人的质量是什么样子的？随后基于这些人数、质量，LIFUD就可确定其人数和人力成本预算，四定实则也是人力资源管理的起点。

四定是一个过程，通过四定作用的发挥，我们在进行人力资源管理的过程当中，就更加有针对性，目标也变得更清晰，这也为我们任职资格体系的构建创造了基础条件。

第6章

职业发展通道构建

关于任职资格体系的定义、内容构成与运用，在前面的章节中我已向大家做了较为细致的介绍。同时基于企业价值链出发，我们完成了核心部门的岗位职责、绩效指标的提炼，并穿插了LIFUD的构建案例，想必大家对任职资格体系已有了较为深入的理解。接下来，本章节将重点对职业发展通道的定义和构建进行详细的解析。

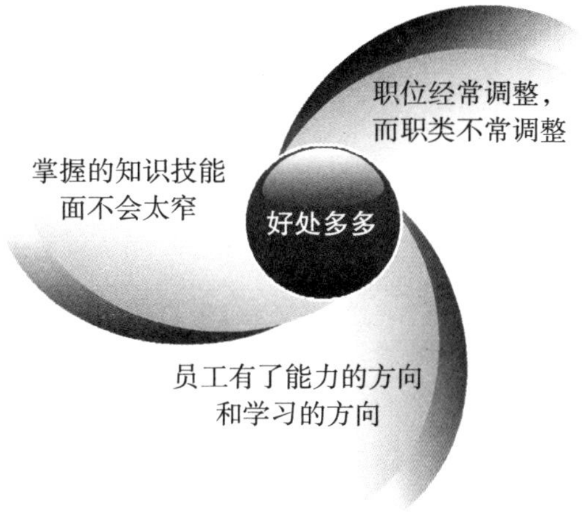

图6-1　建立职业发展通道的优点

我们建立企业职业发展通道的目的是什么？旨在为员工开辟多重职业生涯发展通道，明确员工的职业发展前景与目标，为建立分层分类的人力资源管理体系奠定基础。那么，企业职业发展通道到底是什么呢？实际上，它由**企业职位序列**和**任职资格等级**两个部分构成。

第一节 | 详解企业职位序列

何为职位序列？它是指具有相同工作性质或相似能力要求的不同岗位构成的一个集合，它遵循一定的原则对岗位横向划分出族群、序列。如下图所示：

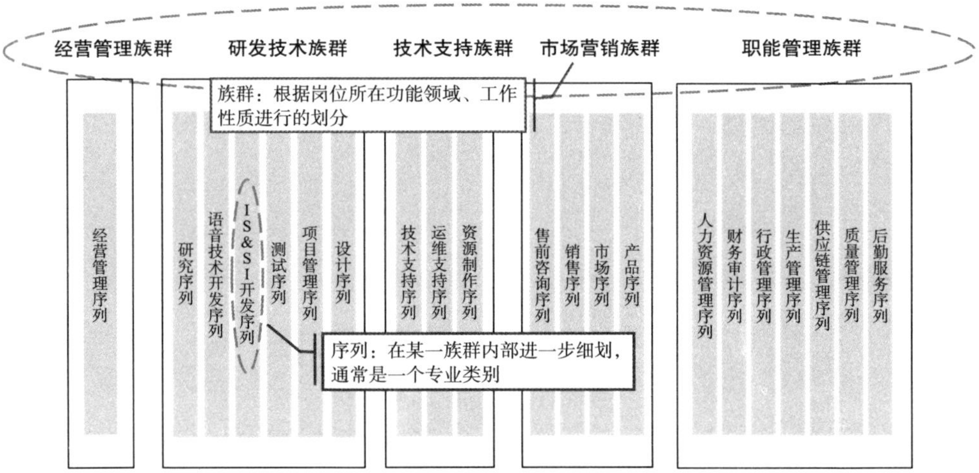

图6-2 职位序列图

族群：也称职族，它是由工作流程关系、组织结构相同或相似，绩效标准、薪酬要素、管控方法等相似或相同的职位分类归并而成。如经营管理族群、研发技术族群。

序列：也称职类，将相同的职位分类归并而成，任职资格相同或相似，承担的职责与职能相似或相同。如语音技术开发为一序列（职类），人力资源管理为一序列（职类）。

有人会问：划分职位序列的目的是什么？我认为主要有几点：一是进行分类管理；二是优化选人标准，便于人才能力素质模型的建立；三是建立针对性的激励；四是人员定向发展；五是区别性的薪酬设计，确保薪酬的外部竞争性和内部公平性。同时，它的划分有利于岗位之间的业务配合，为人员调配提供更大空间，能够在公司整体范围内建立员工发展阶梯，利于专业能力发展。

我们在进行职位序列的横向划分时，还需注意如下几个事项：

- **战略导向：**从企业战略目标出发，从功能角度对企业目标逐级分解，有利于建立“教练型领导+潜力型员工+充分的职业发展通道”的人才队伍。
- **职能集中：**统一分类，从企业层面统一分类标准，根据职位工作性质和承担职能的不同，进行序列划分，不同序列之间有明显的区分度，如工作性质和能力。
- **价值导向：**确保相同序列内员工在职业发展上具有共同的价值导向。
- **核心突出：**通过序列划分，确保公司核心价值链上的职位在管理模式、职业发展、激励和薪酬政策上得到优先关注。
- **垂直横向：**垂直上升与横向交流双向发展，考虑序列之间的横向联系，跨序列发展。
- **前瞻性：**为公司未来发展、人才引入和管理升级预留充分的空间。
- **适度性：**在序列划分程度上，既满足分类管理的需要，又避免由于序列划分过细带来的管理成本的增加。

在进行职位序列划分时，由于行业和目的的不同，我们一般可采用宽序列划分法和职位族管理法，二者对比具体如下表所示：

表6-1 职位序列划分方法表

名称	特点	优点	不足
宽序列划分法	单序列岗位范围较宽，一般只有一级分类，更多适用于规模较小、业务单一或者对人员综合素质要求较高的企业，如项目管理、投资公司。	（1）维护和管理方便； （2）有利于人员的综合发展。	（1）细分不足，激励和薪酬机制设计及管理缺乏针对性； （2）不利专业性人员的培养和发展。
职位族管理法	序列岗位范围较窄，一般有两级或更高级分类，多适用于大规模的、多业务单元的或者流程和分工复杂的企业，如集团公司、制造业等。	（1）有利于有针对性地设计不同岗位的发展通道和激励和薪酬机制； （2）有利于人员的专业化发展。	（1）划分过细，容易造成维护和管理成本的增加； （2）不利于综合素质人员的培养和发展。

因LIFUD是一家集研发、生产、销售、服务为一体的专业制造LED照明驱动电源的国家高新技术企业，所以LIFUD有生产企业的特点。这里我们以生产企业的族群划分进行举例。生产企业族群一般可以划分为管理族、技术开发族、生产族、市场营销族和职能支撑族等。如下表所示：

表6-2 族群/序列/对应岗位关系

项目	族　群	序列类	对应职位	划分要素
核心业务	管理族	/	/	对企业经营与管理系统的高效运行和各项经营管理决策的正确性承担直接责任。
	技术开发族	/	/	对企业产品和技术在行业中的先进性安全性承担直接责任。
	市场营销族	/	/	对企业产品的品牌及市场占有率承担直接责任。
	生产族	制造类/设备类	/	对企业产品、质量、生产成本与交货期承担直接责任。
支持业务	职能支撑族	人力资源类/行政类	/	对为行政管理系统提供的专业管理资讯与参谋及管理服务的质量承担直接责任。

什么是职位序列？它在我们任职资格体系中扮演着什么样的角色？通过阅读本篇文章，此时的您，想必思路已清晰明了。职位序列是我们构建任职资格体系的必要工作之一，而任职资格体系的构建又是使薪酬走向科学管理的关键。所以，职位序列的构建技巧是我们必须要掌握的技能。

第二节 | 任职资格等级的分布构成

何为任职资格等级？它是指在职位序列的横向划分基础上，将职务进行垂直划分，也就是将职位从低到高进行垂直分布，它由**任职资格通道级别**和**任职资格通道级等**构成。如下表所示：

表6-3 任职资格等级示例表

薪级	1–管理族群	2–研发族群		3–采购供应链族群			4–生产族群			5–质量族群		6–市场族群	
		概念设计	工艺和标准设计	物流	采购	供应链管理	生产计划	生产技术/模具	设备	质量控制	质量改善	品牌管理	市场策划推广
12	总裁												
11	副总裁												
10	业务中心/事业部总经理/高级总监												
9	总监	首席设计师	首席工艺师	资深物流工程师	资深采购工程师	资深供应链管理工程师	资深生产计划工程师	资深生产工程师	资深设备工程师	资深质量专家工程师	资深质改工程师	资深品牌管理师	资深市场策划师
8	高级经理	高级设计师	高级工艺师	高级物流工程师	高级采购工程师	高级供应链管理工程师	高级生产计划工程师	高级生产工程师	高级设备工程师	高级质量控制工程师	高级质改工程师	高级品牌管理师	高级市场策划师
7	经理	设计师	工艺师	物流工程师	采购工程师	供应链管理工程师	生产计划工程师	生产工程师	设备工程师	质量控制工程师	质改工程师	品牌管理师	市场策划师
6	主管	助理设计师	助理工艺师	助理物流工程师	助理采购工程师	助理供应链管理工程师	助理生产计划工程师	助理生产工程师	助理设备工程师	助理质量控制工程师	助理质改工程师	助理品牌管理师	助理市场策划师
5		实习设计师	实习工艺师	实习物流工程师	实习采购工程师	实习供应链管理工程师	实习生产计划工程师	实习生产工程师	实习设备工程师	质量检验员	实习质改工程师	实习品牌管理师	实习市场策划师

任职资格通道级别（薪级）：即企业内部的薪酬等级

任职资格通道级等：指对同一序列按职责大小、任职条件纵向划分为若干级别关于任职资格通道级别的划分，现在很多企业都参照NVQ（英国国家职业资格体系）的人才成长五级模型执行，什么是NVQ的人才五级模型呢？如下表所示：

表6-4　NVQ的人才成长五级模型

所属等级层级	所属阶段	划分标准
第一级 初做者	学习阶段：通过按指令做事而贡献于组织。	• 学习本岗位工作所需的知识和技能； • 具有基本的技术和胜任力； • 积极学习相关的专业经验和知识。
第二级 有经验者	应用阶段：通过自己能独立工作而作出贡献。	• 具有独立完成工作所需的知识和技能； • 开始发展相关领域的知识。
第三级 骨干	扩展阶段：通过自己的技术专长而作出贡献。	• 具有某一领域的技术专长； • 为他人提供一些专业支持； • 跟踪本行业的发展动态娴熟掌握相关知识。
第四级 专家	指导阶段：通过他人而作出贡献。	• 对某一领域有深刻而广泛的理解； • 具有创新思想和方法； • 作为专家为他人提供有效的指导； • 为他人提供业务增长的机会。
第五级 资深专家	领导创新阶段：通过按指令做事而贡献于组织。	• 具有系统全面的知识和技能； • 可根据专业判断制定战略； • 推动专业水平的发展； • 专业水准为同行认可。

注：层级可再增加。

当然，也不是所有企业的任职资格通道级别划分都按NVQ的人才五级模型执行，我们也可采用其他方法进行任职资格通道级别的划分，但最终都有异曲同工之妙。如下表所示：

表6-5　任职资格通道级别直接与不同的发展路线挂钩

行政路线	专业路线
中层干部（高管）：具备丰富专业知识的管理层级，领导相关专业领域的多个团队工作，制定公司专业战略。	**行业专家**：具备业界先进专业知识的行业专家层级，设计公司专业发展战略或给公司提供专业咨询。
基层干部（经理/高级经理/总监）：具备丰富专业知识的初级管理层级，领导一个团队负责一个专业领域工作。	**公司专家**：具备精深专业知识的公司专家层级，独立设计推进公司级的专业方案或给部门提供专业咨询。

续表

行政路线	专业路线
高级：具备丰富专业知识的精通层级，独立负责专业流程并进行创新改进或负责一般专业项目/解决一般专业问题，能在专业上指导较低层级人员。	
中级：具备专业知识的半熟练/熟练层级，能独立处理专业流程工作或在少量指导下解决简单的专业问题。	
初级：具备专业操作经验或具备专业知识的专业入门层级，处理重复性工作或在大量指导下完成工作。	

结合以上任职资格通道级别划分方法，以及企业人员数量，我们可将任职资格通道级等设置为三等至五等，如下表所示：

表6-6 任职资格通道级等举例

职位名称	通道名称/级别	级 等
高级专家	技术开发五级	三级等
		二级等
		一级等
专家	技术开发四级	三级等
		二级等
		一级等
高级工程师	技术开发三级	三级等
		二级等
		一级等
工程师	技术开发二级	三级等
		二级等
		一级等
助理工程师	技术开发一级	五级等
		四级等
		三级等
		二级等
		一级等

看到这里的你，可能觉得我们已经完全掌握了任职资格等级的构建。但显然不是那样的，因为要想构建好任职资格等级，还要关注六大要素，如下图所示：

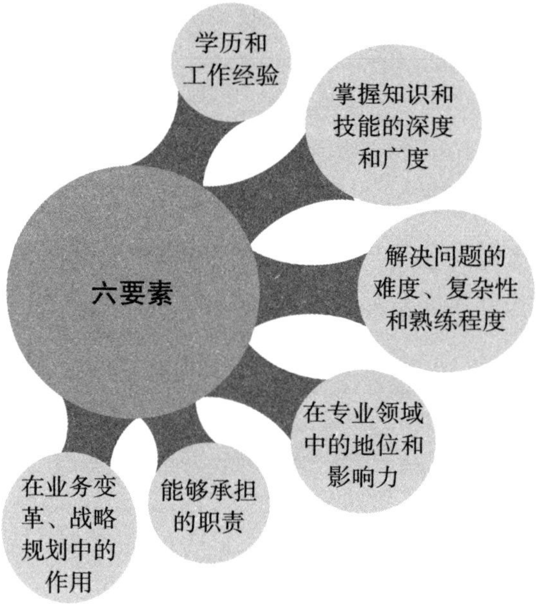

图6-3 六要素标准

通过之前的学习，我们掌握了任职资格等级的构建方法。鉴于此，我们来谈谈国内外企业如何对职位进行命名。

1.职位命名的国内外成熟做法（以某中国台湾地区企业举例）

普通员工→组长（副组长）→专员（副专员）→课长（副课长）→主任（副主任）→襄理（副襄理）→经理（副经理）→副总经理→协理→总经理→执行长→总裁→董事长。

台湾企业的职位命名早期受了部分日资企业的影响（如课长、襄理），在国内除台湾地区企业外，系统沿用得很少，其实不建议系统性参考，可以个别借鉴。

2.职位命名的国内外成熟做法（欧美企业的典型做法）

员工→主管（Supervisor）→经理（Manager）→高级经理（Senior Manager）→部门经理（Branch Manager）副总裁（VP）、COO（CFO、CIO……）、总监→总裁、

总经理（President）→首席执行官（CEO）。

此为国际主流做法，除欧美企业外，为大多数跨国企业所用，在国内已为很多企业沿用；该做法能减少层级，做到扁平化管理，宽带薪酬已成为主流。

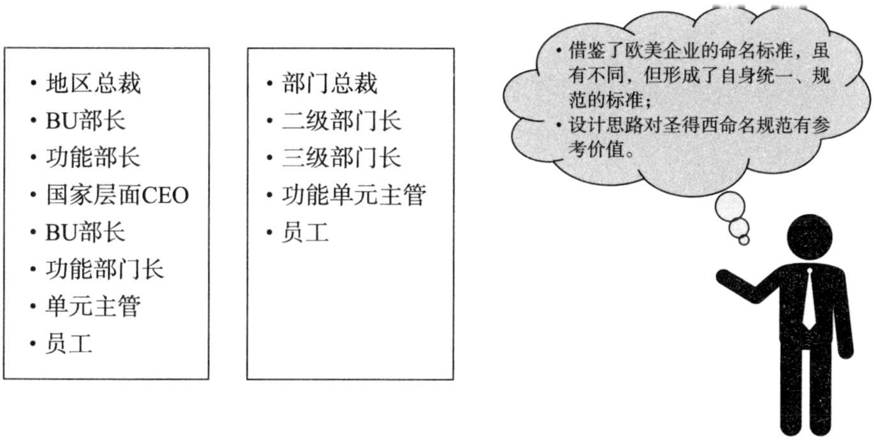

图6-4　职位命名的国内外成熟做法——以某国内知名企业举例

事实上，关于职位命名，本篇文章仅提供了具体的构建方法和思路。企业的职位命名，往往还会因职位的具体设置及内涵根据企业的规模、行业类型的不同有很大区别。

因LIFUD是国家高新技术企业，既要研究开发、也要生产，他们会涉及各种各样的技术岗位。所以接下来，我们谈谈职位技术级别如何进行划分。

1.职位技术级别划分原则

标准化原则、规范化原则、借鉴国内外的成熟做法、前瞻性原则（充分考虑企业的未来发展，为更高级职位预留空间）、从企业现状出发。

2.职位技术级别国外成熟做法

由于国外并没有像中国的全国性技术职称统一评定，因此并没有统一的技术职称等级划分标准，更多的是企业自身的标准，故相互差别较大。

表6-7 全国统一技术职称评定表

职位类别	等级划分
工程技术人员	技术员、助理工程师、工程师、高级工程师、正高级工程师（教授级）
技术工人	技师：初级技师、技师、高级技师 技工：1–8级

3.职务技术级别划分的建议

（1）国外企业的做法比较多样，相比之下，国内职称评定形成的等级体系更加系统，符合中国企业的习惯，建议作为主要参考。

（2）为了避免企业内部的技术等级与外部职称评定等级的混淆，对名称的使用需要有所区别，我们要建立企业自身的等级划分规范。

4.职务技术等级划分标准

（1）目前大部分企业采用技术等级标志+工作内容标志+职务称谓标志相结合。

（2）技术等级标志。

研发类：资深、高级、中级、助理。

生产操作类：技师：高级、中级、初级；操作工：一级至八级。

工作内容标志：能反映工作内容的，如“工艺”“裁剪”等。

职位称谓标志：研发类：设计师、工程师；生产操作类：技师、技工。

表6-8 职务技术等级划分举例

分类	技术等级划分				
研发设计类	资深设计师	高级设计师	中级设计师	设计师	助理设计师
工艺技术类	资深工程师	高级工程师	中级工程师	工程师	助理工程师
技师类	高级技师	技师	初级技师		
技工类	1–5级				

通过对企业职位序列、任职资格等级的定义、构建流程和技术等进行解析理解，我们再根据LIFUD所处行业、发展阶段，进行LIFUD职业发展通道的设计（实则是企业职位序列和任职资格等级的构建，以及多张表格的合并，最终汇集为企业职业发展通道），具体如下图所示：

表6–9 LIFUD职业发展通道初步成型

任职资格通道序列对应																			
				市场营销族群		技术族群				专业族群				生产族群					
职等	职级	级别	管理族群	销售序列	市场序列	项目管理序列	DQE序列	研发技术序列	工程序列	财务序列	总办序列	人力资源序列	行政后勤序列	生产序列	采购序列	计划序列	物控序列	仓库序列	品管序列
高层	14	董事长	董事长																
	13	副董事长	副董事长																
	12	总经理	总经理																
	11	副总经理级	副总经理	中心副总经理															
	10	总监级	总监	中心总监 海外分公司经理 LED显示屏电源总监		研发总监		总工程师	工程总监	财务中心总监		人力资源中心总监		生产总监	供应链总监				品管总监
	9	副总监级	副总监		市场部高级经理			副总工程师											
经理层	8	经理级	经理	销售部经理 国际业务部经理	市场部经理	项目管理部经理		研发经理 高级软件工程师 高级电子工程师	工程经理	财务经理	总经办主任	人力资源中心经理		生产经理	采购经理	计控经理			品管经理/技术专家
	7	副经理级	副经理	销售部副经理	市场部副经理	项目管理经理	高级测试工程师 高级安装工程师	研发副经理	工程副经理		总经办助理	招聘经理				PC经理	MC经理	物流经理	
主管层	6	主管级	主管	大客户主管 区域销售主管 大功率主管	市场推广主管 产品管理主管 数据分析主管 FAE主管 销售助理主管	智能组主管 工业组主管 恒压组主管 调光照明组主管 通用组主管 项目管理主管 产品工程师	DQE主管	研发主管 部品工程师 支持主管 高级结构工程师 高级PCB工程师	工程主管 IE工程师	财务主管		招聘经理 招聘主管 薪酬绩效主管 培训主管	行政主管	生产主管	采购主管	PC主管	MC主管	仓库主管	SQE工程师
	5	副主管级	副主管		销售助理主管			中级PCB工程师 中级结构工程师 中级软件工程师 中级电子工程师 中级测试工程师	ME工程师 PE工程师			招聘主管 薪酬绩效主管 培训主管		生产助理				仓库主管	PQE工程师 IQE工程师 CQE工程师

族群：根据岗位所在功能领域、工作性质进行的划分

任职资格通道级别（薪级）：即企业内部的薪酬等级

序列：在某一族群内部进一步细划，通常是一个专业类别

续表

任职资格通道序列对应

职等	职级	级别	管理族群	市场营销族群：销售序列	市场营销族群：市场序列	技术族群：项目管理序列	技术族群：DQE序列	技术族群：研发技术序列	技术族群：工程序列	专业族群：财务序列	专业族群：总办序列	专业族群：人力资源序列	专业族群：行政后勤序列	生产族群：生产序列	生产族群：采购序列	生产族群：计划序列	生产族群：物控序列	生产族群：仓库序列	生产族群：品管序列
		专员级	专员						IE技术员 ME技术员 PE技术员 NPI技术员				IT专员	生产拉长					老化拉长
基层	4			高级销售工程师 销售工程师 助理销售工程师 门市店长	数据分析专员 国际商务专员 船务专员 品牌公关专员 文案策划专员 产品管理专员 FAE工程师 商务助理 销售助理	项目管理员 产品助理工程师 BOM专员	初级测试工程师 安规工程师 初级安装工程师	初级电子工程师 初级软件工程师 初级结构工程师 初级PCB工程师		应收会计 应付会计 成本会计 总账会计 税务会计						PC 计划员			外协OA
	3			见习销售工程师 门店营业员 销售员 仓库管理员		项目助理	助理测试工程师 助理安规工程师	助理电子工程师 助理软件工程师 助理结构工程师 助理PCB工程师	工程专员 中/高级治具管理员 中/高级维修技术员 中/高级调试技术员 中/高级测试技术员 中/高级波峰技术员	中/高级出纳	稽查专员	薪酬绩效专员 招聘培训专员 企业文化专员	行政专员	生产专员	采购专员	PC专员	物控专员 委外专员	仓库专员	文控专员 产品验证员
	2	文职级	操作员		售后维修员	项目管理员 产品助理工程师 BOM专员 技术文控专员	测试技术员	电子技术员 软件技术员 结构技术员 Layout技术员 焊板技术员	样机助理 工程文员 初级治具管理员 初级维修技术员 初级调试技术员 初级测试技术员 初级波峰技术员	初级出纳 会计助理	稽查文员	人事助理	行政助理	生产文员	采购文员	PC文员/销售内勤	物控文员 委外文员	仓库文员	品管文员
操作层	1	操作级					操作员	操作员	波峰操作员				安保保洁绿化	生产助拉/插件/测试/烙铁/组装/包装/QC/首件/灌胶/剪脚/贴纸/物料员/洗板/打胶/耐压/分板/高点/锡点/锡点面/锡点补焊/维修/改料/焊线/压高件等				原材料仓管员/成品仓管员	IQC组长/ IQC检验员 老化作业员 IPQC检验员 QA检验员

任职资格通道级等：指对同一序列按职责大小、任职条件纵向划分为若干级别

通过对LIFUD职业发展通道的构建，细心的读者会发现并反问："以上这张表层级分明、错落有致，既能看出某个岗位在哪一个职位序列，也能看出某个岗位在哪一个层级。这样的表能否推导出企业的宽带薪级表呢？"答案是肯定的。

有了以上这张表，我们结合企业整体战略、经营战略、薪酬策略，以及某岗位在价值链上的位置等条件进行推导，LIFUD的职级薪级表就出来了。

看到这里的您，想必知道了为什么本篇文章取名为"基于战略的任职资格体系薪酬管理"。因为我们的职级薪级表都是从企业战略、从任职资格体系推导出来的。相对传统的薪酬管理来说，它具有一定的优势，也具有一定的科学性。同时，我也想通过本文的分享，带给正在路上奋斗着的HR以经验，希望对大家有益。

第7章

任职资格标准的冰山一角

在第三章，我们大致对任职资格标准进行了定义与分类讲解，本章节我们将结合冰山模型进行任职资格标准构造的详细解析。

谈到任职资格标准，我们自然不能避开冰山素质模型这个话题。所谓冰山素质模型，就是将人员个体素质的不同表现划分为表面的“冰山以上部分”和深藏的“冰山以下部分”，它是我们构建任职资格标准的基础和关键工具。如下图所示：

图7-1　冰山素质模型

第一节 | 从冰山模型看LIFUD的基础性资格标准模型

从冰山素质模型一图中，我们能够清楚地看到：冰山以上部分是人力资源显性的基本素质，能够被人清晰地看到。例如，行为、知识（基本知识、专业知识、相关知识，也就是完成工作所必须掌握的信息、概念和观点。我们将其汇总、整理、分析，并按一定的规则和标准组合后，就成了最简单的任职资格标准–基础性资格标准模型。

为了更清楚地进行表达，我罗列了一些指标，并用下表进行展示：

表7–1 基础性资格标准模型表

任职资格等级	基础性资格标准									
	学历	专业	专业经验	行业经验	资质证书	培训	业绩	项目成果	专业论文	备注
管理一级	博士	无	5年	4年	无	年度提供公司级培训累计12课时以上。	无	无	无	连续两年绩效考核结果为B以上。
	硕士		8年	5年						
	本科		10年	6年						
管理二级	博士	无	4年	3年	无	年度提供公司级培训累计8课时以上。	无	无	无	连续两年绩效考核结果为B以上。
	硕士		6年	4年						
	本科		7年	5年						
管理三级	博士	无	3年	2年	无	年度提供公司级培训累计6课时以上。	无	无	无	连续两年绩效考核结果为B以上。
	硕士		5年	3年						
	本科		6年	4年						
管理四级	博士	无	1年	1年	无	年度提供部门级培训累计6课时以上。	无	无	无	连续两年绩效考核结果为B以上。
	硕士		2年	2年						
	本科		3年	3年						

应该说，每个企业的基础性资格标准模型都是不尽相同的，它与企业所在行业、企业的发展阶段、企业管理水平、企业规模等是密切相关的，结合LIFUD的实际情况，我们设计了LIFUD的基础性资格标准模型评分表，如下表所示：

表7–2 LIFUD基础性资格标准模型评分表

<table>
<tr><td colspan="4">姓名：</td><td colspan="3">岗位名称：　　　　　　　　　　评分日期：</td></tr>
<tr><th>序号</th><th>评价因素</th><th>细分因子</th><th colspan="2">权重</th><th>结果</th><th>评价标准</th></tr>
<tr><td rowspan="3">1</td><td rowspan="3">学历</td><td>最高学历</td><td rowspan="3">15</td><td>5</td><td></td><td>达到岗位说明书要求的学历标准的得5分，达不到上述标准的得0分；超过一级加2.5分；本科及以上学历须出示学位证书原件，无学位的本项减1分。1996年之前三年制大专毕业、1990年二年制大专毕业、1990年之前高中直升中专毕业的均可视作本科。高中或职高毕业通过自考、夜大、业余取得大专毕业证书的，视作中专以上学历。助理级别人员，2000年及之前毕业的大专均可视作本科学历。</td></tr>
<tr><td>毕业院校</td><td>5</td><td></td><td>重点院校毕业得5分；一般院校毕业得4分；自考得3分；脱产电大的得2分；函授、夜校、党校、社科院毕业以及业余就读的，得0分。</td></tr>
<tr><td>专业</td><td>5</td><td></td><td>专业对口且等级匹配的得5分；专业接近且等级匹配的得4分；等级不匹配但专业对口的得2分；其他情况得0分（专业以毕业证书或学位证书为准）。</td></tr>
<tr><td rowspan="3">2</td><td rowspan="3">培训</td><td>参加并通过公司安排的培训</td><td rowspan="3">20</td><td>5</td><td></td><td rowspan="3">申请员工须向公司书面表述参加培训的课程名称、培训内容、获得的相应证书，并向员工作出分享（占1分）；
内部培训须提交相应的书面培训教材（包括上司对下属的知识类培训，但业务类培训除外）；全程参加公司的管理提升的，本项最高得分为2分。其中，负责主编部门管理提升资料的，占1分，项目小组成员全程参与的，占1分，其余人员得分范围为0.5分；
非公司支出培训费用的，视为自费培训；本项培训考核只计三年内的培训；培训分为：部门或专业培训、面向全公司本专业外的；自费参加培训的满分标准是有三项以上培训，培训须与工作和公司经营业绩，且向公司或部门分享：
第一项培训2.5分，第二项2分，第三项1.5分，每参加一项按50%计分，提供培训资料按30%计分，分享按20%计分。自费参加工作专业相匹配的学历的学习，按2分计算。</td></tr>
<tr><td>自费参加并通过外部的培训</td><td>5</td><td></td></tr>
<tr><td>担任内部培训师（次数/范围/等级）</td><td>10</td><td></td></tr>
</table>

续表

姓名：			岗位名称：			评分日期：
序号	评价因素	细分因子	权重		结果	评价标准
4	工作经历	工作年限	40	10		以岗位说明书要求的有效工作年限为准得10分，每多一年加1分，每少一年扣1分，加分上限为15分；减至要求年限的50%以上的，本项得0分。
		曾任职单位规模和管理水平		10		曾任职单位规模分大、中、小三级；大型、标杆企业得15分（大型指行业前十名）；中型企业或与我公司经营方式类似的企业得10分；小型企业、关停并转企业或行业落后企业，本项得0分（主要考虑近三年内任职的单位，加入公司满一年可得2分，满三年便可得满分10分）。
		行业匹配性		10		曾任职单位同行业或与任职岗位相匹配的专业公司得10分；未达到上述要求的，本项为0分（主要考虑近三年内任职的单位，加入公司满一年可得2分，满三年便可得满分10分）。
		曾任职岗位		10		曾任职同级岗位工作年限达到本岗位要求的得10分，每少一年扣1分，每多一年加1分；本项得分的上下限为15分和0分，加减分须在本范围内。
6	身体素质	病假天数	5			员工以最近一年内的病假记录为准，每天减1分，累计减分不超过5分。
		体能测试	5			由人力资源中心制订体能测试方案，本项最多加5分和减5分。
	家庭负担	事假天数	5			员工以最近一年内的事假记录为准，每天减1分，累计减分不超过5分。
		住址与工作地点距离	5			通过公交、地铁交通工具以及步行，住址至工作地点行程时间超过一个小时的，减5分；长期住工地集体宿舍的加5分。
	家庭关系	与行业或岗位工作相关度	5			员工亲缘关系中，对公司业务或岗位工作有帮助的得5分，无帮助的，本项得0分。
		累计：	100			

完成以上基础性资格标准模型评分表后，在组织任职资格评审时，就可对申请任职资格评审的人员进行岗位基础性资格标准的评审。

第二节 | 冰山下的深藏内涵与胜任特征（胜任力）模型

看了冰山素质模型的冰山之上部分，我们再看冰山之下的深藏内涵，如社会角色（在他人面前自我形象的表现欲）、自我概念（自我评估、自我认识、自我教育）、自身特质（自身特有的典型行为方式）、动机（决定外显行为、自然稳定思想）等，这些内容也就是我们第三章第三节所讲的胜任特征，也称胜任力，我们按照科学的方法进行构造，就成了胜任特征（胜任力）模型，以下直接简称胜任力模型。

胜任力模型对于企业来说是如何定义的呢？实则就是担任某一个特定的任务角色所必须具备的胜任力总和。一般情况下，胜任力模型有两个特点：一是不同岗位的职务所要求员工具备的胜任力内容和水平是不同的；二是在不同组织和不同行业中，相同的或类似工作岗位上，员工的胜任力特征也是不尽相同的。

事实上，胜任力这一概念最早出现在1973年美国著名心理学家戴维·麦克利兰（David. Mc. Clelland）的《测验胜任特征而不是测验智力》（Testing competence rather than intelligence）的文章中。他认为传统的智力测验、性向测验和学术测验等都不能预测复杂工作和高层职位工作绩效或者生活中的成功。

其实，在企业管理中，胜任力模型不仅用于招聘，还可用于企业人员规划、培训开发、绩效管理，也用到了我们的薪酬管理中。可以说，它可以作用于我们人力资源工作的每一个板块。

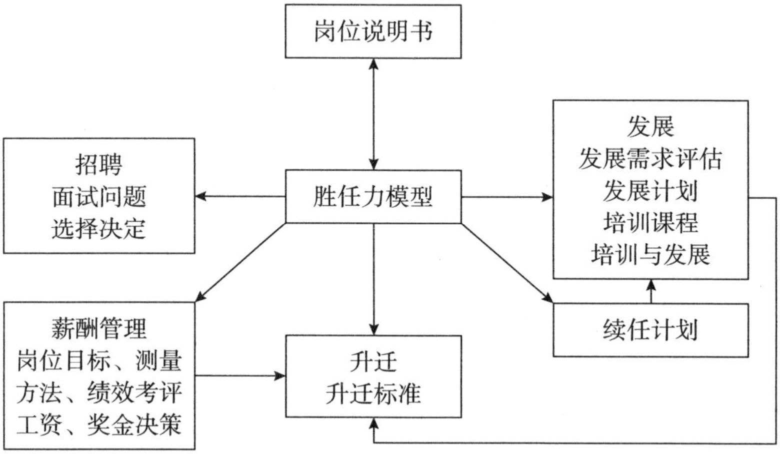

图7-2 胜任力模型在人力资源管理中的地位

第三节 | 如何构建胜任力模型

理解了胜任力模型的内涵和作用后，我们至少要完成三个板块的工作内容，如下图所示：

图7-3　胜任力模型构建三部曲

一部曲：我们要进行企业职位序列和任职资格等级的划分。

二部曲：我们要在企业职位序列和任职资格等级的基础上进行能力素质要素的提炼。比如，针对工程部经理，提炼出其能力素质要素是：创新能力、团队建设能力、问题发现与解决的能力、协调能力、设备管理能力、技术需求转化能力、安全管理能力、产品质量管理能力等。

三部曲：对岗位能力素质要素进行评级。比如，把工程部经理的创新能力进行层级划分。

一级：

- 比较守旧，墨守成规地执行上级布置的各项工作；
- 遇到问题，习惯用经验来解决，缺乏创新观念。

二级：

- 对新事物具有良好的接受性，解决问题时愿意尝试新的方法；
- 能灵活变通地完成上级布置的各项工作，支持创新。

三级：

- 能够作为企业创新精神的倡导者；
- 能够创造性地完成上级布置的各项工作；

- 能够鼓励下属多角度思考，提出各种解决思路；
- 决策时，敢于创新但不失稳健；
- 提倡创新。

针对胜任力模型的构建，我们具体的实施程序如下图所示：

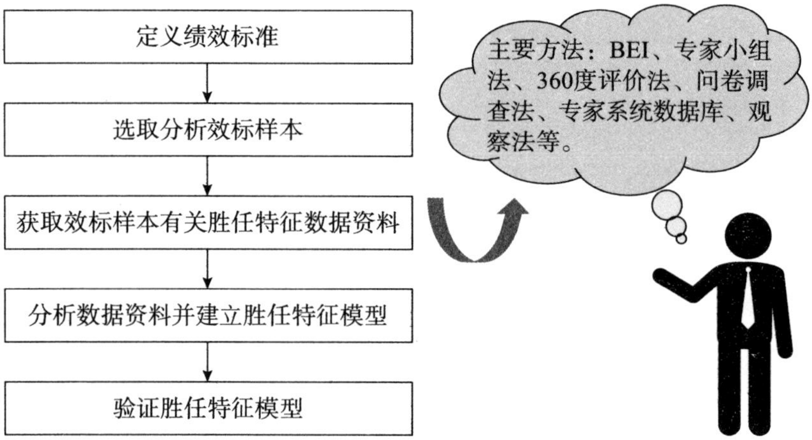

图7-4　胜任特征模型构建的基本程序

1. 定义绩效标准

在定义绩效标准时，我们可采用工作岗位分析和专家小组讨论的办法确定，即运用工作分析的各种工具与方法明确工作岗位的具体要求，提炼出能够鉴别业绩优秀员工与一般员工的标准。

专家小组讨论则是由优秀的领导者、人力资源管理层和研究人员组成专家小组，就岗位的任务、责任和绩效标准以及期望表现的胜任力行为和特点进行讨论，得出最终的结论。

如LIFUD组建了专家小组，小组成员由董事长、副董事长、总经理、副总经理、事业部总监、部门总监、人力资源经理、其他各部门经理等组成，专家小组就绩效标准的定义进行讨论确定。

2. 选取分析效标样本

根据工作岗位要求，在从事该类岗位工作的员工中，分别从绩效优秀和绩效一般的员工中随机抽取一定数量的员工进行调查。例如，LIFUD分别从财务类、销售类、市场类、研发类、生产类岗位中抽取了一部分绩效优异、绩效一般的员工作为研究分析的样本，以便找到一些胜任力的共同属性。

3. 获取效标样本有关胜任力的数据资料

一般情况下，我们通常采用归纳法、行为事件访谈法（BEI）、专家小组法、问卷调查法等来获取与效标样本有关的胜任力数据。但整体上来说，我们在获取胜任力的数据时，主要以行为事件访谈法（BEI）为主。

归纳法：HR要不停地去观察这些样本，然后把这些样本中一些共性的行为给提炼出来，这些共性的行为是决定了我们做事的优秀的行为，这种叫归纳法。

行为事件访谈法（BEI）：要求被访谈者列出他们在管理工作中发生的关键事件，包括成功事件、不成功事件或负面事件各三件，并且让被访者详尽地描述整个事件的起因、过程、结果、时间、相关人物、涉及的范围以及影响层面等。同时，要求被访谈者描述自己当时的思路、想法和感受。访谈结束时，也让被访谈者自己总结一下导致事件成功或不成功的原因。

LIFUD企业在运用行为事件访谈法（BEI）时，提前针对岗位设计了一个提问提纲，采用了问卷调查与单独面谈相结合的方式。对于被访谈的人员，也提前将绩效优异和绩效一般的人员进行了穿插，让其不知道自己到底是优秀还是一般，减少心理抵触。同时，LIFUD企业对每一个人员的访谈均控制在1–3小时内，且有文字记录和录音，最终整理形成了详尽的访谈报告。

专家小组法：由优秀的领导者、人力资源管理层和研究人员组成专家小组进行讨论。这个是比较好用的方法，因为专家小组的讨论能迅速地帮我们判断：哪些行为从专业的角度值得我们去推荐。

问卷调查法：设计一系列的问卷，并发至相关人员进行答卷。

4. 建立岗位胜任力模型

LIFUD是如何构建岗位胜任力模型的？首先，人力资源经理与高层管理人员进行了一系列的交流。通过交流，深度理解LIFUD的战略方向、组织结构的构建和主要业务流程等。其次，LIFUD通过行为访谈报告，提炼出胜任力数据资料，对行为事件访谈报告进行内容分析，记录各种胜任力在报告中出现的频次。如比较优秀组和一般组的要素指标的发生频次等，找出共性和差异；随后根据不同的主题进行特征归类，并根据频次的集中程度，估计各类胜任力组的大致权重。最后，归纳出初稿，进一步修改、补充和完善，得出模型。

5.验证胜任力模型

LIFUD在验证胜任力模型时，主要采用了回归法（也可采用其他相关的验证方法）对已有的优秀绩效与一般绩效的有关标准或数据进行检验。当然，验证胜任力模型的关键是在于企业选取什么样的绩效标准来进行验证。

根据LIFUD所在行业的特点、发展阶段、管理水平、价值链等因素，结合以上构建胜任力模型的程序和方法。事实上，构建LIFUD胜任力模型的工作更为复杂。

谈到这里，我们任职资格体系的构成内容“岗位职责、绩效考核指标、职位序列、任职资格等级、任职资格标准”的内涵与构建方法都已讲解完毕。相信此时的您，已初步掌握了构建任职资格体系的方法，并迫切希望在自己的企业推行和构建任职资格体系，进而在企业下一步的人力资源规划、招聘与配置、培训与开发、绩效管理、劳动关系，尤其是我们的薪酬管理中发挥作用。那么，如何才能构建好任职资格体系和发挥它的作用呢？下一章节，我们将从任职资格体系的主线业务流程进行补充讲解并对评审流程进行详细介绍。

第8章

关于任职资格体系构建与评审实战解析

第一节 | 任职资格体系构建与评审主线流程介绍

前面的章节，在谈到任职资格体系的组成内容、构建方法和工具时，我们也适时地穿插了一些实战案例的图表，但可能部分读者仍然存在一些疑惑。为此，结合LIFUD的实际情况，本章节我们将讲解任职资格体系构建的主线流程、评审流程以及对应的配套工作。

1.成立任职资格体系项目构建专家小组

该专家小组可由公司高层管理者、优秀中层管理者代表、人力资源中心部门专业人员组成专家小组，就任职资格体系的构建进行组织实施（如会议的组织与讨论，项目各板块的具体筹建等）。

表8–1 LIFUD任职资格项目小组架构及其职责（模板）

公司职位	项目组职位	项目小组职责
董事长	项目总监	（1）全面指导任职资格体系构建工作； （2）把握任职资格体系总体构建方向； （3）协调和监督中高层配合项目工作； （4）项目各模块构建方案的质量把关； （5）跟进项目进度，包括：各项调研、会议研讨、培训的会议组织，确保人员的到场以及内部资料的整理、下发、宣导； （6）保证项目构建所需要的其他资源。

续表

公司职位	项目组职位	项目小组职责
总经理	项目组长	（1）参与项目调研、研讨； （2）协助项目总监对高层的协调与监督工作； （3）组织项目调研，把握总体方向； （4）对项目模块各方案的质量把关； （5）对项目的进度进行控制和协调。
人力资源总监	项目副组长	（1）负责项目各模块方案的拟订、讨论、修改、定稿； （2）实施所承担项目的培训、指导； （3）配合项目组长对项目获得的成果进行集中讲解与提交； （4）组织项目各模块的思路讲解讨论； （5）组织各项目模块的集中讨论。
绩效/培训经理	专业对接人	（1）各项调研/会议研讨/培训的会议组织，确保人员的到场以及内部资料的跟进； （2）对公司中基层配合项目的协调与监督工作； （3）在推进过程所有资料的跟进与实施； （4）日常工作的沟通与协调。
各部门负责人	业务对接人	配合项目组组长、副组长进行任职资格体系的构建； （1）配合完成项目构建各阶段所安排的任务； （2）参与会议研讨并提出合理化建议，积极推动项目构建； （3）提出任职资格体系进一步完善和优化的建议； （4）执行公司对任职资格体系评审结果应用的各项管理或人事决策。

2. 任职资格体系构建各大模块工作内容

根据LIFUD的实际情况，完成对任职资格体系构建模块的规划，并在此基础上开展相关工作，进而确保任职资格体系构建与评审的顺畅完成。

3. 任职资格体系构建操作流程

为了确保任职资格体系构建的顺畅进行，我们需要进行流程梳理。通过流程优化，减少不必要的环节，提高构建效率。

4. 任职资格体系构建项目进度计划

通过制订项目进度计划，确保每个阶段应该完成什么内容，并进行追踪处理，掌握推进进度，保证在规定时间内完成对应的构建工作。

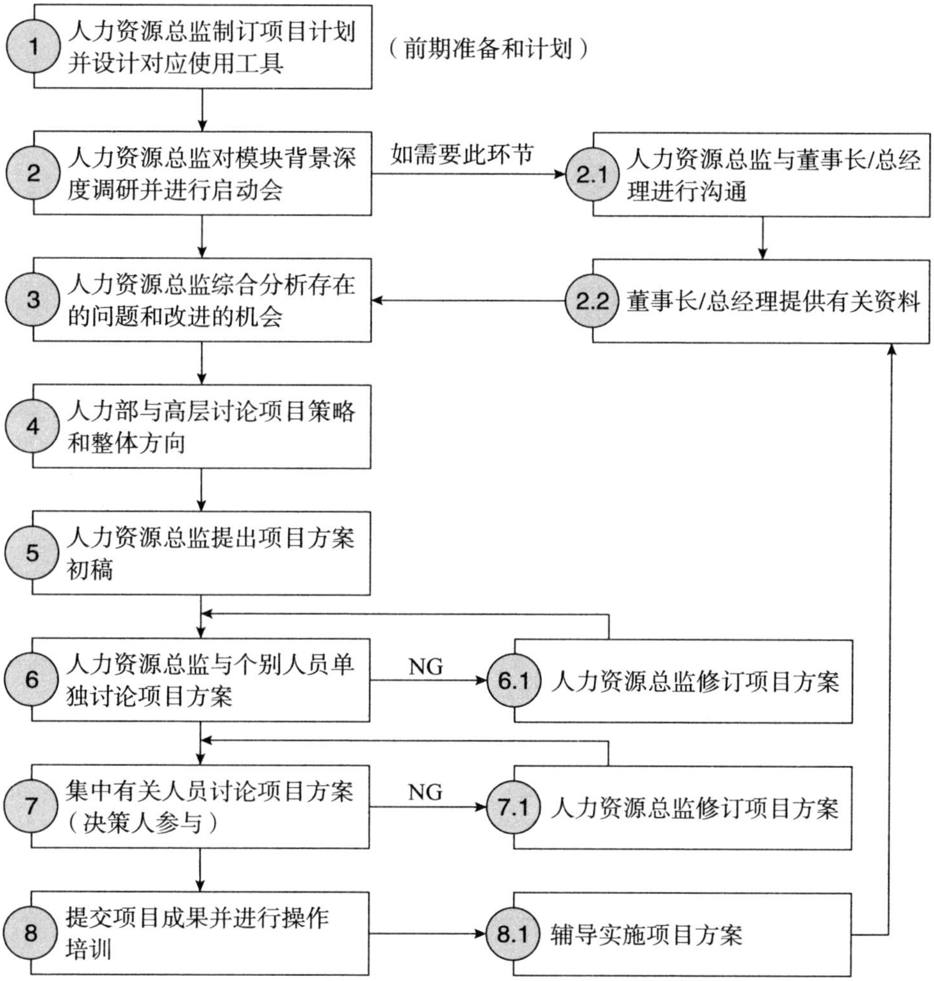

图8-1　任职资格体系构建操作流程图

第二节 | 任职资格评定办法解析

1. 定义

任职资格通常就是我们常说的资质，它一是指在现实工作环境中完成任务的能力，二是指按企业标准来满足业绩要求的能力，也即员工承担某一职务或岗位所必须具备的资格和能力。

2. 目的

2.1　提供员工学习提高的标准，促进员工不断地提高自己的胜任能力；

2.2 明确职位等级的胜任能力要求，建立员工能力发展路径和职业发展通道；

2.3 规范人才的培养和选拔，促进人力资源的合理开发与利用；

2.4 为人力资源规划、招聘、考核和薪酬管理等工作提供了依据；

2.5 促进对人员进行合理、有效配置；

2.6 提高工作的规范化和标准化水平。

3. 任职资格确定原则

3.1 **客观性原则**：以胜任力模型的指引，通过深入调查和沟通，从而建立岗位任职资格，其内容来源于实际工作，体现了公司战略导向，最大限度地保证了任职资格标准的客观性。

3.2 **指导性原则**：能够指导员工的日常工作，促进不断地学习和提高。

3.3 **可区分原则**：各职位等级的任职资格的划分应有区分度。

3.4 **持续调整原则**：确定岗位任职资格充分考虑员工目前整体胜任能力水平状况。当员工整体胜任能力水平提高，应对任职资格标准进行相应调整，以使两者保持一致。

4. 任职资格分类

管理职系和职能职系岗位设立任职资格。

5. 组织

5.1 **高层管理者的职责**

5.1.1 制定任职资格管理政策；

5.1.2 审定任职资格标准；

5.1.3 主持公司评定委员会对员工胜任能力的评定工作。

5.2 **人力资源中心的职责**

5.2.1 组织制定和调整岗位任职资格标准；

5.2.2 组织协调各部门对员工胜任能力评定工作；

5.2.3 负责任职资格管理工作的推动和培训。

5.3 **各部门的职责**

5.3.1 参与制定和调整岗位任职资格标准；

5.3.2 负责部门人员任职资格评定工作；

5.3.3 提出本部门岗位任职资格调整建议。

6. 任职资格评定

6.1 评定者

6.1.1 评定者分为两级：公司评定委员会和各部门评定小组。

6.1.2 评定委员会由公司高层管理者、各部门经理和主管组成（10–15人），评定对象为主管级及以上职位人员。

6.1.3 评定原则

6.1.3.1 客观公正原则：从被评估者的表现出发，严格按照标准确定评定结果，标准客观，判断客观全面。

6.1.3.2 公开原则：通过将评定标准、评定方法和评定结果公开。

6.1.3.3 促进改进原则：评定不仅是评判是否达到任职资格，更重要的是促进员工胜任能力的提高。

6.2 评定方法

6.2.1 对于全员核心胜任力和序列通用能力的评定，根据被评估者的行为表现以及表现的频率进行评判；对于序列专业技术能力的评定，由该（类）岗位的专家/经理根据被评估者的专业技术能力进行评判。

6.2.2 评估者对被评估者应有3个月以上的了解，通过日常工作中的接触和观察，在经过思考后可以对这些行为描述做出判断。

6.3 评定标准

各职位等级的任职资格标准，详见《基础性资格标准模型评分表》和《360度胜任力模型素质评估表》等。

6.4 胜任能力评定时间

年度评定：能力评定周期确定为1年1次，评定时间在每年11–12月。

6.5 评定程序

6.5.1 评定委员会评定程序

6.5.1.1 评定对象

公司评定委员会评定对象是主管级及以上职位，经年度绩效考核初步具备晋级条件的员工。

6.5.1.2 自评

参加胜任能力评定的员工首先进行自评。

个人自评的目的在于使员工了解岗位胜任力要求，促进评定委员对被评估者深入了解，并且作为上下级沟通对照的参考依据，个人自评不作为评定委员会评定的依据。

6.5.1.3 评定委员会评定

（1）评定委员会委员对自评表进行阅读，以员工的自评表为基础，逐一判断每项胜任能力等级是否属实，并针对每项能力，根据平时观察了解来判断被评估者所达到的级别。

评定从以下方面进行判断：

a.该等级要求的内容是否做到；

b.一贯性程度。

（2）集体评议时，各委员表达自己的意见，说明被评估者每项能力的等级。当出现不同的意见时，应尊重对被评估者较熟悉的委员的意见，此外应按少数服从多数原则决定。

评定委员评定时，各委员在《岗位任职资格评分表》上对被评估者打分，将对其专业较为了解的委员打分进行平均，作为其专业胜任能力等级得分。

（3）评定结果在《岗位任职资格评分表》上填写，同时应填写对被评估者胜任能力的具体评价，但对每一项胜任能力不一定一一罗列。

6.5.1.4 沟通

评定后，被评估者所在部门上级代表评定委员会与被评估者进行面对面的沟通，将评议结果及改进要求反馈给被评估者，对能力现状达成共识，确定能力发展提高的重点和提高目标。

被评估者可以表达对评定结果的不同意见，并陈述理由（必要时以证据或书面的方式表达）。有必要时，评定委员会根据被评估者的陈述理由对初次评议结果进行重新讨论和调整。

6.5.2 部门评定程序

6.5.2.1 评定对象

部门评议小组评定对象是主管级以下职位。

6.5.2.2 自评

员工进行自评。

6.5.2.3 部门评议小组评价

（1）部门评议小组成员审阅员工自评表，以员工的自评表为基础，逐一判断每项胜任能力等级是否属实，并针对每项能力，根据平时观察了解来判断被评估者所达到的级别。

评定从以下方面进行判断：

a. 该等级要求的内容是否做到；

b. 一贯性程度。

（2）评议小组进行集体评议，经理主持评议会议，说明被评估者每项能力的等级，并简述理由，其他成员提出调整意见。

对评议小组成员进行评议时，该成员应回避。

（3）评定结果在《岗位任职资格评分表》上填写，同时应填写对被评估者胜任能力的具体评价，但对每一项胜任能力不一定一一罗列。

6.5.2.4　审定

部门评议结果报部门直接上级审核，总经理审批。

6.5.2.5　沟通

上级审定后，部门经理或主管与被评估者进行面对面的沟通，将评议结果及改进要求反馈给被评估者，对能力现状达成共识，确定能力发展提高的重点和提高目标。

被评估者可以表达对评定结果的不同意见，并陈述理由（必要时以证据或书面的方式表达）。有必要时，评定小组根据被评估者的陈述理由对初次评议结果进行重新讨论和调整。

6.5.3　新招聘员工胜任能力评定程序

评定者是所属部门经理或主管、组长和与被评定者有较密切工作关系的骨干员工。

6.5.3.1　评议小组在评议时逐一判断每项胜任能力等级是否属实，并针对每项能力，根据平时观察了解判断被评估者所达到的级别。

6.5.3.2　评议小组进行集体评议，由经理或主管主持评议会议说明被评估者每项能力的等级，其他成员提出调整意见。

6.5.3.3　评定结果在《岗位任职资格评分表》上填写，同时应填写对被评估者胜任能力的具体评价，但对每一项胜任能力不一定一一罗列。

6.5.3.4　评议小组评议后，部门经理或主管将评议结果报部门直接上级审定。

6.5.3.5　评定后，部门经理或主管与被评估者进行面对面的沟通，将评定结果及改进要求反馈给被评估者，对能力现状达成共识，确定能力发展提高的重点和提高目标。

被评估者可以表达对评定结果的不同意见，并陈述理由。有必要时，评定小组根据被评估者的陈述理由，对初次评议结果进行重新讨论和调整。

6.5.3.6 部门经理或主管将评议结果反馈给人力资源中心，作为新员工定级的依据。

6.5.4 胜任能力分值计算

具体评分规则参见《岗位任职资格评分表》，其中知识层面占20%，技能层面占60%，职业素养占20%。分数核算办法为：

如该员工知识层面得分20分、技能层面分别是30分、40分、50分、60分，职业素养为70分。最终评分=20×20%+（30+40+60+50）×60%+50×20%=4+108+10=122分。

6.5.5 汇总分析评定结果

胜任能力评定后，所有表格材料都要整理归档。

6.6 申诉：员工对胜任能力评定结果或过程有异议时，可以向公司申诉，申诉程序如下：

6.6.1 申诉员工填写申诉表提交人力资源中心。

6.6.2 人力资源中心接到员工申诉3个工作日之内，将员工申诉提交申诉人所在部门的上级主管领导。

6.6.3 申诉人所在部门的上级主管领导认为申诉无合理性时，可驳回申诉请求，并与员工进行沟通，阐明理由。

6.6.4 部门上级主管领导认为对申诉事项有必要重新调查时，即提交评定委员会对该员工胜任能力重新进行评定，并将结果向员工反馈。该过程在5个工作日内完成。

7.任职资格评定结果应用

7.1 确定起薪级别

对于有相关工作经验的新招聘人员，综合考虑该员工的胜任力评定结果和工作经验，确定该员工起薪级别。

7.2 影响薪酬调整

年终绩效考核和胜任力的评定，共同影响到员工的薪酬调整。

7.3 人员选拔

根据岗位的要求，有组织地聘用相应资格的人员上岗，确保用人的科学性。

7.4 激励优秀人才

对于能力和业绩俱佳的优秀员工和核心人才，要通过职位、职务晋升和奖励等方式进行激励，实现持续培养与开发。

7.5 岗位调整

胜任力评定结果可用于对人员的岗位调整，使具备不同能力的人做与之适合的岗位，达到人岗匹配的目的。具体做法是：

7.5.1 通过分析员工的胜任能力与岗位所要求胜任能力的匹配程度，从而指导岗位调整工作。

对差异较大的员工，结合该员工业绩状况，分析原因并寻找更为适合的岗位，与员工进行讨论，然后对该员工岗位进行相应调整。

7.5.2 如果员工胜任能力得分较高，但是业绩较差，应分析原因，与该员工面谈讨论。如果造成较差业绩的原因并非外界因素所致，应对该员工的工作进行指导，必要时给该员工安排更为适当的岗位。

7.6 破格晋升

当员工能力突出，而工作经验达不到要求时，可以破格晋升。

破格晋升不受规定年限和考核分数限制，由公司评定委员会或各部门提出人员名单，由公司总经理批准而进行职位等级升级。

当员工的工作经验没有达到要求，但具备下列条件之一时，可以破格晋升：

7.6.1 在业务发展或管理等方面作出突出贡献。

7.6.2 胜任能力已经达到或超出原级别的上一级别，同时工作业绩优良。

7.7 降级和淘汰

员工如在实际工作中出现以下情况之一，将给予降级处理。

7.7.1 经评定没有达到目前所处职级的任职资格。

7.7.2 年度考核有三个“C”。

7.7.3 违背公司组织原则、职业道德或行为规范。

7.7.4 受到公司重大处分者。

对于业绩和能力均差的员工，将待岗或解除劳动合同。

第三节 | 测评工具的运用

本章节以LIFUD人力资源中心的人力资源经理为调查对象，分别从组织氛围、领导者成功测试、DISC测试、基础性资格标准、360度胜任力评估角度对人力资源经理的任职资格进行评审，进而确定人力资源经理的综合任职水平达到何种层次，并形成任职资格（初审）报告，作为任职资格评审会议评分的参考依据。

组织氛围调查测评：了解任职部门氛围

通过对组织氛围的调查，掌握被评估者所在部门的管理氛围，并将组织氛围评分作为被评估者的任职资格（初审报告）构成内容。

表8-2 组织氛围调查问卷

1. 本问卷是不记名氛围调研问卷，对象为LIFUD内部相关部门的人员；
2. 请在对应的选项上画圈或打钩，请只选一个答案。

序号	行为表现	评价依据及分值				
		几乎没有	偶尔为之	频率中等	频率偏高	一贯如此
		1分	2分	3分	4分	5分
1	我所在部门的管理团队的行为体现正直诚信，值得我信任（所在部门指员工所在部门，下同）。		√			
2	我所在部门的管理团队充满激情的工作状态感染和激励着我。			√		
3	我的上级营造了简单、坦诚、阳光的团队氛围，我喜欢所在团队的氛围。				√	
4	我所在部门的管理团队始终把公司利益放在第一位，坚决对损害公司利益的事情说不。				√	
5	我所在部门的管理团队坚持业绩导向，始终以工作好坏作为评价下属的唯一标准。				√	

续表

序号	行为表现	评价依据及分值				
		几乎没有	偶尔为之	频率中等	频率偏高	一贯如此
		1分	2分	3分	4分	5分
6	我所在部门的管理团队敢于大胆管理、主持正义，敢于制止和纠正下属的不良行为，绝不纵容不良风气。			√		
7	在工作中，我觉得我的意见会受到上级的重视。					√
8	在工作中，我会因表现出色而受到上级认可或表扬。			√		
9	我的上级总是及时传达公司的各类最新要求和意图，我清楚个人工作成果与公司总目标之间的联系。		√			
10	考核结束后，我的考核领导会向我反馈我的考核结果。			√		
11	我的直接上级会就我的工作效果主动向我提供反馈意见，及时解答我在工作上的问题和疑惑，并向我提供支持，以帮助我更快更好地完成工作。				√	
12	在过去的六个月内，工作单位有人和我谈及我工作上取得的进步。				√	
13	我觉得我的直接上级或同事关心我的个人情况。				√	
14	我清楚我的工资收入是怎么计算的。					√
15	我的工作成绩和工作表现对工资有明显影响。			√		
16	公司对我的工作要求清晰而明确，我很清楚这些要求。				√	
17	我有做好我的工作所需要的材料和设备。			√		
18	我觉得我所在部门的业务流程在持续优化，管理上不断实现创新和突破。			√		
19	过去一年里，我在工作中有机会学习和成长。			√		
20	我愿意付出额外的努力来完成工作。				√	
合计：		70				

测试说明：

以上打√选项仅为举例说明，被调查部门的组织成员凭此《组织氛围调查问卷》对被调查部门的组织氛围进行打分，得出的结果实则就是被调查部门负责人的得分。

测评结果：假设该人力资源经理下属为5人，5人打分情况分别为：70分/75分/80分/65分/85分，平均分=（70+75+80+65+85）/5=75分。故人力资源经理的组织氛围得分是75分。

领导者成功测试：你的领导力是这样

下面的“领导者成功测试问卷”，用来测试领导者的职业生涯的成功机会。

表8–3 领导者成功测试题

序号	问题内容	答 案	选择答案
1	你是否确定了具体的职业目标？	是 否	是
2	你是否制订了某一时期内实现目标的职业计划？	是 否	是
3	你是否有更高的愿望？	是 否	是
4	你的愿望是否切实可行？是否与你的能力相符？	是 否	是
5	你随时准备去冒险，犯错误，失败吗？	是 否	否
6	你将重新安排工作吗？	是 否	是
7	你忠实地为你的公司负责吗？	是 否	是
8	你坚信能使自己幸福吗？	是 否	是
9	为在工作中取得最好成绩，你是否努力工作？	是 否	是
10	你是否知道和了解你的上司和公司的发展目标（这是成功的真正关键）？	是 否	是
11	在你任职期间，你是否为公司取得几项优势？	是 否	否
12	你是否充分发挥了你的才能？	是 否	否
13	你是否在培养（或使用）你的社交能力？	是 否	是
14	你的工作是否使你很出众？	是 否	否
15	你是否享有诚实、正直、可靠三者之一的声誉？	是 否	是
16	你的消息灵通吗？	是 否	否
17	你是否为实现你的职业目标而制定步骤？	是 否	是
18	你是否第一个提出将影响公司发展的积极和消极因素的领导者？	是 否	否

续表

序号	问题内容	答　案	选择答案
19	你是否从其他人的成功和失败，尤其是典型事例中，吸取经验教训?	是　否	是
		合计:	6个否

测试说明:

0–3个“否”：你就是一个领导者。

你可能已经获得成功，或者正在走向成功，你喜欢你所做的一切，因而你正在做正确的事情——致力于把工作做得更好。

4–7个“否”：你陷于麻烦。

①你应花费时间去检查一下你的生活和工作目标（你想从你的生活和工作中得到什么东西?）；②你目前的职务、作用和责任是什么?（你是否喜欢你所做的事情，并把它做好）；③你所做的工作达到了什么程度?（你的努力是否达到了你的个人目标。）

8个以上“否”，你不适合做领导。

测试结果: LIFUD人力资源经理回答6个“否”。在4–7个“否”之间：陷于麻烦。

①应花费时间去检查一下生活和工作目标（想从生活和工作中得到什么东西?）；②目前的职务、作用和责任是什么?（是否喜欢所做的事情，并把它做好）；③所做的工作达到了什么程度?（努力是否达到了个人目标。）

DISC性格测试：您属于哪种风格

通过对被评估者的DISC测试，掌握被评估者的个性状态，并将测评结果作为被评估者的任职资格（初审报告）构成内容。

结合自身情况，从A、B选项中选择一个符合自己心境的答案。随后将选择的A、B答案转换为D、I、S、C。其中Q1–Q12中，A表示D；B表示C；Q13–Q24中，A标志I，B表示S。

表8–4 DISC性格测试题

下面有一些句子，请在每一组句子中，圈选出最符合自己的句子。					
序号	答案内容	选择答案	序号	答案内容	选择答案
1	A. 我做决定通常很迅速。 B. 我喜欢从容地做决定。	B	13	A. 我对待生活的态度严肃。 B. 我倾向于轻松的生活。	B
2	A. 我说话快速，感情丰富。 B. 我说话慢条斯理，且较少使用煽动性语言。	A	14	A. 我倾向于保留自己的态度。 B. 我乐于与别人分享自己的感受。	B
3	A. 我闲不住。 B. 我愿意享受安静、闲暇的时光。	A	15	A. 我喜欢与人交流事实与数据。 B. 我喜欢诉说与倾听有关人物的故事。	B
4	A. 我喜欢活跃的生活方式。 B. 我的生活方式很低调。	A	16	A. 我倾向于根据事实，客观情况及证据做决定。 B. 我倾向于根据感觉，经验或人际关系做决定。	A
5	A. 同时身兼几职能让我精神焕发。 B，我喜欢一次只做一件事。	B	17	A. 我对闲聊没有兴趣。 B. 我对闲聊比较感兴趣。	A
6	A. 我容易对慢步调的人失去耐性。 B. 我不喜欢仓促做事。	B	18	A. 我对交往的对象比较挑剔。 B. 我愿意发展新的人际关系，并深入了解他人。	A
7	A. 我乐意告诉别人自己的想法和感受。 B. 我乐意保留自已的想法与感受。	A	19	A. 大家可能会认为我不容易接近。 B. 大家可能会认为我易于接近。	B
8	A. 我不介意碰运气，愿意尝试新鲜事物。 B. 我不愿意碰运气，喜欢用熟悉的方式做事。	A	20	A. 我喜欢独立工作。 B. 我比较喜欢与别人合作。	A

续表

序号	答案内容	选择答案	序号	答案内容	选择答案
9	A. 在社交场合中，我会主动向别人介绍自己。 B. 在社交场合中，我常会等别人来介绍我。	A	21	A. 我乐意讨论时事与手中正在进行的工作。 B. 我喜欢谈论人物、故事与奇闻逸事。	B
10	A. 我没有足够的耐心倾听别人说话。 B. 别人说话时，我会很仔细地去听。	B	22	A. 我自认为是一个比较拘谨的人。 B. 我自认为是一个比较轻松自在的人。	A
11	A. 我喜欢领导他人。 B. 我愿意遵从指示。	B	23	A. 别人认为我爱思考。 B. 别人认为我重视感觉。	B
12	A. 我的反应速度及时。 B. 我的反应倾向于三思而后行。	A	24	A. 完成一件事时，是我感觉最棒的时候。 B. 当别人接纳我时，我感觉最好。	A
	现在给自己作计算，请将你圈选的句子数量记录下来：				
	7（A句子的数目/快步调）			6（A句子的数目/任务导向）	
	5（B句子的数目/慢步调）			6（B句子的数目/人际导向）	

测试结果：LIFUD人力资源经理，Q1–Q12中有7个A、5个B，则转换出7个D，5个C；Q13–Q24中，6个A、6个B，则转换出6个I、6个S。

因D的数量最多，故可看出是D主导DISC图形（因DISC测试的结果有很多种，这里不过多介绍，感兴趣的读者可参考DISC相关书籍详细了解），DISC的测试结果如下：

属于典型行为风格，可被大致描述为“创建者”类型。这种类型的人通常表现出能量充沛，行为独特，非常追求新挑战与新机遇，他们有很强的自我力量。创建者喜欢刺激，常常投入不经深思的冒险中。为了达到目的，他们会给人和环境提出要求，创建者勾画“蓝图”并充满激情地去推进实施。他们最怕被受到控制与利用，在压力下可能会显得非常直率而缺乏沟通艺术。

创建者具有领导与控制的才干，这些都是基于他们直接的，高标准要求的天性。这种行为类型的个体，比起需要紧密关系结合的工作情境来说，更适应于结构化的，正式的工作情境。他们是非常具有竞争力与自信的人群，在信息缺乏的情势下，仍然能够迅速做出决策并实施计划。在他人看来极度困难的任务，对于他们来说却可能“如鱼得水”。

基础性资格标准评估：这就是基础

通过构建被评估者的基础性资格标准，并对被评估者进行测评，掌握被评估者的基础性资格标准实际状况，并将测评结果作为被评估者的任职资格（初审）报告构成内容。

表8–5　基础性资格标准模型评分表（模板）

<table>
<tr><td colspan="3">姓名：张三</td><td colspan="3">岗位名称：人力资源经理</td><td>评分日期：2020年9月25日</td></tr>
<tr><td>序号</td><td>评价因素</td><td>细分因子</td><td colspan="2">权重</td><td>结果</td><td>评价标准</td></tr>
<tr><td rowspan="3">1</td><td rowspan="3">学历</td><td>最高学历</td><td rowspan="3">15</td><td>5</td><td>5</td><td>达到岗位说明书要求的学历标准的得5分，达不到上述标准的得0分；超过一级加2.5分；本科及以上学历须出示学位证书原件，无学位的本项减1分。1996年之前三年制大专毕业、1990年二年制大专毕业、1990年之前高中直升中专毕业的均可视作本科。高中或职高毕业通过自考、夜大、业余取得大专毕业证书的，视作中专以上学历。助理级别人员，2000年及之前毕业的大专均可视作本科学历。</td></tr>
<tr><td>毕业院校</td><td>5</td><td>3</td><td>重点院校毕业得5分；一般院校毕业得4分；自考得3分；脱产电大的得2分；函授、夜校、党校、社科院毕业以及业余就读的，得0分。</td></tr>
<tr><td>专业</td><td>5</td><td>4</td><td>专业对口且等级匹配的得5分；专业接近且等级匹配的得4分；等级不匹配但专业对口的得2分；其他情况得0分（专业以毕业证书或学位证书为准）；</td></tr>
</table>

续表

<table>
<tr><th>序号</th><th>评价因素</th><th>细分因子</th><th colspan="2">权重</th><th>结果</th><th>评价标准</th></tr>
<tr><td rowspan="3">2</td><td rowspan="3">培训</td><td>参加并通过公司安排的培训</td><td rowspan="3">20</td><td>5</td><td>5</td><td rowspan="3">申请员工须向公司书面表述参加培训的课程名称、培训内容、获得的相应证书，并向员工作出分享（占1分）；
内部培训须提交相应的书面培训教材（包括上司对下属的知识类培训，但业务类培训除外）；全程参加公司的管理提升的，本项最高得分为2分。其中，负责主编部门管理提升资料的，占1分，项目小组成员全程参与的，占1分，其余人员得分范围为0.5分；
非公司支出培训费用的，视为自费培训；本项培训考核只计三年内的培训；培训分为：部门或专业培训、面向全公司本专业外的；自费参加培训的满分标准是有三项以上培训，培训须与工作和公司经营业绩，且向公司或部门做分享：
第一项培训2.5分，第二项2分，第三项1.5分，每参加一项按50%计分，提供培训资料按30%计分，分享按20%计分。自费参加工作专业相匹配的学历的学习，按2分计算。</td></tr>
<tr><td>自费参加并通过外部的培训</td><td>5</td><td>2</td></tr>
<tr><td>担任内部培训师（次数/范围/等级）</td><td>10</td><td>8</td></tr>
<tr><td rowspan="4">4</td><td rowspan="4">工作经历</td><td>工作年限</td><td rowspan="4">40</td><td>10</td><td>10</td><td>以岗位说明书要求的有效工作年限为准得10分，每多一年加1分，每少一年扣1分，加分上限为15分；减至要求年限的50%以上的，本项得0分。</td></tr>
<tr><td>曾任职单位规模和管理水平</td><td>10</td><td>9</td><td>曾任职单位规模分大、中、小三级；大型、标杆企业得10分（大型指行业前十名）；中型企业或与我公司经营方式类似的企业得5分；小型企业、关停并转企业或行业落后企业，本项得0分（主要考虑近三年内任职的单位，加入公司满一年可得2分，满三年便可得满分10分）。</td></tr>
<tr><td>行业匹配性</td><td>10</td><td>4</td><td>曾任职单位同行业或与任职岗位相匹配的专业公司得10分；未达到上述要求的，本项为0分（主要考虑近三年内任职的单位，加入公司满一年可得2分，满三年便可得满分10分）。</td></tr>
<tr><td>曾任职岗位</td><td>10</td><td>10</td><td>曾任职同级岗位工作年限达到本岗位要求的得10分，每少一年扣1分，每多一年加1分；本项得分的上下限为15分和0分，加减分须在本范围内。</td></tr>
</table>

续表

序号	评价因素	细分因子	权重	结果	评价标准
6	身体素质	病假天数	5	5	员工以最近一年内的病假记录为准，每天减1分，累计减分不超过5分。
		体能测试	5	3	由人力资源中心制订体能测试方案，本项最多加5分和减5分。
	家庭负担	事假天数	5	5	员工以最近一年内的事假记录为准，每天减1分，累计减分不超过5分。
		住址与工作地点距离	5	5	通过公交、地铁交通工具以及步行，住址至工作地点行程时间超过一个小时的，减5分；长期住工地集体宿舍的加5分。
	家庭关系	与行业或岗位工作相关度	5	0	员工亲缘关系中，对公司业务或岗位工作有帮助的得5分，无帮助的，本项得0分。
		累计:	100	78	

测试结果：结合LIFUD人力资源经理岗位说明书等相关要求，对其进行基础性资格标准评分，最后该人力资源经理获得评分78分。

360度胜任力模型素质评估：全方位进行

以下为LIFUD人力资源经理岗位的“360度胜任力模型素质评估表”（根据该公司的实际情况，此处包含一些冰山之上的指标，但按照胜任力模型的构成方式，我们进行了分级），被评估者为LIFUD人力资源经理，评估者为该岗位的上级、平级、下级。被评估者先用此表进行自评，随后评估者凭此表对被评估者进行评价。本考评表共由17项指标构成（因篇幅有限，表8-6只列举部分），每项指标分为1级、2级、3级。评估者根据被评估者的日常行为表现、业绩展现情况等，结合此表进行评价，如评估者认为被评估者的公司知识指标为2级，就在等级评定栏目内填写2级，认为被评估者的公司知识指标为1级，就在等级评定栏目内选择1级，以此类推。

表8-6　360度胜任力模型素质评估表（部分模板）

<table>
<tr><td colspan="3">被评估者姓名：　　　　评估者姓名：</td><td>等级评定</td><td>评估日期：</td></tr>
<tr><td colspan="2">指标项目</td><td>指标定义</td><td>1级、2级、3级。</td><td>说　明</td></tr>
<tr><td rowspan="6">知识层面</td><td rowspan="3">人力资源知识</td><td>【1级】了解A/B/C类的一般概念及内容框架、一般原理和方法，有一定的人力资源管理知识，并能够独立处理人力资源工作。</td><td rowspan="3">2级</td><td rowspan="3">人力资源知识包括三大类：
A类：组织行为学、社会学、人力资源管理概论、劳动法、劳动合同法；
B类：人员招聘与配置、员工培训管理、绩效管理、薪酬管理、员工关系管理等；
C类：人力资源战略、人力资源规划、人力资源投资分析等。</td></tr>
<tr><td>【2级】1.掌握A/B/C中任意一两类知识的操作运用原理，了解人力资源工作，并有一定的经验积累；
2.能够综合利用各种人力资源知识，处理员工抱怨等问题。</td></tr>
<tr><td>【3级】熟练掌握三类人力资源知识，能够为企业人力资源建设与规划服务，并能够起到使人力资源增值的作用。</td></tr>
<tr><td rowspan="3">法律知识</td><td>【1级】了解与工作相关的各项法律法规，能够使自己的工作在合法合规的范围内展开。</td><td rowspan="3">1级</td><td rowspan="3">法律知识包括公司法、劳动法、合同法、税法、经济法、证券法及国家颁布的有关各项与本企业及行业有关的法律规范。</td></tr>
<tr><td>【2级】掌握工作相关法律知识，并能够将其运用到工作中，确保企业的经营在合法的条件下进行。</td></tr>
<tr><td>【3级】精通与企业运营、人力资源、财务等工作相关的全部法律知识，并能够灵活运用；在不违反法律法规的情况下，能够进行税务筹划、投融资等，从而控制经营成本，提高资金运营效率，保障企业经营战略的实现。</td></tr>
</table>

续表

指标项目		指标定义	1级、2级、3级。	说　　明
技能层面	表达能力	【1级】1.表达基本清楚。交流过程中思路不太清晰，但他人能够知悉其所表达的大概意思，能从事一般性的工作联系。	2级	表达能力是指相关人员通过口头描述或书面文字表达自己意思的能力。
		【2级】1.表达条理清晰，意思明了。交流过程中思路清晰，他人能非常明确地知悉其所要表达内容的重要层次； 2.在不同的场合能够保持适当的语速，但表达不够简明。		
		【3级】1.能够准确地以口头、书面等方式进行工作部署或有效沟通，能快速把握工作要领； 2.在交流过程中，思路清晰，表达简洁明了；语言生动，且在必要的时候能够配以手势或面部表情等来增强表达的效果；表达易于让人接近，有亲和力。		
	人际交往能力	【1级】1.待人真诚，可以获得他人的信任，为人处世能基本变通，适应能力一般。	3级	人际交往能力是指相关人员对人际交往保持高度的兴趣，能够通过主动、热情的态度以及诚恳、正直的人格面貌赢得他人的尊重和信赖，从而营造出良好的人际交往氛围。
		【2级】1.能够给人以一种真诚的印象，能获得周围人的支持与信赖；在工作中能考虑他人的感受； 2.具备良好的沟通能力，能够恰当地表达和倾听，对不同情境和不同交往对象，能够灵活地采取不同的应对策略。		
		【3级】待人友好、真诚，能够获得他人的信赖、能够时时为他人着想，在工作中，人们都愿意与其合作并保持良好的关系。		

续表

指标项目		指标定义	1级、2级、3级。	说　　明
技能层面	团队建设能力	【1级】1.发现团队的优劣势，针对性地选人或补充人员，搭建起高效率的团队； 2.能够积极参与团队合作，并有意识地鼓励团队成员参与团队讨论和决策，促进团队内部的沟通与合作； 3.能够采取行动加强团队成员之间的相互沟通，促成团队成员的相互理解和支持； 4.能够对团队或团队成员做出的成绩表示赞赏，或有意识地向成员表达赞赏和肯定。	1级	团队建设能力是指相关人员以团队利益为己任，建立、维护并运行高效团队，使团队绩效表现目标最优化的能力。并对人才进行储备与梯队建设。
		【2级】1.能够根据企业的战略目标确定团队建设的目标，并能够使其在全体成员中达成共识，进而得以贯彻实施； 2.能够有意识地开展团队内合作及建立适当的竞争机制，以提高团队的整体绩效； 3.能够公开表扬他人的成绩，并能够针对员工选择不同的激励方式。		
		【3级】1.具有个人魅力或领导气质，能够把握组织或团队成员的发展方向与目标； 2.有意识地创建团队合作精神，能够在团队间合理有效地调配资源，进而加强不同目标和背景的团队间合作； 3.能够制定出团队激励机制，并能够通过激励机制的贯彻实施使团队成员保持高昂的工作热情； 4.能创造其他学习机会，帮助员工持续成长。		

续表

指标项目		指标定义	1级、2级、3级。	说　明
技能层面	协调能力	【1级】1.对组织内外部人员在行动和思想上的不一致问题有清醒的认识； 2.对组织内外部人员可能产生的不和谐因素有一定的了解。 【2级】1.对组织内外部产生的不和谐行为有一定的调节能力，能够尽量将矛盾消灭在萌芽状态； 2.在处理组织内外部矛盾过程中，能够获得大多数人的拥护与支持。 【3级】1.能够平衡组织内外部各种关系，确保组织既定目标的完成； 2.能够将自己在协调内部关系过程中的技巧、经验与他人共享； 3.能够通过协调组织内外部关系，发现组织内隐藏的问题或矛盾，并提出相应的解决方法或应对策略。	2级	协调能力是指相关人员能够通过沟通，与组织内外部人员达成某种共识的能力。
	绩效导向能力	【1级】1.有清晰的短期工作目标； 2.密切关注目标的实现状况，熟悉工作进展状况； 3.对团队中表现较差的人员，设计有针对性的改进方案，能够成功地完成大部分工作任务。 【2级】1.有清晰的中期工作目标； 2.能主动挖掘影响绩效的问题，并能寻找解决的方法，从而提高绩效； 3.能够成功地完成所有工作任务，并能够达到预期的目标。 【3级】1.能够为自己、下属和企业及其各业务部门设定清晰明确的绩效目标； 2.领导实施有效的绩效管理体系； 3.运用创新的管理机制来达成挑战性的工作目标； 4.有效整合全企业的整体努力来提升企业的整体绩效。	2级	绩效导向能力是指管理人员以结果作为衡量工作成效的主要依据，重点关注提高绩效，实现目标和产出结果的能力。

续表

指标项目		指标定义	1级、2级、3级。	说　明
技能层面	员工关系管理能力	【1级】1.熟悉国家相关法律法规及企业人力资源规章制度，并能够受理员工关于人力资源制度的咨询； 2.能够简单处理员工之间的争议和纠纷，防止事态扩大。	3级	员工关系管理能力是指相关人员按照法律法规的规定和企业内部的规定，建设和谐的劳资关系的能力。
		【2级】1.能够运用相关法律条款解决员工之间的纠纷； 2.能够通过组织相关的集体活动，培育良好的员工关系。		
		【3级】1.根据员工关系的现状，能够准确判断其中存在的问题，并提出合理的解决方案； 2.能够根据员工或相关人员的反映制定相关政策，确保员工沟通渠道的畅通。		
	企业文化建设能力	【1级】1.了解企业文化及其形成的原因，了解企业历史； 2.能够在相关人员指导下完成企业文化建设的一般性工作。	3级	企业文化建设能力是指相关人员规划、组织、督促、指导及协调企业文化和精神文明工作，努力形成企业员工积极进取的价值观的能力。
		【2级】能够认同并参与企业文化建设，能够提出企业文化建设的思路与办法。		
		【3级】能够根据企业战略与年度经营管理重点，组织人员制订企业年度企业文化建设计划，并能够通过主题活动营造良好的企业文化氛围，落实企业核心发展理念，进而有力支持年度经营重点工作的完成。		
职业素养	责任心	【1级】1.工作中能承担基本责任； 2.出现问题时，偶尔会出现推卸责任的行为。	3级	责任心指相关人员对自己的所作所为负责，对他人、对组织承担责任和履行义务的自觉态度。
		【2级】1.工作中能够承担部分责任，但不敢承担较大责任； 2.出现问题时能够主动承担大部分责任，但偶有推卸责任的行为。		

续表

指标项目		指标定义	1级、2级、3级。	说　明
职业素养		【3级】1.面对工作中出现的问题，勇于承担责任； 2.能够从企业利益出发，自觉承担责任和履行义务，并监督和指导下属完成工作。		
	风险防范意识	【1级】1.对企业可能存在的经营风险、突发事件风险、社会责任风险等的敏感性一般； 2.只能考虑到少数细节问题，能够初步预见到各类因素可能产生的风险和后果； 3.能够提出有效预防风险的措施和应对方案，但不能很有效地规避风险。	2级	
		【2级】1.对企业可能存在的经营风险、突发事件风险、社会责任风险等具有较高的敏感性；能居安思危，习惯性分析各种事务产生风险的可能性； 2.能够考虑到大部分细节问题，并能比较全面地预见到各类因素可能产生的风险和后果； 3.能够提出有效预防风险的措施和应对方案，但不能很有效地规避风险。		风险防范意识是指对多数风险有正确的认识、较高的敏感性和比较全面的防御能力，能够在业务的各个层面做出提前布局，预防风险产生，同时有见识和能力处理已经发生的风险，将损失降到最低，该能力来源于个人的知识面、平常心和敏感性。
		【3级】1.对企业可能存在的经营风险、突发事件风险、社会责任风险等具有非常高的敏感性； 2.做事严谨细致，考虑周全，并能够全面预见各类因素可能产生的风险与后果； 3.能够提出有效预防风险的措施和应对方案，并能够非常有效地规避各类风险； 4.建立健全风险管理制度，具有“识别、宣传、预防、管理、处置”各类风险能力； 5.能够预见风险，并对此提出及时且正确的指导和解决方案。		

续表

指标项目	指标定义	1级、2级、3级。	说　明
备注	单项能力分为3个等级，3个等级的定义分别如下： 1级　仅展现部分行为标准，且缺乏持续性； 2级　符合该被期待的主要行为标准，存在缺点但在可接受范围； 3级　展现该层级绝大部分行为标准，但仍可能发现少许细微的缺点。		
综合评语	优势： 1.具备一定的人力资源专业知识，系统思维能力强； 2.能够听取他人的意见，改善工作中存在的问题点； 3.待人真诚、意志坚韧，能够自主完成工作中的难点。		
综合评语	存在不足： 1.全局观、思维高度还须进一步提高； 2.团队建设还须进一步加强，需要进一步增强团队凝聚力； 3. 对风险防控的意识还须进一步提升，加强风险防范管理； 4. 在培训方面还须进一步下工夫，提升演讲能力，如讲解、氛围调动等； 5. 沟通能力还须进一步加强，做好沟通前的准备工作，如具体的执行措施和步骤等。		

以上360度胜任力模型素质评估结果为LIFUD人力资源经理的自我评估，此处仅做评估样板展示，目的是让诸位了解如何进行评估。假设评估者为上级赵一，平级钱二、孙三、李四，下属鲁七、吕八，将他们对该人力资源经理的评定等级进行汇总后，得出如下结果：

表8-7　360度胜任力模型素质评估结果（此处按17项指标统计）

指标项目	指　标	上级评价	平级评价			下属评价		自评	累计平均得分		
		赵一	钱二	孙三	李四	鲁七	吕八	张三	指　标	平均得分1.9分	最高级别3.0分
知识层面	公司知识	1	2	2	2	1	2	2	公司知识	1.7	3.0
	人力资源知识	2	1	2	3	2	3	2	人力资源知识	2.1	3.0
	行政管理知识	2	1	2	3	2	2	2	行政管理知识	2.0	3.0
	法律知识	1	2	2	3	2	2	1	法律知识	1.9	3.0

续表

指标项目	指标	上级评价	平级评价			下属评价		自评	累计平均得分		
		赵一	钱二	孙三	李四	鲁七	吕八	张三	指标	平均得分1.9分	最高级别3.0分
技能层面	表达能力	1	2	2	3	2	2	2	表达能力	2.0	3.0
	人际交往能力	1	2	3	3	1	3	3	人际交往能力	2.3	3.0
	团队建设能力	1	1	1	3	1	1	1	团队建设能力	1.3	3.0
	协调能力	1	1	2	3	2	2	2	协调能力	1.9	3.0
技能层面	专业学习能力	1	2	2	3	1	2	2	专业学习能力	1.9	3.0
	行政事务处理能力	2	1	2	3	2	2	3	行政事务处理能力	2.1	3.0
	绩效导向能力	1	2	1	3	1	1	2	绩效导向能力	1.6	3.0
	员工关系管理能力	1	2	2	3	2	3	3	员工关系管理能力	2.3	3.0
	企业文化建设能力	1	1	1	3	1	2	3	企业文化建设能力	1.7	3.0
职业素养	责任心	2	1	2	2	2	3	3	责任心	2.1	3.0
	主动性	1	1	1	3	2	2	3	主动性	1.9	3.0
	全局观念	1	1	2	3	2	3	2	全局观念	2.0	3.0
	风险防范意识	1	1	2	3	1	2	2	风险防范意识	1.7	3.0
初审评定结果										1.9	3.0

我们将他们对该人力资源经理的综合评语进行整理总结后，得出他们对该人力资源经理的综合评语结果：

1.存在的优势

（1）具备一定的人力资源专业知识，系统思维能力强；

（2）能够听取他人的改善意见，改善工作中存在的问题点；

（3）待人真诚、和善、有亲和力，意志坚韧，能够自主完成工作中的难点；

（4）踏实、正直，能较为合理地调配资源完成职责事务；

（5）文字表达能力强，能够较快地设计和编写各类活动方案，并能有效执行。

2.存在的不足

（1）全局观、思维高度还须进一步提高；

（2）团队建设还须进一步加强，需要进一步增强团队凝聚力；

（3）对风险防控的意识还须进一步提升，加强风险防范管理；

（4）在培训方面还须进一步下功夫，提升演讲能力，如讲解、氛围调动等；

（5）沟通能力还须进一步加强，做好沟通前的准备工作，如具体的执行措施和步骤等；

（6）对公司战略理解不够，有时未将公司战略与人力资源管理工作有效结合，未抓住重点工作；

（7）对公司事务、员工切身相关事务、安全防控等方面的关注度与敏锐度不够；

（8）目标管理能力、执行力需要加强；

（9）事情处理未强调结果输出，导致有时工作无效或者无结果。

将得分结果采用雷达图进行展示，则得出如下雷达分布图：

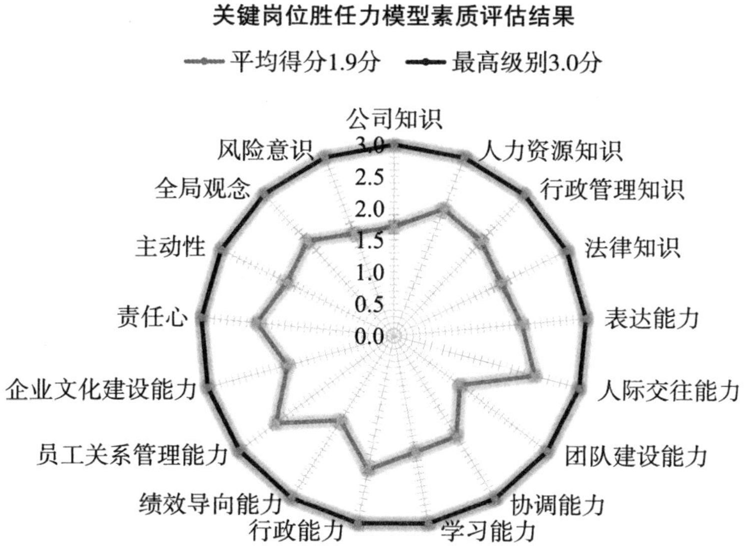

图8-2 关键岗位360度胜任力模型素质雷达分布图

任职资格测评（初审）报告

我们以LIFUD人力资源经理为例，讲解并运用了组织氛围调查、领导力成功测评、DISC性格测试、基础性资格标准评估、360度胜任力模型素质评估，我们再将他们整理汇总，就成了我们的任职资格测评（初审）报告，具体如下：

被评测人：张三

部门：人力资源中心

职位：人力资源经理

1. 部门氛围得分：75分（本评估表满分100分）

2. 领导力测评结果

（1）是一个天生的领导者。个性很强，不愿接受别人的指挥。喜欢使唤别人，如果别人不愿听从的话，就会变得很叛逆，不肯轻易服从别人。

（2）陷于麻烦中：①应花费时间去检查一下生活和工作目标（想从生活和工作中得到什么东西？）；②目前的职务、作用和责任是什么？（是否喜欢所做的事情，并把它做好）；③所做的工作达到了什么程度？（努力是否达到了个人目标。）

3. DISC领导力测评结果（属于D类型）

属于典型行为风格，可被大致描述为“创建者”类型。这种类型的人通常表现出能量充沛，行为独特，非常追求新挑战与新机遇，他们有很强的自我力量。创建者喜欢刺激，常常投入不经深思的冒险中。为了达到目的，他们会给人和环境提出要求，创建者勾画“蓝图”并充满激情地去推进实施。他们最怕被受到控制与利用，在压力下可能会显得非常直率而缺乏沟通艺术。

创建者的行为特征，是非常典型的高“支配”特征，通常被形容为“独断”。这是一种非常典型的结合了“独断”与“制约”的行为特征，因为并没有其他第二个因素给予平衡。单纯的“支配”特征显示出盛气凌人，甚至专横的态度。这种行为类型的个体具有很强的成就欲望，深具抱负心并富有竞争力。

创建者通常关注于成就与结果，在极端的情况下，这种行为类型的个体可能仅仅把他人当做达成目标的工具或手段。“支配”不是一个表示情感的特征因素，他们通常不会过多地关注人际关系与情感需求。对于他人来说，会发现很难去打破他们这种天生谨慎、怀疑的表象。

创建者具有领导与控制的才干，这些都是基于他们直接的，高标准要求的天性。这种行为类型的个体，比起需要紧密关系结合的工作情境来说，更适应于结构化的，正式的工作情境。他们是非常具有竞争力与自信的人群，在信息缺乏的情势下，仍然能够迅速做出决策并实施计划。在他人看来极度困难的任务，对于他们来说却可能“如鱼得水”。

创建者通常是直接的、果断的；他们具有强大的自我力量，通常是问题的解决者；他们是冒险家，其激励通常来自自身。

创建者强烈的支配行为特征，有时候却可能显得过于武断权威；好争论，或过于盛气凌人；他们不喜欢常规，喜欢冒险却可能行动过急。

4. 基础性任职资格标准评分78分。

5. 360度胜任力模型素质评估结果

（1）存在的优势

①具备一定的人力资源专业知识，系统思维能力强。

②能够听取他人的改善意见，改善工作中存在的问题点。

③待人真诚、和善、有亲和力，意志坚韧，能够自主完成工作中的难点。

④踏实、正直，能较为合理地调配资源完成职责事务。

⑤文字表达能力强，能够较快地设计和编写各类活动方案，并能有效执行。

（2）存在的不足

①全局观、思维高度还须进一步提高。

②团队建设还须进一步加强，需要进一步增强团队凝聚力。

③对风险防控的意识还须进一步提升，加强风险防范管理。

④在培训方面还须进一步下工夫，提升演讲能力，如讲解、氛围调动等。

⑤沟通能力还须进一步加强，做好沟通前的准备工作，如具体的执行措施和步骤等。

⑥对公司战略理解不够，有时未将公司战略与人力资源管理工作有效结合，未抓住重点工作。

⑦对公司事务、员工切身相关事务、安全防控等方面的关注度与敏锐度

不够。

⑧目标管理能力、执行力需要加强。

⑨事情处理未强调结果输出，导致有时工作无效或者无结果。

该任职资格测评（初审）报告出来后，我们就可将其用于任职资格评审会议作为人力资源经理任职资格评审的参考依据，并最终体现在其薪酬升、降级等的薪酬管理上。

第四节 | 任职资格评审结果及运用

通过对企业战略的分析，我们了解了在企业总体战略和经营策略下，应采用的人力资源策略，进而延伸出企业薪酬策略。随后，基于企业价值链的深层解读，解析了企业任职资格体系的内容与构建，进而确定了企业任职资格体系与薪酬管理之间的密切关系。此时，我们再通过任职资格评审，就自然确定了员工薪酬的定级、晋级。这里再以LIFUD举例说明，具体步骤如下：

1.通过对LIFUD任职资格体系的构建，完成了该企业的职位序列、任职资格等级的建立（实则也是LIFUD的职业发展通道设计）。

2.在建立职位序列、任职资格等级的基础上，结合LIFUD的薪酬策略，我们再完成企业职级薪级表的设计，如下表所示（职级薪资等级数量，各企业须结合自身情况而定）：

表8-8　综合职能职级薪资表（样板举例）

职级	级别	职位	薪资等级	档差	月基准薪资				
					5级 E档	4级 D档	3级 C档	2级 B档	1级 A档
16	董事长	董事长	16级	5000	25000	30000	35000	40000	45000
15	副董事长	副董事长	15级	3000	24000	27000	30000	33000	36000
14	总经理级	总经理	14级	2500	20000	22500	25000	27500	30000
13	副总经理级	副总经理	13级	2000	18000	20000	22000	24000	26000
12	总监级	供应链总监	12级	2000	15000	17000	19000	21000	23000

续表

职级	级别	职位	薪资等级	档差	月基准薪资				
					5级 E档	4级 D档	3级 C档	2级 B档	1级 A档
11	副总监级	人力资源总监 财务总监	11级	1500	13500	15000	16500	18000	19500
10	经理级	计控经理 采购经理 财务经理 人力资源经理	10级	800	8000	8800	9600	10400	11200
9	副经理级	PC经理 MC经理 行政经理 物流经理	9级	500	7000	7500	8000	8500	9000
8	主管级	PC主管 采购主管 MC主管 行政主管	8级	400	6000	6400	6800	7200	7600
7	副主管级	仓库主管	7级	350	5000	5350	5700	6050	6400
6		IT专员	6级	300	4500	4800	5100	5400	5700
5	专员级	PC计划员 应收会计 应付会计 成本会计 总账会计 税务会计	5级	250	4000	4250	4500	4750	5000
4		行政专员 薪酬绩效专员 招聘培训专员 稽查专员 文控专员 仓库专员 采购专员 委外专员 物控专员 PC专员	4级	200	3500	3700	3900	4100	4300

续表

职级	级别	职位	薪资等级	档差	月基准薪资				
					5级 E档	4级 D档	3级 C档	2级 B档	1级 A档
3	文职级	出纳 人事助理 行政助理	3级	150	3000	3150	3300	3450	3600
2	操作级	保洁	2级	100	2200	2300	2400	2500	2600
1		绿化工	1级	无	1650+计时工资				

3.完成了职级薪资表的设计，我们将任职资格评审等级与职级薪资表一一对应，如将任职资格评审结果的E档对应5级、D档对应4级、C档对应3级、B档对应2级、A档对应1级。

4.将任职资格评审结果匹配的等级与职级薪资表内的等级匹配，最终就完成了被评估人的薪资级别确认。于是，我们就完成了从企业战略，到经营策略到人力资源策略，最终完成企业的薪酬管理。

比如，前面的章节，我们以LIFUD人力资源经理为例进行了任职资格评审，评审结果为135.3分，处于任职资格评审等级E档，对应薪资级别5级。假设他评审前的工资是第4级8800元/月，则意味着该人力资源经理的薪资经过讨论后可能将降为8000元/月。当然，如果该人力资源经理本身就是第一档8000元/月，则保持薪资原级。在实际操作中，以此类推，我们就做好了薪酬的定级，进而做好薪酬管理，这就是所谓的基于企业战略的任职资格薪酬管理。

通过本篇文章，不知你有没有发现：作为HR，要做好薪酬管理，不仅需要练好内家功夫，提升自身的专业技能水平。还有一个关键点，就是要成立组织，要学会造势，要把公司中高层充分调动起来（公司高层是尚方宝剑，是资源的掌控者和分配者；中层是我们开展工作的直接支持者和协调者），要有组织、有计划、有目的地运作，HR的工作才会开展得更为顺畅，并保证目标的实现。

总之，基于战略的任职资格薪酬管理是科学的、合理的。作为企业的HR，我们需要读懂企业总体战略、经营策略，并从产业价值链解读出发，建立企业的任职资格体系，这时我们才能根据市场变化，调整并做好企业内部管理，并让企业的薪酬管理科学化、系统化，服务于企业总体战略，最终实现企业的战略目标。

第2篇

战略绩效管理的落地实操解析

清代的陈澹然在《寤言二・迁都建藩议》一文中说：“不谋万世者，不足谋一时”“不谋全局者，不足谋一域”，大意是不从全局的角度考虑问题，即使治理好一方地区，也是微不足道的；不能制定长久的国家政策，一时的聪明也是微不足道的。

据某杂志的调查，只有10%的企业战略得到了有效执行，原因在于战略管理具有全局性和系统性的特点。要想成功推行战略管理体系，必须与组织文化相适应，以战略目标为导向推行绩效管理，注重的是对未来的考量，它是促使企业在计划、组织、控制等管理活动中全方位地发生联系，并实施过程监控的一个体系。

当然，战略绩效管理体系如何搭建才能做到谋全局，让我们带着诸多案例解析，慢慢解开这个神秘的面纱。

——海儿

第9章

提前战略布局，打破人力资源的天花板

业内对人力资源这个岗位的解析越来越深奥，网络上铺天盖地的各种文章，激励的、负面的，层出不穷，两极分化非常严重，对人力资源的定义已经发生了质的改变，不变的是“人力资源”这四个字，但其内涵已经提升了很多个等级。

企业在重视人力资源的同时，人力资源从业者也开始了各种疯狂式的学习提升，因为貌似再怎么努力都达不到企业高层的认可，为了“认可”二字，拼尽了全力。

我曾分管销售型分公司的整体运营，团队40多名成员。大家知道，销售型分公司相对来说管理比较简单，有固定的市场推广模式，人力资源部同事做了2年之后，危机感越来越强。她感觉自己除了做招聘和简单的入职培训，再无任何优势，她经常迷茫，说未来怎么办，自己一腔热血不能就此埋没。现如今互联网的发达，人力资源的工作效率可以非常高，当每天只需要工作2个小时的时候，人会感觉到乏力，这种不安全就会感油然而生。最终这位同事选择了离职，到一家制造型企业任人事经理。虽然工作过程中遇到了很多困难，但她知道自己的需求是什么，接触的事情多，处理的事情也多，自己的经验就多了起来，每天忙忙碌碌，人却越来越自信，反而会忘却那种不安全感。

有很多学员会问我同一个问题，他们说：“老师，我什么时候能够像你一样优秀？”这个问题我一时无法回答，并不是我有多优秀，而是他们对自己职业生涯规划不清晰，他们确实非常努力，考了很多证，但越学危机感越强，因为知识是永远学不完的，永远感觉新事物都是自己没碰过的领域，其实学到也不一定能够用到，但是一定要清晰我们学习的目的是什么。

实践是验证能力的唯一标准，这话一点也不假，有时候自己要学习分析，分析你身处的平台好不好，你是否可以学以致用，当这个平台不能为你助力的时候，或许就是你离开的时候。

第一节 | 在企业中生存，要善于打“进攻局”

这几年在圈里积累了不少人脉，也结交了不少企业家朋友，每次见面都在问同样的问题，什么样的人力资源管理者才是企业需要的？其实这个问题，也是我一直问自己的，做到什么程度才是企业最为需要的人才？

在HR社群做过一个小调查，企业需要什么样的人才？

网友小蔡答：能为公司创造价值的人才，德者、能者、智者、劳者；德者领导团队，能者攻克难关，智者出谋划策，劳者执行有力。

网友倩倩答：帮老板赚钱，降低成本；需要创造或者创新能力很强的；能了解挖掘老板的需求并能落地的人；做事有章法，原则性强但又灵活变通的人。

网友丽华：知道自己目前自身价值的；知道职场需要什么样的人；知道自己需要努力的方向；为努力的方向订制好提升计划；最重要的是要付诸行动；要有一颗不甘平庸的心。

网友HR老顽童答：与企业核心价值观一致，并且能为企业创造附加价值的人。

网友江子玉答：能为公司创造价值的人；“造血功能”强大的人；能主动提升自己并用于工作实践中；有创新意识，能给公司提出很多好建议；能脚踏实地，有原则并会变通。

网友静水答：为公司创造价值的人；懂老板的人；专家、杂家合为一体的人。

网友天诺答：企业需要什么样的人主要是由老板的价值观和世界观来决定的，一定要有答案的话：能懂老板的人；能创造价值的人；劳动者。

综合那么多网友的回答以及自身的观点，可以总结为：认同企业价值观的人才；情商高的人才（具有同理心、沟通能力较强、有控制情绪能力的）；拥有一定的专业技术能力；有创新思维的人才；努力学习的人才。

我下属以前曾问我一个问题，他感觉我管得太多，原则上这些事情不是人力资源该做的事情，我笑而不语。近几年我每天的工作行程排得特别满，有同事打趣到，说你不是在开会，就是在开会的路上，在洽谈室和会议室的时间远多于在办公室。要说完成了多少业绩，我想说都是下属们的功劳，我并没有亲力亲为，我能做的就是安排重点工作，并检查工作计划完成情况，他们都能按时间节点高效完成。对于他们来说，我是最清晰公司重点发展方向的，因此任何工作都是围绕公司战略方向来规划的，不至于让他们跑偏。

其实，很多同事和朋友也在问我一个问题，你为何那么拼，不是我够拼，而是这个社会发展变革太快，落后就要挨打。早在几年前我就感受到，单纯的人力资源岗位已经满足不了我的需求，随着人力资源社群的开放，门槛越来越低，大量的人力资源求职者拥了进来，但是真正人力资源高手非常匮乏。这个高手的定义，我无法用自己的理论来断章取义，只能想着未来，我要做一个与众不同的人力资源人。这个与众不同，就是要在天花板上面再盖一层，单纯的人力资源是有天花板的，那么如果提前布局，提前规划，我相信我们能冲破那个心理上的天花板。

在企业中，要布什么局，我相信应该是“进攻局”，只有进攻，只有主动，你才能不断地接手更多新项目，你的才能才会得到施展，你的机会才会越来越多，这跟营销布局有些相似，先打进企业内部，把根基扎深，不断进取，机遇会等待着你的到来。相反，你打的是“防守局”，一味地防守，纠结，被动，会让自己越来越胆小，越来越退缩，很多机会就会悄然离去，一去不回。

第二节 | 对未来战略布局

既然说人力资源岗位有天花板，那么你在做专员的时候务必想着如何做好人力主管，你在做经理的时候想着如何做好人力总监，你在做总监的时候想着如何做好职业经理人，我相信这是企业老板最喜欢看到的一种境界，这就是一种换向思维。

在职位提升的同时，我们必须提升自己的思维境界，和企业的最高层同频，没有代沟。你需要关注的信息也随之改变，你要关注企业市场动态变化，你更多的要关注企业的战略部署，关注企业的战略是否升级给其提出建议，你要关注企业未来的投资渠道在哪里。

《未来》一书中提到，在未来的社会中，企业人力资源管理和工作模式会有大的变化，90%的全职工作岗位会在未来20年消失，被自由工作者代替，企业会把工作重心逐步转移到外包合作伙伴公司中去，传统的企业组织模式也会被颠覆。就好比，当非专业团队在绞尽脑汁地策划活动方案的时候，首先会考虑到为何公司不招聘策划岗位的人员，但是殊不知，在某些网店就可以找到这种策划人才，而且效率非常高，这就是自由职业者的魅力和互联网的便利，一个追求工作自由，一个企业追求用工成本，一拍即合。至此，我们是否要提前考虑未来的布局，全职时代慢慢会越来越少，我们能够单独应付对某个专业领域的特长。

当下所谓成功的人，就是善于布局，善于抓住一些商机，并坚持把它做下去的人。人力资源同样如此，不能简单地把他看成一个职业，他也可以是一个投资者，我们投资人才，我们核算人才投入产出比，我们评估投入这个人才给我们带来的收益，我们评估如何给人才加注投资，使其创造更大的收益。

第10章
公司没有战略的状态

一个公司没有战略会是一个什么样子的状态？拍脑袋，走哪算哪，理想主义，没有方向，四处乱撞，可想而知到年底总结的时候，你会遇到非常多的不足，甚至发现前期做了非常多的无用功，浪费了人力成本，浪费了时间成本，走了不必要的弯路，这就是没有目标的一个状态。

因此，**制定战略目标的好处在于：明确目标统一思想，有利于团队协作，有利于目标达成，有利于提高管理效率，有利于抓住工作重点，有利于提高投入产出比，有利于规范化运作，有利于提高团队战斗力。**

很多年以前，身边一家集团性企业就是这个状态，7家分公司，只有一家是盈利的，奈何投资的另外6家企业，都出现同一弊病，产品定位不准，市场定位不准，感觉哪个项目比较火就投哪个项目。为此公司疯狂组建团队，疯狂利用各种渠道进行融资贷款，不到50人的分公司就有多个副总、多个总监，企业最终资不抵债，宣布破产。如果当时这家企业老总能够很好地经营那家盈利的企业，慎重做战略部署，企业也不至于经营不下去。做了这么多年战略，回想以前企业经营失败的案例，才知道失败的原因在哪里。

对于企业来讲，战略的重要性体现在很多层面，单纯从营销层面来讲，企业要根据竞争对手来制定战略，要进行敌情侦查、市场调研，知己知彼才能百战百胜。面对不同的竞争对手，战术也不同，有些对手需要打“进攻战法”，有些需要打“游击战法”，有些需要打“防御战法”，有些需要打“侧翼战法”。

从企业经营方面来讲，我们时刻要根据对手的情况变化，而进行战略升级，调整部署，因此战略对于企业的生存起着决定性的作用。

第一节 | 企业战略目标的定义

所谓战略，从字面意思来解释的话，战：战争、战斗；略：谋略、策略、战略即为公司与同行以及相关行业的竞争谋略。

企业战略的核心就是正确的目标，即企业的发展方向，具有引领作用的方向。通常来说，企业战略命题可分为三类，一是稳增长，二是促改革，三是调结构，也可以总结为：归核、升级、转型、突围、退出。

战略分为几个层面：营销战略、产品战略、竞争战略、发展战略、品牌战略、融资战略、技术开发战略、人才开发战略、资源开发战略等。企业应根据自身的资源和实力，选择适合自己的战略定位，形成自己的核心竞争力，通过差异化在竞争中取胜。当然战略是个持久战，它是关于企业未来生存与发展的系统思考，是企业经营管理的顶层设计，要想企业做的更强、更大、更好，最重要的是“坚持”二字。

作为企业的经营者，企业方向尤为重要，在明确企业方向之前，首先要明确自己是谁？自己想去哪里？那里要怎么去比较合适？同时你也要十分清晰你对企业的未来构想是什么？往往在“我是谁”这个问题上，很多企业经营者不够明确。

很多企业经营者既是决策者，也是管理者，还是执行者，三种身份互相交织在一起，在推行工作的时候，耳根子比较软，貌似都对，又都不对，难以快速决策。对自身定位不准确，对企业目标不够清晰。

第二节 | 如何看待目标

对于执行层来说，战略是一个很深奥的名词，总感觉离自己很远，而且有些执行层会对战略过度地解析，甚至会背后议论企业为何要变革，企业为何总是这么折腾，总以为谈战略是大公司的事情，跟我们中小企业无关，别整那些高大上没用的东西，殊不知是自己的眼界还未有打开。

以前对目标的理解，是企业务必要达成的标准，一位资深的战略老师说：目标是用来引领的，不是用来实现的，这个概念再次刷新了我的认知，如何解读这句话呢?

从经营者的角度看目标，目标不是用来实现的，而是用来引领的。因此，经营企业要把它当成一种乐趣，目标之所以用来引领，是作为企业经营者的一个梦想来看待，这个梦想足以支撑你一直在为此拼搏，一直有个高度无法一下超越，而且也促使你不断地超越自己。没目标的人会飘，但目标太低，一旦目标很容易达成，人就失去了追逐的欲望，从而变得毫无意义。

从职业经理人及中层管理者角度来看目标，目标首先是用来引领的，其次才是用来实现的。作为职业经理人和中层管理者，你要有一定的高度，要引领激励下面的执行层执行公司的决策。在企业中，重点就在中层这个环节，他们主导整个公司的战略决策的落地效果，起关键衔接作用。

从普通员工的角度来看目标，目标就是用来实现的，而且是务必用来实现的，这就是执行层最大的职责。

阿里巴巴的彭蕾讲过一句话："很多年以前，马云开始部署新战略的时候，我就在想，即使他的战略是错误的，我也要一如既往地去支持他去执行，因为我的职责就是负责执行公司战略的。"

其实精确一些讲，战略就是方向和定位，在你清楚你企业想要什么的时候，你就会有方向，从而你也会有定位，你把企业定位为500强的企业，那么你就会有500强方向的战略规划，你想把企业做成行业老大，就会有行业老大的战略规划，有梦想一点都不可怕，可怕的是空想和无方向的折腾。

第11章 企业的战略思维决定企业的未来

老子曾说过："知人者智，自知者明。"自知很重要，意思是指：如果一个人能够看清楚别人的优缺点，并且能审视自己秉性之长短，择善而从，才能算是有智慧的聪明人。

隋代思想家王通也说："自知者英，自胜者雄。"意思是指能够认识自己、挑战自己的人，才是真正的英雄。

只有自知，才能自胜，我们只有不断地发现自己的弱点、缺点，才能不断地战胜自我、超越自我。企业同样如此，要做到自知，才能自胜。

战略定位不同，我们同业竞争之间的打法也不同，谁真正走到终端客户的心中，谁就能成为最后的赢家，光靠赚快钱的时代早已不复返了，企业要想经营得好，经营得久，靠的不仅仅是对市场的敏锐度，还要有一个适合自己公司企业发展的战略。

第一节 三种企业家思维与战略升级

我身边有很多民企的企业家朋友，企业规模从3000万至3亿不等，深度沟通后会明显感触到3000万元规模企业的企业家，呈现出来的话题永远是企业瓶颈和管理的问题，而3亿元的企业家朋友呈现出来的话题，是如何通过各种资源借力在这个行业立足，且在细分领域如何做到独当一面，一个重点关注解决眼前的问题，一个重点关注企业未来的问题。

当然也有小微企业的老板朋友，他们关注的更多是生存问题，因为企业发展的每个阶段需求是不同的。每个企业家都希望自己的企业基业长青，做百年老店，就像阿里巴巴的梦想一样，打造百年企业。但一般经营者，总是喜欢选择自己最熟悉的事情来实现自己想要的目标，有高度的经营者永远选择最有可能达成目标的事情，不断超越自我的思维习惯。企业家本身的思想也决定着企业的方向，是做强做大还是做长做久。根据企业不同的战略命题，战略的选择方向也就大相径庭了。

思维决定企业的命运，尤其是企业高管们的思维，你从15楼看待这个世界，和从1楼看待这个世界，呈现的视角绝对是不一样的，因此作为企业高管和企业家要时刻保持着自己的高度。我们暂可把企业家分成三种：

一是普通老板思维，关注焦点是管理、营销、财务，大部分老板都具有这种思维，站在企业内部看问题，把盈利作为企业经营的核心。

二是投资思维，关注焦点是站在投资人的角度去审视企业，关注的焦点是行业、模式、数据，这个层面的老板已经能够站在企业之外看问题了，不断寻找产业发展的机会，迎合市场的需求，同时不断地学习新的商业模式，不断积累资源，通过数据分析来做出决策，让企业价值倍增作为经营的核心。

三是资源整合思维，这种思维绝对是最高级的宇宙思维，能够站在国家大趋势的高度去看问题，懂得利用金融杠杆，整合上下游产业链资源并有调动他们的能力，打造共赢的生态系统。

上面资源整合思维又称“借力”，有3只蚂蚁想要去上海，其中有一只蚂蚁很勤奋，一步一个脚印就上路了，但当它走到上海的时候，自己已经老死。而另外一只蚂蚁，它爬上了去上海的货车，用了4天的时间，它成功了；最后一只蚂蚁，爬上了飞机，飞了4个小时就到了。其实有很多事情靠我们自己无法去完成，当一件事情靠自己的能力无法完成的时候，一定要整合其他资源。

因此企业家一定要具有战略思维，因为战略思维是对未来价值创造的思考。新时期企业的竞争，不再是产品、服务的竞争，而是思维、商业模式的竞争。

每个企业都会有几个发展阶段，启动阶段、成长阶段、成熟阶段、衰退阶段，表面上看企业进入成熟期是件很幸运的事情，但是往往成熟期是最危险的，因为它离衰退阶段最近，因此企业要想不让竞争对手快速超越，就需要及时做好战略升级转型。比如，华为每年都会推出新品，新品综合了用户的一些需求，会在软件上，功能上，外观上做一些技术升级。

企业更是如此，产品需要迭代，企业软件也需要升级，客户更需要升级，因为客户的需求也在不断地升级，所以企业都在绞尽脑汁地调研用户的实际需求，抓住用户，才能抓住市场。

作为员工和老板都不要走进自己的舒适区，舒适区虽好，但是舒适区待习惯了，就很难再走出来，因为一个企业的正向发展，绝对不会是一帆风顺的。大家要记住一句话：企业创新则生，不创新则死。要始终做到：人无我有、人有我优、人优我廉、人廉我新。源源不断地通过新的技术研发、新市场开拓，确保在市场中占据主动权、话语权。

第二节 | 思维和认知的提升决定企业的未来

德鲁克说过：战略不是研究我们未来要做什么，而是研究我们今天做什么才有未来。21世纪，企业之间真正的竞争在于人才的竞争，谁能有预知5年后企业的变化，谁将是引领这个市场的领军人物，这个需要的就是思维超前的人才，对一些事物有认知上的改变。谁的思维离未来越近，谁就会走得越长远，这个未来就是我们的思维习惯，思维能力，思维认知。

在企业运作过程中，我们发现思维有局限的人往往是最难改变的，企业更愿意人才直接拿来用，而不是花费巨大的时间成本、经济成本来改变他，我相信不愿意改变的人，未来将成为企业最大的隐形成本。因此，作为人力资源从业者，我们最大的障碍，总是用“专业”来束缚我们的发展，很多时候会被固有的“专业”知识来绑架自己的思维，很多人力资源从业者的口头禅会是：按照规定、原则上、应该是这样、以前就是这么做的等，未曾想这件事发生的根本原因是什么？如果换一个角度思考这个问题，答案又是怎么样的？

有一种思维是固守思维，之前公司有一位领导，经常谈起20年前的某件事，他是如何办到的，他是如何成功的，怎么现在的员工就那么难以理解呢。20年是一个什么概念，他还在用老旧的传统思维来管理新时代的员工，员工不能理解才是正常的。

我相信身边的朋友也会有那个时代的同事，那个时代的成功至今还是他们得以用来宣扬的话题，但是作为晚辈我们只能尊重和敬仰，新时代管理模式也完全不同了，如果只停留在过去，我们或许会失去创新的自我。

有一种思维是善于创新，近几年相信很多企业的日子都不好过，单纯靠产品打天下的企业越来越少，所以企业都在创新，管理创新、产品升级创新、市场推广活动创新。

因企业战略升级，公司培训方向也做了调整，围绕营销市场端做了系列培训，很多人对营销的概念是，只要产品好，人际关系处理得好，营销就没问题，其实营销是设计、策划出来的。

熟悉了营销的设计套路，你会发现生活中处处是套路。有一次去美容院做护肤，我体验的就不仅仅是享受他们的服务，还认真观察了解他们的营销套路以及销售话术流程。

可以说服务行业训练做得非常好，进店后先填写客户信息档案，了解你在使用的护肤品品牌（测试你的消费能力），了解你的生活习惯问题。洁肤之后，会做皮肤健康测试（找客户痛点），后期在做护肤时（每个流程都清晰告知你，体现专业性），期间的谈话也大多围绕客户的性格，客户的家庭背景，客户的职业背景做深入沟通调查。

因基于职业原因，得知他们的绩效考核点是销售话术、专业技能、服务态度客户投诉、办卡指标等，并且他们经常会培训，每周工作日都会有1–2天单独集中培训考核，而且考核非常严格。

追销是美容院营销功力最强大的地方，我内心一直在挑战自己无论如何也不能办年卡，但是最终还是没经受住店长和店员的各种诱惑。虽说很讨厌这种被强制消费，但是她们用可以杀死你的笑容，也抓住了一些细节及让我无法拒绝的痛点，引诱你先预付一些押金，总之必须让你出点血。

在这里，很多人会说，要是你们过去肯定不会充值，但是我在去美容院之前已经做好了充值的准备，而且价格可以接受，前面讲了爱美之心人皆有之，人到中年保养护肤是我们非常重视的，就是这个痛点让我们有很大的动力说服自己必须要去做护肤了，只是选择哪家店而已。

在这里，我只想通过这个案例告诉大家，我们生活的周边处处是销售套路，处处是销售陷阱，那为何别人就能成功呢？这个是值得我们去深度研究和思考的问题。

一种思维是境界思维，有句话这样说：你从30楼往下看，全是美景；但是你从3楼往下看，全是垃圾。人若没高度，看到的全是问题，人若没格局，看到的全是鸡毛蒜皮的小事。

思维层次就是你内心看问题的高度、距离、范围，思维层次决定了你的眼界，进而决定了你的行为和抉择，当然也决定了你想要的结果。就好比成功的人总是利用碎片化时间学习提升，他在为他的5年后提前做储能，5年后你和他的差距就会很明显。我们或许很难做到统观全局，但生活的阅历和见识的增长会提高我们的认知水平。

战略上要谨慎，战术上要果断

适合企业的战略可以有助于企业的发展，不适合企业的战略则有可能会让企业进入深渊，所以在战略上企业高层是要谨慎做决定的，但是一旦做了准确定位，战术上必须果断，为了这个战略目标，要拼尽全力，努力朝着这个方向奋斗。

开弓没有回头箭，说的就是这个道理。战略成功贵在坚持，执行中每一步路都是围绕战略这条线来走，走每一步棋子都有个主线，主线绝对不能偏。在战略工作坊学习期间，战略老师的作业都是让你重点思考，你们这次的工作目标是否围绕战略，战略是否清晰，你目前所做的任何目标是否都是围绕战略来分解的，作为企业负责人，核心目标抓得是否准，一遍一遍地询问每个人，直到企业的定位越来越清晰。

一位朋友前来咨询，说公司形式不是特别的好，已连续三年企业销售额没什么突破了，另外今年也受到某国的关税政策调整，失去了一部分国外市场。老板曾想过投入新的设备，研发新的产品，但是聊到后来才发现，老板一直非常谨慎的核算投入产出比，所有的新项目反复推敲，迟迟不能做决定，最后没一个推行。他们企业在产品战略上太过谨慎，每次定战略考虑失败的因素过多，不敢继续投入人力财力。

作为传统制造业，技术研发、市场推广是两个非常重要的平衡杠杆，缺一不可，企业每年的投入必须在这两块加力助推，才不会导致企业发展停滞不前，不要认为企业发展很顺利，而忽略一些企业潜在的生命周期，往往企业危机就是发生在企业非常顺的时候，突然就没有任何退路了。

战略执行必须依靠强大的企业运营系统

企业战略的实施需要人、运营系统；二者缺一不可，我们必须组建团队，必须建立适合自己企业发展的运营系统。

人才是企业的重中之重，我们要激励人才，优化人才梯队，做好核心人才储备机制。

系统维持企业运营的基础，包含运营管控机制、团队管控机制、财务预算机制、营销推广机制等。

系统像是人的血管一样，当人生病的时候或者企业出现问题的时候，就代表着我们管理环节出了问题，必须仔细地分析和诊断，确认真正的病症在哪里，才可对症治疗，改善现有的问题。

系统的建立也是一个持久战争，系统搭建好后，也需要不定期地进行优化完善。

第12章 如何做好战略规划

战略规划的目的是要将你的战略意图转化为战略地图，战略规划不是简单的一句话就能表达全面的，不但要有清晰的目标，还要找到实现目标的方法和路径。

首先，战略规划不能仅仅停留在想的层面，战略规划必须要画出来，要落地；其次，战略规划结构一定要完整，要有整体目标、阶段性目标、执行策略，评估标准等；最后，战略规划需要在内部进行不断地宣导。

一个完整的战略规划应该包含：企业的发展愿景、企业的发展使命、企业发展的价值观、3-5年的战略发展规划。我们要具体做到从最初5年的战略规划，拆解到3年，再拆解到1年落地实施，死死扣住每个细节。分析完成这些战略规划需要做哪些事情，把一年的战略目标定位清楚，然后再倒推到一个季度，倒推到一个月，再倒推到目前最重要的几个核心事件。

从战略规划到最终战略推行实施，这个历程是非常艰难的。这个难，难在难以把握住最佳时机，难在常常怀疑自己的决策是否正确，难在能否一直坚持下去，难在落地为何要考虑那么多因素，难在每一步决策都要复盘总结很多遍。这个波折就犹如我们亲自跑一趟川藏线，不经历这一遭，你很难非常有感触地说“这一遭我没白来”。往往都是等到几年后，回头想想才发现当初的那个战略决策是多么的正确。

任何事物都是有灵性的，你要敬畏它，它才可以为你所用。战略规划也是如此，你需要慎重对待，而且不断地去演化，它一定会带你去你想要去的地方。

第一节 | 企业发展复盘与战略环境分析预测

1. 企业发展复盘总结

每年年底，很多企业都会开年终总结大会，总结过去，展望未来，然后结合公司遇到的一些问题点开始剖析，做成PDCA推行计划，次年开始执行即可，这也不失为一种管理提升方式。

单纯针对问题点来剖析企业内部管理问题，围绕点来做，大多数都是企业运营系统流程出了问题，各部门无法互相牵制，导致上下游不通畅，抱怨不断。

复盘就是回顾总结，总结不足之处，年度目标需要分阶段复盘来验收结果，验收目标执行的进展，寻找“差距”。这种差距是企业实际目标和预期目标的差距，并且要分析这些差距是如何产生的，是因为哪些举措让我们产生这些差距。由此而言，复盘就是规划战略的一个起点。

2. 运用好分析工具

制定企业战略目标规划，首先要运用一个专业工具，即SWOT分析，如下图所示。这个工具在很多地方都会提到，用在这里，我们要翻译成这四个问题：我们要分析企业的优势在哪里？企业的劣势在哪里？企业的机会在哪里？企业的威胁在哪里？

图12-1 SWOT分析方法

优势（S），优势是指企业的内部因素，其中包括：有利的竞争态势、充足的资金链；企业的品牌形象、良好的企业文化、卓越的经营理念、技术团队的研发能力、某个固定的市场份额、产品的利润点等。

但是企业不能夸大自己的优势，同时也要重点分析和改善自己的劣势，因此优势需要继续迭代创新，让优势继续稳固甚至更上一层楼。我前面也提到过，有时候往往你的优势也会瞬间变为劣势，就好比你企业的品牌影响力特别大，但凡出现什么严重的质量问题以及负面新闻，就会瞬间让品牌影响力降低很多。此时往往就是考验公司应急预案的时候，我们要不断地演练如果发生什么样的问题，该怎么紧急处理，以免造成不可挽回的损失。

劣势（W），企业的内部因素，具体包括：设备老旧、管理系统比较乱、管理层思维比较固化、产品没有核心技术含量、研发落后、资金短缺、经营不善、产品积压、产品无市场、产品质量口碑差、客户满意度低、竞争力差等。

当然，劣势是我们要规避或者慎重对待的一个方向。发现对自己不利的、要避开的东西，发现存在的问题，找出解决办法，并明确以后的发展方向。重点分析哪些属于战略目标上的障碍，哪些属于战术上的问题。

机会（O），机会就是方向，可能会去做或者去尝试的一个方向。它是企业的外部因素，具体包括：新产品、新市场、国家刚颁布的新政策、市场的新需求、竞争对手的失败等。比如，某同行因资金链短缺造成破产，我们需要进行评估，一方面是否可以投资接盘，另一方面市场也可能会慢慢转移，提前做好推广策略。

威胁（T），威胁也是企业的外部因素，具体包括：出现了新的竞争对手，替代产品突然增多，或者政策导致的市场萎缩，整体经济下行，客户需求转移，其他潜在的突发事件等。

因为针对威胁，我们要分析竞争对手，对竞品要分析，对手的营利模式要分析，对手的身边的资源背景也要分析，寻找差异化管理方向，弱化降低你的威胁。

SWOT是一个系统分析工具，它的优点在于考虑多方面要素，比较全面，可以通过所有的分析数据，进行分析对比，对企业进行诊断，找出问题解决方案。

3. 分析用户真实需求

在做环境预测分析时，切不可忘记我们应该关注什么，谁才是王道。很显然应该是关注用户，现如今谁抓住用户，谁就是王者。

互联网思维中有一点强调的就是用户思维，重点考虑的是用户的体现感受。

都是为用户服务，那么作为我们的行业，如果终端客户也是用户，那么从市场定位方向上来看，用户体验反馈，用户数据分析，用户的需求收集都将是市场部门的工作重点。企业的产品研发定位也应该围绕用户需求来的，做任何战略方向，最终都是围绕用户这个大数据来的。

为何各种体验店遍地开花，火了起来？各种品牌的手机都有线下体验旗舰店，这些旗舰店的设立的重要目的之一就是搜集用户需求，让后期的产品研发方向都紧扣用户的需求。

近期和一个市场总监的友人沟通，他策划过一个非常成功的活动。他们公司是做家纺的，公司每年会根据四个季节来设计花色，但仓库会积压很多库存，当时好几个策划组提出了多种活动方案，他的方案没有通过评审。他向领导申请军令状，务必执行他的策划方案，如果活动不成功，自己可以放弃几个月的薪水，以此弥补公司的损失。为什么他这么自信，源于这方案是基于对用户的精准定位，他当时选了25–50岁的1600多名女性用户做调研，通过数据分析，更加聚焦于小区的全职妈妈，并做了性价比比较高的套餐搭配方案，最终2天的销售额比同期6个月的销售额还要多，而且呆滞库存被全部清掉。我只想说其实做任何事情，只有精准地定位用户，你才能是真正的强者。

第二节 | 确定企业定位，重点在于构建核心价值

企业的发展最终是为了什么，我们最终要打造什么样的企业，必须给它定义，而且这个定义是持久不变的。

本田汽车的核心价值观：实现顾客利益的最大化。

美国CE（通用）公司的核心价值观：以极大的热情全力以赴地推动客户成功；

麦当劳的核心价值观：以人为本，优质、服务、清洁、价值。

阿里巴巴的核心价值观：客户第一，员工第二，股东第三；因为信任所以简单，唯一不变的是变化，今天最好的表现是明天最低的要求；此时此刻，非我莫属；认真生活，快乐工作。

阿里巴巴的“新六脉神剑”诞生，历时14个月，举行了5轮合伙人专题会议，累计467名组织部成员参与了海内外9场讨论，对全球各事业群的不同年龄、

岗位、层级、年龄的员工进行调研，得到的反馈建议近2000条，从一个字到一个标点符号，修改20多稿。

为什么阿里人会对价值观那么重视，因为阿里的企业愿景是“活102年”，打造百年企业，如果价值观和员工的需求不一致，精神将难以持续。

国家有国家的核心价值观，家庭有自己的家庭文化价值观，企业也是一个家庭，也要打造具有核心竞争力的价值观，它是传递的一种正向力量，也是努力让全体员工都必须信奉的信条。比如，和客户出现矛盾，本田公司就会体现顾客利益最大化的一种做法，让用户没有任何后顾之忧，从而达到一种诚信合作的运作状态。

因此在某种程度上，企业的核心价值观的重要性远远大于企业的战略目标，企业的核心价值观是企业目标的先驱，是一切企业目标为之奋斗的基础所在。

1.确定企业目标，定企业发展经营方向

俗话说：没有思路，就没有出路。企业没有方向，就等于无出路。

每年的11月份前后，很多企业开始部署次年的工作方向，这个工作非常重要。我就职的企业同样如此，各位高管们要提前做一些经营数据分析，通过调研内外部的一些数据以及客户需求作为参考，结合公司现状，运用SWOT分析方法对部门内部及公司整体进行分析。

每年的年终战略分析会都要召开好几天，准备得充分还好，准备得不充分就会非常耗神。有时候想想，作为企业的高管，没有你们想象的那么美好，看似人前风光，其实身心非常疲惫，每个高管都是企业的决策者，所有有形的无形的压力是难以想象的。

经营方向的拟定，也就相当于打仗前的沙盘演练，要经历一系列的复盘、共创、促动，反反复复，有时候可能哪个环节卡壳了，在该环节就会花费非常多的时间和精力做重点突破。

最有趣的是，当所有方向明确后，你才发现，整个年度的战略方向，核心的目标基本不会超过5个，也就那几个字或几个词，貌似亏了点，好比吃馒头的案例，你吃到第7个才吃饱，你很后悔为何要吃前6个一样。

2.制订行动计划及阶段执行计划

（1）对确认的目标进行复盘

企业战略目标确定之后，还需要再次复盘验证，几个回合下来之后，需要公司内部中层进行目标分解，各部门将围绕企业的总目标来做具体分解。在分解之前，非常重要的一个环节就是战略目标的宣导。公司为何在明年要这么定位，要让你的中层管理人员都理解你的战略，他们是企业战略执行的关键人员，起到承上启下的作用，要让他们深刻理解战略目标的意义何在，我们完成了这个目标对企业有什么价值，要和中层理念达成一致。

目标分解并非想象中的那么简单，很多部门负责人可能非常简单的就分解下去了，其实不然，在这个过程中，作为战略小组成员，作为企业高管，是需要在现场不断支持辅导的，管理人员因为能力差异，思维差异等，对目标的理解会有偏差。

就像日本企业的管理理念一样，高管要不断地重复问问题，你懂了吗？懂了。你真的懂了吗？真的懂了。那你复述一下我刚刚讲的是什么意思？好的，你是在说……好的，那你会怎么做？你目前的障碍在哪里？现在还有什么问题吗？没有了。你再想想，你确定没问题了吗？确定没问题了。好，那你去做吧！

等真正理解了这件事之后，他的执行力才不会有偏差，他的工作才能顺利开展。高效是建立在理解的基础上，在目标清晰的情况下实现的。

在分解目标中，我们会遇到一些问题，看似目标与本部门关系不大，实际上却不是这样。比如，公司明年的战略目标，其中一项是企业品牌及文化推广，简单看这个工作是市场部门、销售部门和人力资源部门的事情，其实不然，只是各部门侧重点不同而已。前期的推广策划设计方案或许以市场部为主，但是后期方案出来后，就是需要很多部门配合执行了。这个前提是各部门分解的时候，要清晰地知道自己的职责是什么，该如何给自己设定执行目标。比如，市场部第一个季度的目标是某个品牌推广。首先做所有的VI设计整案，线上活动什么时候推广，线下活动会在什么时候什么项目上落实，同时执行部门会有好几个关联部门配合，那么在目标分解的时候，我们执行部门先要根据市场部每个季度的分解计划，再根据时间节点来安排执行计划。

目标的分解还需要遵守SMART原则，目标设定的合理不合理，会直接影响执行的效果。例如，一个项目的设计周期最短也要2个月，你设定目标的时候却要1个月内完成；去年的销售业绩是20亿元，今年财务在没预算、市场没资源、团队没有增长的情况下，企业却要给销售部门下达100亿元的业绩指标，这样的目标就失去了意义。当然，你说100亿元我们是不是想都不敢想，也不是这样的，100亿元的企业目标确实是我们企业5年的发展规划，那么我们可以分阶段实施，梦想还是要有的。

（2）战略目标共创与宣导

上面也多次讲到两个目标管理工具，SMART和PDCA，分解流程一般会遵守这么一个流程：公司战略目标宣导—管理层消化吸收—真正理解目标—分解公司目标—结果验收—修改完善—确认部门目标—部门目标宣导—分解部门目标—分阶段监督实施成果。

企业各中层管理人员在理解公司层面的目标之后，还需要逐级往下进行分解，目标越具体，越清晰，越容易达成。当然目标的实施是离不开团队的，我们不能一个人单打独斗，而是要让整个团队知晓我们公司的核心经营目标有哪些，我们自己团队要做到几个维度的工作才能达到企业的经营目标，因此自上而下地分配，逐层分解。

因参与了公司整体战略制定，所以部门目标设定的方向，我可以提前设定好，两三天的目标分解会议，我兼管的人力资源部总是能第一时间完成，第一个验收通过。这也是我们先知晓，先清晰战略方向的最大好处。

目标验收的过程是苛刻的，会提出很多问题，如你设定了目标，如何完成？你的方案措施是什么？这个工作责任人是谁？评价标准是什么？什么时间完成等非常具体的问题。这些所提出的问题，是基于一个分析工具——5W1H分析法。

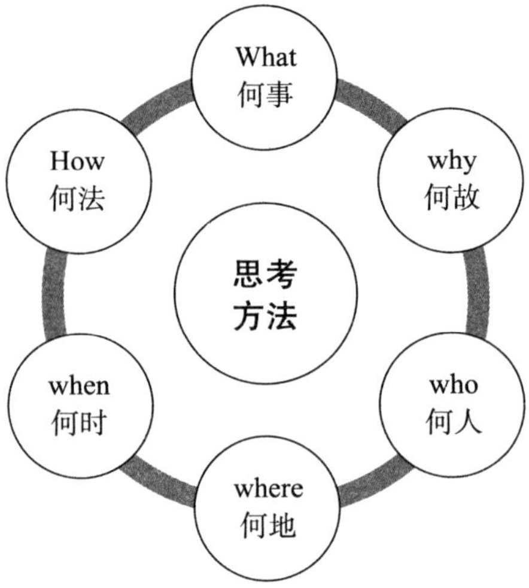

图12-2　5W1H分析法

WHY 为什么，为什么要这样做？理由何在？原因是什么？

WHAT 是什么？目的是什么？做什么工作？

WHERE 何处？在哪里做？从哪里入手？

WHEN 何时？什么时间完成？什么时机最适合？

WHO 谁？由谁承担？谁来完成？谁负责？

HOW 怎样做？怎么做？如何提高效率？如何实施？方法怎样？

当然，在目标分解过程中，职能部门会遇到很多障碍点，如某个项目做到什么程度算标准，什么时间段完成才不至于使项目延迟，行动计划怎么设定会高效，某个重点工作团队匹配的人员是不是可以跟得上。在这个时候，公司的高层管理人员要给以辅导和协调，有些工作目标完成是需要跨部门运作的，在分解过程中，上下横向沟通是少不了的，一场会议的高效与否也体现在团队中是不是有教练和顾问这个角色。当然这个角色要求会非常高，他必须要懂运营管理，懂体系架构管理，否则在跨部门协调遇到障碍的时候，他难以给出正确的引导和建议。

我们曾经就遇到过这么一个案例，当别的部门都在热烈讨论目标分解工作的时候，有那么一个部门，整个部门人员都在低头思考，没任何进展。在沟通的时候，他们才说对公司的某个战略目标还是不太清晰，不知道怎么样分解。因为每个人的认知不一样，战略目标宣导的时候，每个人看到听到的反馈也是不同的，战略目标不清晰，认知不彻底，很多工作难以往下分解，这个部门就是卡在这里了。最后，经过高层管理人员单独为这个部门辅导了30多分钟后，诸多同事才恍然大悟。原来公司的战略目标和部门负责人宣导时候的目标有出入，并不完全一致，作为部门人员总感觉有些不对劲，但是因为对公司目标不理解，也不能给出自己的意见，经过辅导才更加清晰。

目标不清晰，下属员工执行结果就会有偏差，看似员工执行力不够，实际是在目标分解上出现了问题。因此，作为企业高级管理人员，必须要有具备一定的教练能力。

当然，在整个分解会议中，要相信团队的力量，共同商讨工作的重要程度以及先后顺序进行排列，哪些模块在第一个季度完成，哪些模块放在两个季度来完成，以此类推，从而形成最终的年度目标分解计划。

3. 制定实施战略和监督措施

俗话说，好战略是成功的一半，但是再好的战略执行不力也会失败，战略固然非常重要，但是唯有执行才能带来业绩增长，提高效能。

把年度计划工作目标分解至季度、月度、周，然后进行周、月度、季度进行复盘总结，这样PDCA中的P（计划）有了。前面说到了，P越具体，指标越清晰，你才能更好地知道怎么做。如何做，怎么做（D），公司层面会通过月度汇报，周工作汇报，特殊情况立即汇报的模式来验证我们的计划是否顺利开展实施。

各公司因组织机构不同，总经办、董事办，运营部或人力资源部等管理机构进行有效监督跟进，检查（C），跟进战略目标的执行情况，寻求差异，重点事项进行改进，围绕年度战略目标的核心不能偏离轨道，做到即时纠偏（A），继续完善提升。

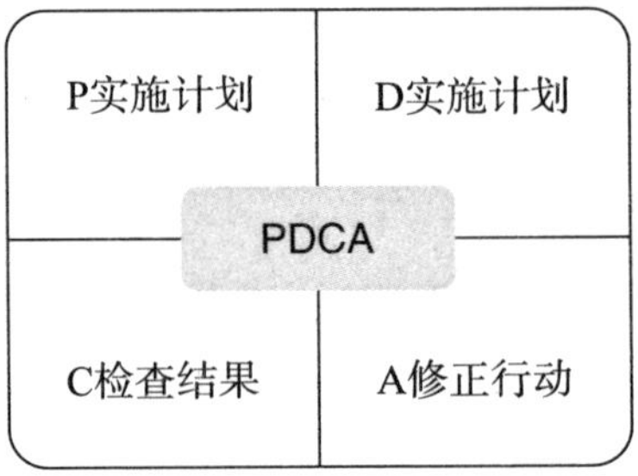

图12-3　PDCA管理法

任何计划执行都需要用到PDCA这个管理工具，管理是一个闭环的过程，有计划，有执行，有检查，有改善，管理同时也是一个持续的过程。战略推行实施过程中，我们需要配套相关的考核机制来保证执行的结果，在这里我们需要考虑从战略层面自上而下的一种绩效管理体系来匹配。

第13章
对战略绩效的解析：企业与员工如何达成共识

战略绩效管理是以战略为导向的绩效管理系统，所谓绩效管理，它是指企业与员工之间就目标与如何实现目标上达成共识，以此通过激励和帮助员工取得优异绩效来实现的管理方法，绩效管理的目的在于激发员工工作热情和提高员工能力，从而来提升改善公司管理效果。

通俗点来说，我们做绩效要关注几个点，一是清楚绩效管理是工具；二是在目标设定上企业与员工达成共识；三是绩效管理的目的在于激励和提升员工能力。

我看到过很多公司在做绩效的时候，都会把工作态度和行为放进考核项目指标里，还有企业把忠诚度放进考核指标里。我一直在考虑一个问题，这个指标如何量化，不能量化如何具体化，顶撞领导算不算态度不好，不服从指令算不算态度不好，当然很多HR说，这是领导要求的，领导非常关注这个指标，一定要添加进去。我想说，如果我的领导要这些内容，我会连问他6个问题，你为什么要定这个指标？这个指标对我们的好处和意义是什么？这个指标你认为什么标准是你认可的？目前我们部门的关键指标是哪几项？你认为行为和工作态度应该占比权重设置多少比较合理？其他关键指标的方向来自于哪里？

其实并不是说工作态度和行为不能放进去，因为每个企业的文化不一样，所重视的指标也有所不同，就好比阿里巴巴要打造102年的百年企业，他们对价值观非常重视，也把价值观列进考核指标中去，因为他们非常清晰地知道企业文化是什么，也清楚文化对他们企业发展的重要性，必须要有统一的价值观才有可能实现企业的发展方向。价值观说起来有点空洞，但他却会告诉员工公司的底线是什么，我们做事情的规则是什么，约束和提醒你不要偏离方向。

如果你具备清晰的价值观思维，那么是可以进行评价衡量的。如果没有，仅仅在执行领导的决定，而忽略了企业真正想要什么，会让自己的工作非常被动，当然这个没有谁对谁错，这只是个战略意识的成长必经过程，有时候会委曲求全。

第一节 | 解读战略绩效管理：一个伟大组织的全部秘密

杰克·韦尔奇说：对于经营者来说，最有效的管理手段就是绩效管理。绩效管理和区分是建设一个伟大组织的全部秘密。

战略绩效管理是对战略及战略实施过程的管理，企业的经营方向是围绕战略来产生的，所有的运营方向同样也是围绕战略产生，所有执行层面工作也是战略分解后产生的。绩效管理是围绕着四个方向来运作的：战略导向、价值导向、成长导向、问题导向。

战略导向：重中之重，它是一个既定轨道，任何绩效权重分，战略层面必须涉及而且占较高权重。

价值导向：这是根据部门岗位不同，取得的价值不同来定位绩效的，如一个职能管理人员与一名设计师相比，究竟谁对企业创造的价值更多，谁应该获得更多的收入，岗位价值评估就是根据岗位设置，依据一定的评估标准，运用系统化对岗位进行一系列的比较，以确定各岗位对企业不同的贡献度。

成长导向：任何绩效管理都是围绕团队成长的激励和成长来设定的，引导团队共同提升。如在绩效管理执行过程中，我们会发现很多员工工作态度非常好，人品也不错，就是工作业绩不理想，那么在绩效面谈的时候，可以帮助员工一起分析，为何业绩不佳，是否可以通过培训、训练进行个人工作技能来提升，绩效管理重在抓住改善提升。

问题导向：这个导向的KPI，我们可根据阶段性的实际情况进行调整，当部门认为哪些问题是影响了我们整个组织发展的，可以列出具体的问题点，改善后，可以更换下一个问题点，从而达到小范围的解决问题的能力提升。比如，在某个阶段，公司面对一个客户质量投诉问题无法有所突破，那么可以在这个阶段重点分析这个问题产生的原因，并追溯到几个相关责任部门，制订改善实施计划，并纳入月度或者季度考评指标中，待这个问题解决后，我们可以调整后期发生的比较重要的问题点。

绩效管理无非就是把握这四种方向开始运作实施，但是企业在做绩效管理项目之前，都有各种各样的顾虑，绩效能否顺利实施，员工的理念是否可以改变，推行了绩效之后，工作量是不是增加很多，各种流程是不是繁杂了许多，等等，这些都属于正常现象，因为绩效管理是把“双刃剑”，推行好的话，企业提升效率，员工激励到位。相反，劳民伤财，后续再也不敢提绩效二字，提起来就会非常敏感。

绩效管理体系要想推行得比较顺利，也要遵守一个原则，其一，不要脱离战略，其二，遵守PDCA循环，从绩效计划—绩效实施—绩效检查—绩效反馈，缺一不可。

实践中普遍存在的现象是：年初计划得轰轰烈烈，年中检查流于形式，年底考核草草收场，也没有反馈机制，改善无从谈起，绩效管理不仅要实现PDCA循环，更要追求螺旋式上升。

第二节 | 选择合适的导入时机

当公司制定新一年战略目标时，有时候会剖析公司的发展现状，从而发现很多问题点盘根错节，整个团队貌似都是实干家，理不清楚公司想要什么，也理不清自己想要什么，闷着头拼命干，绩效到底什么时候上，这个问题在诸多管理人员心里潜伏了很久，很多时候我们内心是波动的，会为自己找很多上不了的理由，貌似时机都不太恰如其分，都在等待和观望的状态。

值得庆幸的是，我就职企业的老板思维非常清晰缜密，她早已悟透了企业经营和人才息息相关，团队激励做不好，很多战略推行的结果都会延后，企业等不起，市场等不起，机遇更加等不起。老板对市场的敏锐度非常高，她很清楚什么时候做什么事，会产生什么样的价值，做任何事情都是一种投资，当然她心里会提前做好预设，绩效能推行成功最好，推行不成功就当投资训练团队了，这个格局并不是所有人都具备的。当然在项目还未推行时我们不可能就想到失败的一方面，如果做好万全准备，一般不会失败。

年底做次年战略分解的时候发现，企业团队激励将是一个非常重要的模块，这个时候必须搭配激励方案，当时就把这个细化工作做了明确界定，快速搭建绩效薪酬管理体系。

公司早几年就一直善于借力第三方来进行内部梳理，工作细化目标确定了，人力资源部也快速选择业内比较知名的咨询公司来负责项目的落地。很多企业对第三方还会抱着怀疑的态度，那是因为企业不知道你想要什么，一旦你很清楚要什么，你会选择比较适合自己的咨询公司来合作，咨询公司是借力方，由企业来主导，而不是被咨询公司牵着鼻子走。

在评估很多咨询公司的时候，其实我们评估的核心就是是否围绕战略来，但是后期才发现，很多投标的咨询公司对战略这层定义都忽略掉了，或许是他们不擅长，或许是他们的重点方向不一样，但是我想说，绩效管理并不是套套模板就可以，一万家企业就应该有一万家的属于自己特有的绩效管理方案，企业经营方向虽说是同行，但是即使同行也是有经营方向差异化的，现在的同业竞争靠的就是差异化，这个差异化就在于战略，战略是企业的命脉。

综上所述，很明显，当团队需要做激励的时候，当企业推行新战略快速转型的时候，当企业发展遇到一定“瓶颈”的时候，又或者你短期内想要达到什么清晰目标的时候，就可以试着导入战略绩效管理系统。

第三节 | 宣导公司战略绩效规划，达到思维和认知的统一

在整个绩效系统执行过程中，一定要跟各部门负责人达成共识，人力资源部门的核心职责是辅导支持公司绩效体系的推行，各部门负责人的职责是共同参与提取部门核心KPI，并且务必贯彻执行。也就是说，制定部门的KPI是部门负责人的职责，并不是人力资源分内的事情。你自己的KPI你自己设定，因为只有你最清晰部门内部的关键核心是什么，从公司层面来说，指标是你自己设定的，规则也是你自己提供的，我们无话可说。

有很多企业，整个绩效方案都是人力资源部编辑的，这个时候很多部门会向上级投诉，人力资源部门不懂业务，他们不懂规则，他们制定的目标根本不是我们想要的，所以才说任何事情要达成一致的前提是部门自己做，公司评估

小组来审核，因此绩效宣导中，一定要把职责宣导清楚。

在企业中，绩效宣导起着项目成功与否的关键作用，为什么要这么做，该怎么做，做了对我们的好处是什么？宣导是个长期任务，要让员工知道企业要加快步伐发展，势必要越来越规范，借助一些管理工具是必走之路，绩效管理的目的就是改善提升，做到大家共同提升；相反，也会警示一部分员工，我们会淘汰一部分能力差、业绩差的小白兔，从而做好人才的筛选。

在很多员工的潜意识里，绩效管理就是绩效考核，提到考核二字，你要动我的蛋糕，那是不行的，人都是有戒备心理的，不愿意别人碰他的舒适区。首先告知员工什么是战略绩效管理，绩效管理是用来激励员工成长，完成工作使命的一种管理工具。

还记得以前的一个助手，离职后入职了规模不大的一家公司，刚入职老板就让其做绩效考核，我当时就问了她一个问题，你是要做激励性的绩效管理，还是做单纯的绩效考核，她很明确地告诉我，老板就让做考核，就是从员工原有的工资里进行考核，而且很明确地告诉，老板不满意员工目前的工作状态，给工资给高了，要找个理由进行扣款，我说你想怎么做，她说她也不知道，问我能不能帮她做个方案，我说我对你们企业不太了解，下不了手。我相信她和老板的沟通过程是有问题的，她也在入职后没有多久就离职了，我相信这也是正确的抉择吧。做绩效的初衷如果违背了一些原则，往下推行会非常难，也会造成军心不稳。这也是很多员工对企业对待绩效的认知意识。

因此绩效宣导就显得尤其重要，通过宣导改变大家对绩效的负面认知。这个宣导并不是企业单方面画饼，要明确告知员工，公司有明确的目标，部门按照公司目标来分解，指标自己定，账自己来算，不是公司单方面主导这个项目，而是让员工自己参与主导这个项目的推行。

战略地图做好之后也要给员工进行宣导，告知我们企业的方向在哪里，我们将要怎么走才能达到这个大的目标，任何执行力都取决于目标是否清晰，没有清晰的目标就没有好的执行力。公司高层就是把控方向的，并且牵着这个方向，不让我们中层干部以及基层干部跑偏。它又是火车的车头部分，有明确的导航路线，哪里是最快到达目的地的，也非常清晰地知道我们大概需要多久能够到达这个目的地。

战略地图宣导结束，接下来就是绩效管理意识宣导，绩效管理意识是执行绩效管理的一个非常重要的前提。目前很多企业的员工理念里，都被绩效搞怕了，潜意识里不想被牵制，不想被约束，本能地会排斥这个绩效，因为他们意识里绩效是用来捆绑他们利益的，很少一部分人会想到绩效管理是一个激励机制，因此执行过程中难免会有各种声音。

统一员工意识是重中之重，我们为什么要做绩效管理，为什么在这一刻要做绩效管理，我们做了绩效管理对公司有什么好处，对个人有什么好处，对运营机制是不是起到高效运转的作用，这些都需要进行宣导，从而帮助员工更加清晰地解析之间的奥妙。

宣导结束，可能大家还是一脸茫然，绩效管理到底是什么样的，也可能出现类似于“这不就是扣钱的工具吗”“还能干吗，讲那么冠冕堂皇的借口有啥用，还不如落到实处来的快一点”的声音。这就是人性，你没让他得到好处之前，他不会认可，所以我们要深刻认识这样的人性，并且准确把握。

因此在绩效项目同时运作的时候，我们提前把薪酬职级重新进行调整，不会从你原有的工资里面体现，我们编制合理的薪酬机制，不光你的职级会进行调整，而且也给你明确的晋级方向，这个方向离你非常近，你看得见，也能摸得着。

薪酬方面包含固定工资，浮动工资，额外单项奖励。让大家看到希望，而且职级确定好，大家很容易知道，我在什么职级，我可以通过努力很容易达到下一个等级。因此，薪酬职级公布之后，我们开始运作绩效管理，战略地图布局好了，那么公司大目标明确了，部门KPI找到了，开始分解部门岗位指标，部门岗位指标是根据部门指标分解的，环环相扣，目标是整体完成部门指标。

第 14 章

战略绩效落地实施：大步骤与小细节

推行整个战略绩效管理体系需要很复杂的流程和步骤，其中从大层面来讲，要做战略目标设定、战略目标分解、明确企业战略地图、拟定绩效薪酬管理制度、企业战略目标分解、部门核心目标分解、确定核心绩效指标、确定考核方式等，从小层面来讲，多增加很多细致的协调、沟通、确认验证环节。

第一节 | 绘制战略地图确定绩效考核方式

战略地图是描绘战略的有效工具，它为企业衡量和管理战略提供了基础，它对企业战略的清晰解读与描述，有利于管理者与员工之间对战略进行宣导沟通，达成共识，促进战略落地。

企业战略地图的绘制是一个“自上而下”的过程，这也要求企业的高管必须具备相关的能力和素养。战略地图是在平衡记分卡的基础上发展而来的，战略地图是以平衡计分卡的四个层面目标（财务层面、客户层面、内部层面、学习与增长层面）为核心，通过分析这四个层面目标的相互关系而绘制的企业战略因果关系图，如图 14–1 所示。这四个维度恰巧关联了整个公司的运营系统，环环相扣，任何环节都有闭环，形成了一个包围圈。

运营系统在执行过程中，会存在断裂，但凡有断裂就会有损伤，断裂处就是我们通常所说的管理漏洞。其实管理系统工具就是用来检验公司管理维度的各种漏洞，也是提早设置的一种运营风险管控机制。

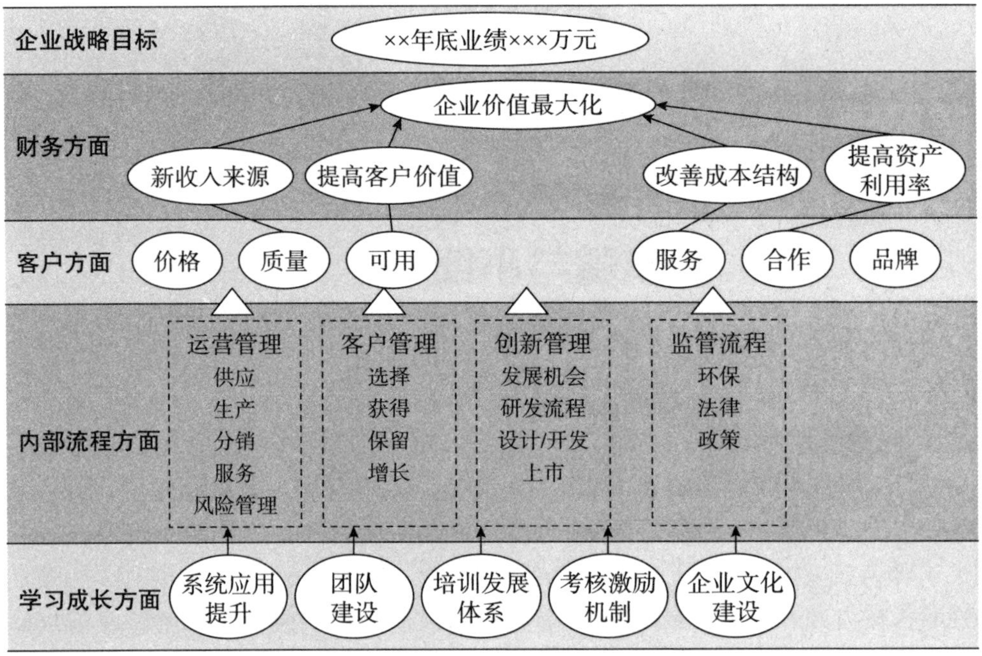

图 14-1　战略地图图示确定绩效考核方式

确定好战略地图，就可以开始确定绩效管理考核方式。

绩效管理的原则是：要什么，就考什么；考什么，就能得到什么。

绩效管理考核的工具有很多种，针对每个行业的特性，选择相关的绩效管理工具。

在诸多考核工具中，我们常见的绩效考核工具有MBO（目标管理法）、KPI（关键绩效指标）、BSC（平衡记分卡）、OKR（目标与关键成果法）、360（全方位考核法）、KSF（关键成功要素）。以上考核工具在本书中暂且不谈论优点缺点，每家企业在选择绩效管理工具的时候，要考虑公司的战略因素、行业因素、团队的能力因素、企业的文化因素。

我曾辅导一家小型制造企业，企业规模不到40人，通过对两位老板的访谈得知，企业交期遇到的“瓶颈”问题，很多项目都无法按时交付，咨询我是否有好的激励考核机制。

通过详细的深度沟通，发现老板直管销售，下达计划的时候出现了很大问题，临时性的紧急订单多，老总直接向制造部门下达生产任务，而且亲自跟催订单完成进度，插单情况比较严重，客户每催货一次，老板就催促制造中心。

很明显，这家企业职责分工不明，没有完善的运营流程，一言堂情况较为严重，该公司只有两个层级，管理层和执行层，缺失了战略运营决策层这个层级。

访谈过程中，根据老板的描述，给公司大概画了一个组织架构草图，发现确实很多职能部门人员多岗位设置，身兼数职。考虑到人工成本，在中小企业这种情况是普遍存在的。后来通过层层解析，公司尚不具备做整体绩效管理的能力，只能从项目角度出发，以模块或者单个组织为单位推行激励政策，按照项目大小、难易程度、交付周期、质量要求等几个维度设定，关联职能部门共同打包，从技术端开始到交付环节，或许简单几张纸也算是一种考核方式。

因此，不能说企业小就不能做绩效管理，只能说根据企业背景情况，找出最适合目前发展阶段的考核方式。

当然，在传统制造业中，KPI的使用还是比较常见的。KPI是企业战略目标的层层分解，通过指标的设置、整合和控制，把公司对员工的绩效评估，简化为几个关键指标的考核，促使员工的绩效行为和企业要求的行为相互匹配，不至于出现较大的差异，从而确保公司战略目标的实现。KPI有利于企业战略目标的实现，有利于将组织和个人利益达成一致。KPI是突出关键指标，因此在部门管理指标设定的时候，原则上不超过7个指标，根据公司的战略目标导向，在权重划分的时候，要把握权重值和比例值。

第二节 | 制定并验收部门级KPI步骤展示

公司在设定公司目标的时候，原则上核心目标不会超过3个，公司所有各级部门都需要围绕这3个核心来整体设定KPI，这3个主要目标就是公司运营层面的核心，找到核心，遵从部门绩效指标不超过7个的原则，然后各级部门根据核心匹配自己部门所要达到的标准。

1. 部门指标提炼

关键指标开发，确定考核权重，确定目标值，确定评价要素，确定评分方式，确定数据信息来源，确定分值核算方法，如下图所示：

表 14–1 绩效指标示例

考核部门：××× 业务部　　　　被考核人：　　　　考核周期：　　年　　月

序号	关键绩效指标	权重（100%）	目标	评价要素	信息来源	实绩与绩效评分的对应关系
1	销售额	25%	完成率100%	考核期内公司各项业务的累计销售金额	财务部	1分：< 80%
						2分：［80%，100%）
						3分：［100%，110%）
						4分：［110%，120%）
						5分：≥ 120%
2	回款完成率	25%	98%	回款完成率 =（实际回款额 / 应收款）× 100%	财务部	1分：< 90%
						2分：［90%，95%）
						3分：［95%，96%）
						4分：［96%，97%）
						5分：≥ 98%
3	新客户开发	20%	关键类客户：50个 / 月	新客户首批订单超过10万的客户	销售部	1分：< 30个以下
						2分：［30，45）个
						3分：［45，50）
						4分：［50，60）个
						5分：≥ 60个以上
4	月度高利润产品销售占比	20%	35%	占比 =（高利润产品销售金额 / 当月销售金额）× 100%	财务部	1分：10%
						2分：10%–30%
						3分：35%
						4分：35%–40%
						5分：≥ 40%
5	订单下达准确率	10%	90%	准确率 =（当月订单下达数 / 订单实际发货量）× 100%	运营中心	1分：< 70%
						2分：［70%–80%）
						3分：［80%–90%）
						4分：［90%–100%）
						5分：≥ 100%
否决项指标		*根据公司实际情况设定一票否决指标				

备注：“［”表示包含本数据；“）”表示不包含本数据

2.绩效考核指标解析

（1）绩效分值评估公式及核算方式

稻盛和夫先生说：人生、工作的结果=思维方式 × 热情 × 努力。他尤其指出热情和努力都是正的分数0–100，而思维方式却是–100–100。如果思维是负的（错误思维；违反社会道德、企业规则等），那就越努力，结果越差。因此恰当的理解绩效评分原则，便于重新认识自己。

如果该绩效设定5分制，那么5分代表优秀，4分代表良好，3分代表合格，2分代表欠佳，1分代表较差，如下图所示。

表14–2　考评分数与绩效系数的对应关系表

绩效得分（X）	绩效等级	绩效系数	控制比例
X＞4	A：卓越	1.5	不超过5%
3.5≤X≤4	B：优秀	1.2	
3≤X＜3.5	C：良好	1.0	
2≤X＜3	D：一般	0.8	
X＜2	E：待改进	0	不超过5%–10%

比如，销售额完成率是99%，对应得分是2分；回款完成率105%，对应得分是5分；新客户开发，首批订单超过10万的客户开发了55个，对应得分是4分；高利润占比是37%，对应得分4分；订单下达准确率90%，对应得分是3分，那么绩效得分=绩效分数 × 绩效权重。

2分 ×25%+5分 ×25%+4分 ×20%+4分 ×20%+3分 ×10%=3.65分

其中3.65分匹配对应1.2系数。

如果一个销售主管的底薪是10000元，月度绩效固定部分与浮动部分分别占60%和40%，那么他的原绩效工资是4000元，匹配上述业绩，当月实际绩效工资为4800元。

（2）关键指标结合公司战略目标

以上是某销售业务部门的绩效考核指标，可以看出，企业关注的重点依然是业绩能力、财务的回款率指标、财务成本方面的高利润产品指标、面临新市场开拓能力、面临内部订单计划的运营管控，遵从“要什么、考什么”的原则。

（3）指标设定要合理、简单、易操作

这个环节实操过程中，由部门负责人带领部门核心人员共同商讨拟定，在拟定权重的时候要匹配公司的战略目标，在拟定目标值的时候要跨部门确认，指标数值要有关联性，评价要素也是非常关键的，决定后期如何容易考评核算。绩效管理要做到，谁都可以看数据来核算最终分值，方便易懂、易核算，这才是我们需要的绩效管理工具。绩效管理工具是协助企业管理提升的，切不可被工具绑架。

（4）管理者与考核者一起拟定考核指标

首先绩效考核的指标应该与被考核者的岗位职责相一致，另外绩效考核指标最终是要落实到被考核者身上的，因此设定绩效考核指标一定要得到被考核者的认可和接受，这样才能有效地驱动被考核者的工作行为，要让被考核者接受认可，最好的方法就是你的指标你来定，作为管理者我们监督审核验收指标的合理性、关联性、与企业主目标的匹配性，这样双方才会达成一致意见。

（5）设置不同的权重

权重代表着重要性程度以及本部门的重点职责，企业重点关注什么，指标的权重便会有所倾斜。通常情况下，销售部门就是要完成业绩在先，开拓新的市场，同时要保证销售回款。因此这三个指标基本放置的权重较为高一些，阶段性改善的问题点可以设置，权重相对会低一些。

（6）定量指标与定性指标相结合

在绩效考核指标的设定中，应该坚持以定量考核指标为主、定性考核为辅，因为数字收集较有说服力，但是权重比例既不能过高也不能过低，如果部门指标设定为不超过7个，那么定性指标的权重不超过35%–40%，不低于5%，通常权重是5%的倍数。权重太低不利于调节考核结果与真实绩效两者之间的平衡，权重太高则会认为领导在拍脑袋，过于注重单个事项的结果。

在实施过程中，如果部门设定权重值为70%，其他4个指标共计30%，按照计算方式，只要70%的指标全部拿到，就已经是优秀了，就可以拿到激励系数，这样设定的话，其他几项员工指标就可以忽略，不做也可以达标了。

（7）目标值的合理设定

在整个绩效实施过程中，最为博弈的莫过于绩效目标值的制定了。高管期待目标值定高一些，完成企业总体目标就近一些，但员工期待目标值定少一些、更容易完成一些。其实，在运作绩效管理的过程中，绩效体系运作主导部门要提前收集一些数据，如各职能部门的月度汇报数据，连续3–5个月的数据汇总平均，这个目标值就得出一个大概数据了。

案例解析

比如，销售业绩完成率，连续5个月都超过目标值5000万元，那么这个时候，可以设定阶梯目标，完成5000万元指标就是满分合格，就是上述案例中的5分制里面的3分合格分，绩效系数是1；完成5500万元就是优秀，就是上述案例中5分制里面的4分，考评结果为优秀，绩效系数为1.2；如果完成6000万元的指标，可以匹配5分，绩效考评结果为卓越，绩效系数为1.5。

（备注：上述案例的汇总得分匹配总系数，本案例为了更加明显做阶段式的对比，未按照上述案例做整体得分评估）

再如，生产计划完成率，部门月度汇报数据，连续5个月的平均值为90%，那么我们基础指标可设定为90%，如果完成92%，可以评定为优秀，绩效系数为1.2。

目标值并不是越高越好，它要遵循SMART原则：目标必须是具体的、目标是可衡量的、目标是可实现的、与其他目标有一定的相关性、目标必须有明确的期限，如下图所示：

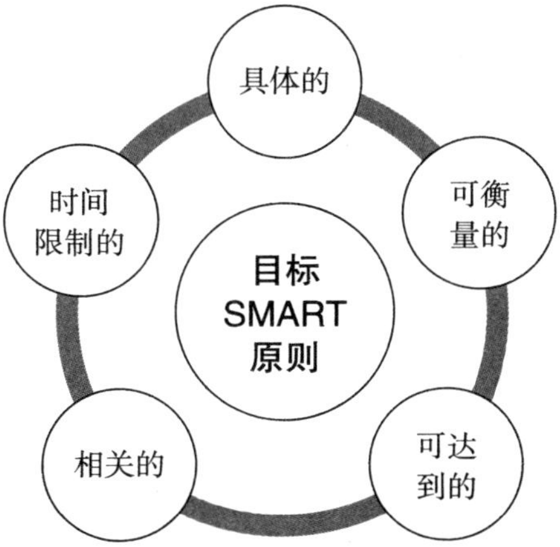

图14-2　SMART原则

①**具体的：**用具体的语言清楚表达要实现的标准。

无效的目标：我们要提高产品质量。

具体的表达：我们要提高产品合格率。

②可以衡量的：目标应该是明确的，而不是模糊的，应该用一组明确的数据作为是否达成目标的标准，如果制定的目标没有办法衡量，就无法判定这个目标是否可以实现。

不可衡量的目标：我们要提高产品质量到一定程度。

可以衡量的目标：我们要产品合格率从96%提高到98%。

③可实现的：目标是可以通过努力实现达到的，应该高于现状，但是上升一个台阶是可以够得着的。

在现实案例中，我们往往发现，对于销售市场的业绩目标，很多企业老板都会定得非常高，明明去年完成了5000万元目标，次年非要定2亿元的目标，而且还是在原班人马未动的情况下，当然也不能说这个2亿元就是一个伪科学数字，具体要看企业匹配什么样的资源，是不是引入了资本方，如果什么资源都没有，这个2亿元就是一个噱头，是一个目标很难实现的指标。如果设定了永远够不着的指标，还拼命让员工去完成，时间长了，员工士气将会跌入谷底。

当然目标值也不是一成不变的，通过季度评估分析，我们可设定阶段目标。以生产计划完成率举例，淡旺季是有差异的，旺季的时候插单、急单比较多，会影响计划完成率实施，那么在淡季产能不饱和的情况下，生产计划完成率就会高一些，那么我们生产部门在设定生产计划完成率的时候，就可以设定两个标准，淡季是一个标准，旺季是一个标准。

④目标相关性：是指实现此目标与其他目标的关联情况，如果实现了这个目标，但对其他的目标完全不相关或者关联度比较低，那这个目标即使达到了，意义也不是很大。

比如，上述的提高质量合格率为例：产品合格率从96%提高至98%，质量部短期目标设定：增加产品检验批次，产品线上的重点“瓶颈”工序增加巡检次数，供应商质量标准质量意识的宣导培训次数，参与技术源头部门的设计验收标准……这些指标设定，对于提高合格率不是强关联性的。

比如，企业的中期目标是：3年内要完成上市工作，那么短期目标就应该是企业的财务管理、会计核算是否规范，必须建立健全适合企业自身发展特点的管理制度体系，还应该匹配专业的人才团队。

⑤**目标必须要明确的期限：**指目标要有时间限制，多长时间完成什么，什么阶段应该完成什么事情，分阶段制定便于清晰目标。上文就提到一个生产计划完成率的分阶段目标，旺季一个标准，淡季一个标准。

（8）评价要素

评价要素又是指标解释，这个解释如果描述不清晰，可能会让很多人不解，在这里必须明确，避免指标歧义和导向不一致。

案例解析1　采购部门的指标：开发供应商的数量

指标定义就要设定为：根据技术开发新品要求，开发几个某种类产品的核心供应商，且核心供应商开发必须要进行三方（技术、采购、质量）评估，以最终三方评估验收报告为依据进行佐证此指标完成情况。如果你不做指标定义，采购岗位人员就会在月底的时候，随便在网上找几个供应商聊聊就算完成了，也没有任何评估手续。

案例解析2　采购部门的指标：成本管控，降本指标的设定

指标定义就要设定为：每月要降低5个以上核心品类产品的价格50万元，原材料市场波动比较大的降本不计入考核指标内。

如果不进行设定，很多时候采购部门会把市场环境的整体降价，作为自己的指标完成数值，很多原材料会受市场波动而下降，也像采购部门的工作业绩一样。

案例解析3　销售部门新客户开发数每月不低于50个

指标定义就要设定为：首次订单金额要高于10万元才算合格的新客户，如果不这么设定的话，有些客户仅买一个样品也算新客户开发，这样一来新客户数量就多很多了。

（9）增加文化、价值观、制度上的否决指标

纵观单纯的分析绩效管理目标，大多数会从能力方向考核为主，但在企业发展过程中，人才是一个淘汰的过程，优胜劣汰，价值观的评估是不可忽略的，

每个企业老板都有自己对人才的判定标准，这个判定会从人品、态度、能力方面判定。那么能力指标有了，人品和态度的考核是无法用量化来表达的，不能量化的标准可采取具体化。比如，员工做出什么行为是企业的底线，是绝对无法容忍的一个尺度。例如，对公司生产经营及企业文化产生重大负面影响的、严厉禁止的行为，一旦触碰，员工考核期内绩效分值为0。

因此，这里可设定一项否决项指标，重点是要结合公司的价值观、规章制度层面来设定指标。比如，因个人原因给企业造成重大经济损失（定量，超过多少以上为重大经济损失），在资金方面违反公司规章制度规定的行为，收受贿赂等与企业价值观相违背的其他行为，都可设定为否决指标，以上行为一旦发生，当月绩效工资直接为0，严重的行为也可追溯法律申诉权利。

（10）数据来源

每个部门既是被考核部门，也是绩效数据提供部门，在绩效管理实施过程中，数据采集要责任到部门及责任到人。要在制度中明确各部门对数据的管理责任、绩效数据采集流程、方法和规范，同时也要明确数据的采集周期，采集周期一般每周、每月、每季、每年。

对于绩效考核而言，考核数据的来源对考核效果的影响非常大，要避免绩效数据来源与考核对象为同一个人或同一个部门，有的数据要根据多个部门进行评定，互相提供关联数据，绩效数据的准确性才会高。绩效数据的采集是连接标准与结果的桥梁，绩效指标如果没有绩效数据的支撑，那么也无法反映出指标背后的真正价值，也将变得毫无意义，如下表所示：

表14–3 绩效信息采集汇总表

序号	KPI指标	目标值	指标定义／公式	部门/个人指标	指标收集周期	指标收集部门	信息数据来源
1	总经理满意度	总经理安排的其他工作100%完成。	每周五下班前向总经理汇报沟通，减轻总经理日常工作事务压力。	个人	月度	总经办	总经理
2	企业文化之员工VI执行	完成企业文化可视化VI制作。	完成VI可视化制作：其中包含LOGO、公文模板、工作区域牌、企业文化墙、宣传品、企业网站换版。	部门	季度	人力资源部	市场部

续表

序号	KPI指标	目标值	指标定义／公式	部门/个人指标	指标收集周期	指标收集部门	信息数据来源
3	招聘计划完成率	月度招聘计划完成率90%。	招聘完成率=月度实际录用人数/月度招聘计划人数×100%。	部门	月度	人力资源部	各部门
4	绩效薪酬体系建设及实施	绩效薪酬管理制度100%按时间节点推行。	1. 按时间节点采集评估各部门绩效分值； 2. 按时间节点收集绩效改善问题点。	部门	月/季度	人力资源部	各部门
5	公司运营风险管控	1. 公司数据信息管控，做到0丢失； 2. 用工管控做到劳动仲裁为0。	1. 员工新订、续订劳动合同签订1月内完成率100%； 2. 月度劳动仲裁次数0次； 3. 员工离职移交信息0丢失。	部门	月度	人力资源部	各部门
6	培训发展体系建设	1. 各部门培训次数不少于2次/月； 2. 培训体系搭建按目标时间节点百分百完成。	1. 课程体系搭建完成； 2. 每季度内训师试讲考评一次； 3. 所有培训都有培训记录以及考核评估，以培训结果为导向。	部门	季度	人力资源部	各部门
7	销售额完成率	100%	考核期内公司各项业务的累计金额。	部门	季度	业务部	财务中心
8	回款率	95%	按完成比例进行考核。	部门	季度	财务部	财务中心
9	季度高利润产品销售占比	15%	月度高利润产品销售占比=月度产品毛利达50%销售额/总销售额×100%。	部门	季度	财务部	财务中心

（1）绩效评估周期

绩效评估的目的在于解决问题、改进绩效、提升团队和个人能力。在绩效评估时，我们的重点要放在诊断原因和解决问题上。

绩效评估应该按照一定周期进行，通常建议每季度至少评估且优化一次，所以过短或过长的评估周期都是不合适的，如果每个月指标评估且优化一次，员工会感觉太累，达不到企业想要的结果；太长的话，对于企业的发展提升又会造成制约。

（2）绩效沟通反馈

在企业绩效管理体系运营过程中，我们前期说了绩效的目的在于激励和提升能力，那么绩效数据采集到之后，部门负责人要对员工进行绩效面谈，绩效沟通，肯定成绩、指出不足，辅导其改善，提高绩效成绩。

3.部门指标验收

从运营层面谈绩效，它其实更像是一个系统从上道工序传递到下道工序的过程。每个部门设计的KPI都和跨部门相关，每个部门最终得出的数据都可以跨部门得以验证，如果所有指标都没有关联性，那么就要审核这个KPI的来源。

比如，技术部的KPI，项目开发，前期需要采购协助开发供应商，质量部要在前期介入审核项目，三方还需要共同评审供应商是否符合公司新项目投产的配套要求，这就是跨部门关联方；再上一层，公司的项目开发前期，都是针对市场部的前期评估调研结果得来的，那么市场部的收入匹配后期又是和销售部门对接的。

供应商开发管控，采购要提供供应商成本、质量、交期标准的要设定KPI，质量要提供质量检验验收标准的要设定KPI，技术是提供技术参数的部门也要设定KPI。

前面提到过，绩效管理是一个系统，关键指标必须和战略相结合。今年公司的战略目标中体现绩效薪酬系统，那么作为人力资源部门核心的目标之一肯定涉及绩效管理系统的实施，因此人力资源部在这个关键指标上权重必须要高一些，在设定绩效目标评分要素的时候，必须考虑到前期试运行的一个状态，后期重点考虑改善的一个状态，因此个别目标是分阶段实施的。

所有部门的指标开发结束后，必须经过公司绩效评估小组或高层的一致认可，也需要经过跨部门的监督验证，指标不具有随意性。大会一致通过验收结果，当场签订绩效目标责任书，岗位绩效指标作为附件。

绩效管理就是要抓住人性本质的需求，才能做好激励。

第三节 | 绩效数据的收集分析和绩效优化

绩效数据信息采集也是非常关键的一个步骤，在数据采集过程中，除部门主动提报数据外，作为考核的组织主导部门，也需要反复验证数据的真实性、准确性，数据的核算方式是否合理。

1. 绩效数据采集

在设定整体绩效方案的时候，一定要把所有KPI关联的佐证数据做一个数据采集清单，如财务部要提供给销售部什么数据，销售要提供客户投诉内容给质量部，任何部门什么时间提供什么样的跨部门数据要明确责任人，让其知道我该找谁要，要什么内容，而且提供的数据标准是什么样的，以什么方式提交。前期最重要的就是这个环节，因为所有的运营数据体现公司的一个经营业态，数据就是用来分析和管理提升的，因此要求每个部门的数据提供人员，必须用心、细心，认真负责。

大家不要忽视一个问题，数据采集不仅仅只有数据，还有关联证明，如采购开拓新供应商的三方评估报告，如经过财务部审核过销售高利润产品目录明细，再如质量过程控制中的检查报告、工艺作业指导书完成图片等，也就是说除了数据以外，要匹配KPI提取的所有内容。

为了提取数据的准确性，主导部门需要不断地跨部门重新认证数据的可信性，形成一个多次确认的环境和形式，让大家感触到数据必须认真、切实提供，不能弄虚作假或者相互掩饰。

2. 做好绩效数据分析

企业既然花了那么多精力和时间，就是期待这个项目投入产出比能高一点，但是基本也会有个思想准备，任何事情都会有个过程。

在做绩效数据分析之前，我们通过绩效阶段性推行，要考察这个绩效管理体系推行的效果如何，是否达到我们的预期，当然过程中会有很多问题，如佐证资料提供得不清晰，在核算得分的时候算法不一致，员工理解的和部门负责人理解的角度不一样，会有多次碰撞，万事开头难，第一个月审核数据的时候是最困难的，这个时候主导部门和跨部门会有所分歧，因此要不断沟通，直至双方达成一致意见。

在这里我想说的是，检验绩效管理在推行的过程中有没有达到效果，从很多员工的行为层面就可以看得出来。

员工的行为表现大多如下：

- 跨部门沟通多了起来，为了达成自己的KPI，主动关注并跟踪跟自己关联部门的工作，担心自己的业绩会受到影响。

①非常重视每周数据汇总，快速匹配数据还缺多少；

②主动跟领导要资源，问如何能够完成自己的业绩；

③想方设法地找渠道，找方法，就盯着那几个核心指标；

④担心跨部门提交的佐证数据有误，会自己再次审核一遍。

这里很明显，员工非常清晰地知道，如何努力，应该往哪方面努力。有的指标需要跳一跳就能够到，每个人都期待自己能跳起来，如果不够清晰，就会影响自己的收益。作为执行层来说，每月可以预见自己的收入是一件非常激励人心的事情。做绩效数据分析的人，必须要懂企业运营管理，对整个运营系统要非常清晰，哪个环节数据有问题，一眼就能看出来，数据并不是一个部门的体现，它是关联部门的整体体现。因此企业绩效推行不下去，也不能总责备下面的人什么都不懂，什么都逃避，重点在于主导部门自己清不清楚，不要自己理不清楚还去辅导别人，别人会一头雾水。

我辅导过部分企业，也听到主导绩效推行部门的抱怨，说绩效如何推行不下去，没有人配合，老板也不支持。其实最终很多环节都出在自己身上，因为他不了解老板想要什么，每当老板说出自己的标准，主导部门负责人都会打断领导，觉得这是不可能推行下去的，企业必须要达到什么阶段，什么要求，具备什么条件才可能上绩效。一方面主导部门心里没底，绩效已成为一个条件反射，谁都不愿意碰的敏感区，会提前预设好失败的心理，另一方面也让老板知道，这事情非常的难，提前给老板打强心针，让老板降低心里预期。

但是如果什么事情都准备好再上，企业可能会错失最佳时机以及发展机会，当企业不具备整体系统条件的时候，我们可设定符合目前现状的激励方式，当然不一定是绩效，也有其他单项激励方式，我相信最好的绩效就是适合公司目前发展的绩效，它不见得是一个系统，什么都包含，有可能就几页规章制度，也有可能是一张目标责任书，也有可能是一张附件激励协议。

有人说绩效真的很难，不是难在方案，而是难在如何与员工达成一致意见，难在推行。

当然，太过于听从领导的话去执行，而忽略了调研企业现状，分析企业目前到底需要什么激励的时候而套用模板，这个并行为不可取。

3.分阶段绩效优化实施

绩效管理的目的是提升效率，管控运营流程，使得既可以提升员工的积极性，目标感，也可以提升公司的整体运营效率，做好成本管控。

试行绩效管理工作的推动是需要不断优化的，战略方向主题不变，但是成长导向、问题导向会有异动情况，因此在试运行过程中，我们要做重点把控，把不合理的KPI指标进行弱化，把非常容易达到的目标进行降低权重或者提高目标值，把难以完成的指标分阶段实施，重新核定核算方式。

要什么、考什么，考什么、得什么，在某个层面，绩效考核指标以及目标值是随着企业的战略目标转移而分阶段转移的，这个转移不是说大变革，大推翻变动的意思。因为战略目标是按照季度，按照月来分解实施的，那么我们的绩效指标优化可设定为季度优化或者半年度优化。

前期3个月可设定为试运行期，如果发现有什么困难或者问题，我们可做适当的调整和优化，但是所有的优化和调整必须走申报流程。前期一般遇到的困难会在核算那一块，评价要素，核算方式会有歧义，就像上面提到的，销售计划下单准确率100%，如果品类繁多，有10000多种产品，而且这些产品都是搭配组合，那么这个100%指标很难完成，所以这个不能拍脑袋完成，后续通过不断的数据采集，发现3个月平均最高也只不过完成了50%，与指标相差甚远，那么这个时候，我们就需要拿历史数据来重新进行评估，如可设定第一个季度目标值是60%，第二个季度目标值是70%，以此类推。每个月进行数据分析以及对比，最终主导部门形成绩效评估改善报告，和各部门保持沟通互动，季度考评结束后汇总季度数据，进行统一评估，随机召开季度绩效优化会议，当场优化部分可提升的指标，然后在场确认验收，后续宣导实施推行。

绩效管理数据优化的过程，其实也代表着公司管理的改善的进步，只要战略目标比较清晰，方向才会更加明确，劲儿才会往一处使，执行力才会体现得更好。

这个时候，会有很多伙伴会提出一个问题：每个部门只有5个KPI指标，公司严格抓绩效管理，很多部门往往只会做与业绩指标相关的工作，少了跨部门协作，怎么办？

这种问题时有发生，那么企业的其他管理激励机制必须也要匹配上，可多设定几个项目小组，按照实际工作情况，迅速立项。临时组成专项项目小组，为了某项特定任务共同完成，这个任务做单项激励，在既定的时间节点，按照要求完成，可奖励这个项目小组多少项目经费，做到即时奖励。这个即时奖励机制就是匹配绩效管理不足的一种机制。

绩效管理过程中，我们重点监控执行效果是不是达到了预期，不要刻意追求过程中的完美，因为完美是永无止境的。不要设想太多的困难，设想太多的困难会让你失去继续走下去的勇气，走一段我们优化一段，把适合企业的留下，不适合的慢慢淘汰掉。

4.绩效考核不到的方面采取单项规定

每个部门的KPI不超过7个，抓的是关键绩效，但是公司依然要匹配相关规章制度，KPI不能代表一切，不能说KPI代表了全部。

我们如果把绩效权重占比设定为100%，业绩能力绩效权重可以设定为70%，管理行为绩效权重可设定为30%；其中管理行为绩效任由部门提出，当这个部门的出勤率是全公司最低的时候，部门负责人可以提出出勤率为管理行为绩效的一条，当部分员工从不递交工作计划表、工作总结表的时候，部门负责人也可以提出工作计划完成率为绩效的一条，也就是说哪里出问题就改哪里。

但是如果根据公司规定，目前设定的KPI都是以业绩指标为主的，并没有管理行为指标，怎么办呢？那就另行约定，作为日常的行政规定文件下发，经常不按时的出勤处理建议是什么，虽说是一些小事，但是影响了整个公司工作氛围，也可以当成一个重要事项来约束。

当然，我们绩效中的激励仅仅是绩效工资来体现，当员工提出合理化的工作建议工作方法，并给企业带来了直接经济收益；销售员工在某个较难的市场中取得了很好的成绩；再者，员工通过自己的努力，给某个生产工序节约了多少工效，给企业间接带来了经济收益等这些行为，公司必须要附加员工单项奖励。而且这些单项奖励必须即时奖励，发生一项，立即奖励，而且要重奖。

第15章

绩效落地实例

1. 销售岗位的KPI一定要设定回款率指标吗?

同事小A在审核销售部门KPI数据的时候突然发现，有几个业务岗位KPI指标里面竟然没有回款率指标，说他们的指标设定是错误的，作为销售人员为何没有设定回款呢？这是销售岗位最基本的职责。我当时第一反映说，你先看看其他几条KPI设定的关联性，另外咨询一下这个部门针对这个市场区域，是不是款到才发货，如果是款到发货，这个回款率就不用考核了，重点是业绩和新市场开拓。

后来同事小A与跨部门沟通了这个事情，确实如此。我跟她说，刚好这是一个学习绩效很好的案例，我们考核的指标就是要遵守要什么、考什么的原则，并不能按照常规逻辑去推敲对与不对的这个道理。

KPI指标库有很多，HR设定公司KPI的时候大多会去参考一部分，但是需要把这些演化成与公司匹配的核心点才行，照搬的指标不一定能落地。

2. 从单一个数据中就能评价好与不好吗?

当某个生产计划部门提供给HR一个数据，订单交付率99%，表面上来看，这是一个非常高的指标，客户满意度也会非常高。但是，从企业层面来分析，到底是不是这样呢，答案是不一定。那么再随机抛出一个数据，订单交付率99%，生产计划完成率80%，这两个数据一出来，又能发现什么问题呢?

看到这个数据，最可能头疼的莫过于财务部门了，为何这么说？交付率中19%肯定靠的是库存，那么库存成本将会非常大，库存大代表着资金周转存在问题。

考核资金周转最重要的指标在销售部门，那就是回款率，如果销售控制回款率在99%，貌似企业资金周转风险不是特别大。如果回款只有60%–70%，企业的整个资金链就会有很大风险，这就是运营方面最大的危机。

看到那么多运营中环环相扣的问题，你才发现，数据是需要做具体分析的。数据分析的主要目的是提升效率、降低成本、优化管理方式发现问题解决问题、稳定人员、体现价值，数据并不是用来看的，重点是要分析它背后有哪些环节是需要提升和优化的。如果这家企业能够对数据分析有敬畏感，战略决策定位准一些，及时做好战略升级或转型，胃口不要那么大，或许企业就会扭亏为盈。

3.绩效数据能做横向比较吗？

在绩效宣导过程中，一定要提出一个非常重要的观点，每个月得分，切记要做横向比较，为什么财务得分那么高？为什么这个人那么不努力却得分这么高？这种声音在绩效执行过程中，肯定会出现。

从自身角度出发，每个部门的职能不太一样，没有可比性。一个电工的工资就应该比主管低吗？很显然不一定。有些岗位的薪酬级别评估是根据岗位价值来评估的，不能用工作量大小来衡量薪资或者绩效得分。

一个仓库岗位的职工，不擅长为人处世，很多主管领导都不太喜欢这个人，但是一旦给他设定了KPI指标，他每个月完成的业绩就是非常好。你能说他的绩效给高了吗？因为仓库岗位的KPI，重点就是账、卡、物一致，没有人为损坏物资，按时录入系统，他都可以按质按量完成，为何他为人处世那么差呢？是因为在办理出入库的时候，采购和仓库都想为了手续简便，采用事后再补的原则。这库管员怎么能干，仓库数据不准确，很有可能代表自己中饱私囊，因此他非常严谨，无论什么人说等会给你补单子，他绝对不肯，哪怕会影响生产加工进度也不行。那从侧面讲，这个仓管员是对还是错呢？

另外一个员工，每年都是公司的优秀员工，人际关系也非常好，是大家眼中的好员工，但是执行绩效管理体系之后，才发现他在和客户对账的时候，漏掉好几个业务的账款，给公司造成了重大账务损失，你还能说这个员工是优秀员工吗？

其实上面两个案例，并没有实质性的对错之分，只是我们关注员工的侧重点不同。作为仓管员确实要恪守自己的工作职责，原则性要强一点，只要几个KPI指标数据没问题，他就是达标了。

而作为销售内勤岗位，虽说平时加班最多，人际关系处理最好，但是他的KPI是账务的准确性，KPI里面如果不设定价值观因素，他就是不达标。

因此，不管别的部门谁得多少分，确实没什么可比性，这个需要在绩效宣导的时候重点给各部门详细宣导，一定要多举例，让其意识到，你们的KPI指标不同，不能一概而论。

4. KPI指标定义不清晰会造成什么样的后果？

在整个绩效推动过程中，出现最多的莫过于职权分工不明确的时候，销售责怪生产交不了货，财务责怪销售回款不及时，生产责怪采购未及时到货，都是只是看到的一部分问题点。核算一些评价要素也是一件非常重要的事情，如生产期待销售订单准确一些，不然生产计划完成率会非常低，你的插单多，你的订单比较零散，你的订单变动较大，这些都会影响下个工序的作业交付。因此，生产部门会向销售部门提出KPI，应该把销售计划准确率放进去，你的计划准确率提高了，生产计划准时交付率才会高一些。

不过，针对产品品类居多的企业，考核员工销售计划下达准确率时，如果品类全部按照实际的考评，计划完成率会非常的低，谁都不能百分百完成。那么这个时候，我们如果需要抓住关键绩效指标，可以参考列出核心产品，把核心产品进行分类，A类产品：销量最大，回款最好，客户订货周期稳定，这样的订单可适当备一些库存；B类产品：周期性有固定的销售订单；C类产品：销量较小，订单周期不是太固定，有时候一年才定几次，这样的订单不需要备库存，备库存会有形成呆滞品的风险。依据上面客户分类的情况提取关键KPI，我们可针对A类产品考核他的销售计划下达准确率，这样实际的指标完成会高一些，那些不常出货的产品可以不列入考核对象，这样才能达到真正的激励目的，什么都要抓，或许到最后什么都抓不到。

如果这个时候，指标定义或者评分要素界定不清晰，只会产生两种结果，得分太高或得分太低。当然一开始做绩效推行的时候，没有前期结果出来，你无法准确预料会产生什么样的结果，通过2–3个月的整体数据评估下来，就会知道调整方向在哪里了。因此，为何推行各种规章制度都设定一个试行期，也就是这个道理。

5. 根据企业发展阶段拟定相关KPI的技巧如何找？

如果企业是初创企业，在销售方面重点指标应该是新客户开发数，而不是一开始就重点考核业绩，新客户开发数考核的是数量，市场先撒网布局，再有针对性地一个一个攻克。

那么这个时候，销售部门的KPI，新客户开发数权重可设定30%，销售业绩完成率可设定20%，毛利率15%，回款率……

如果企业是成长型企业，客户资源都比较稳定，不过目前企业急需投资新项目，资金周转是个难题，销售部门的KPI，回款率权重可设定30%，销售业绩完成率25%，毛利率……这个时候需要销售部门策划促销回款方案，不过往往即使企业不投资项目，在每年的春节前也都会出这种促销回款方案，让客户提前备货，缩短账期。

相同的指标也会体现在财务层面，催收应收账款KPI权重在财务部门也同时体现出来了。比如，KPI抓的重点就是关键绩效指标，有些数据的采集没有统一的标准，财务说回款率必须按照他们核算的比较合理，但是业务部门说这么核算不真实，按照业务岗位当月实际回款情况核算最真实、最直接，但是财务要拉总得账期，而且在账期中，还有存在很多押金、定金、实际回款额、应收回款额，有时几个款项会混合在一起，业务部门核算与财务核算自然就会有分歧，如何界定定金是属于哪个核算标准，这个需要引导他们按照统一核算方式核算；又或者两个核算方式都可行，实际操作中绩效考核重点参考哪个核算依据。

当核算出现歧义或者标准不一的时候，我们还可以执行一种方式，让出数据的一方和监控数据的一方达成一致，共同拟定标准。主导部门在辅导的时候，就需要找一个对企业、对部门都平衡的点。任何事情无法做到完美无瑕，我们关注的是KPI，关键绩效指标，另外绩效真正的目的要时刻清晰，重点是改善，不要过于纠结一个小点，而忽视了推行绩效的本源。

6. 人力资源招聘达成率指标怎么设定比较合理

人力资源部的关键绩效指标基本会分为几个部分，如招聘达成率，培训达成率，绩效实施等，招聘达成率的公式一般是：实际到岗人数/计划定编数×100%，评分要素就是按照实际招聘计划来的，但是两个月数据下来，达成率都是130%–150%，大家认为这个数据合理吗？显然是不合理的。

很多人看到这个数据，第一感觉是：你们公司做招聘做得那么好。但是忽略了一个问题，这130%–150%的比例中是哪些岗位超出任务完成了呢？如果仅仅是一线员工离职异动储备岗位，好几个关键岗位没有到岗，或者说，明明需要的是20个人，HR招聘了28个人，是该哭还是该笑呢？

这个确实需要根据企业的实际情况进行调整，首先要确保关键核心岗位的人才到岗率。

7.什么样的企业不适合搭建绩效管理系统？

要想推行绩效管理系统，必须要具备几个要素：

- 要有可推行绩效管理系统的团队，主导部门可为人力资源部、总经办、董事办、运营中心；
- 公司各职能部门都比较健全。比如，我访谈到一家中小企业，访谈中发现他们企业并不适合做系统性的绩效管理机制，因为他们公司财务、人事不分家，销售部是老板一个人在管理，下面只有技术部门和生产部门，其他职能都是各自兼职带着，我建议他做专项激励考核方案，不需要做绩效管理系统；
- 数据采集较为便利，企业有系统（ERP或其他软件）或有单独的核算运营数据的部门；
- 高层一定要有推动的意识，要参与到整个绩效体系运行中；
- 绩效薪酬激励机制先行，如果是公司绩效薪酬激励机制没有完备的情况下，导入的一切都仅仅是考核而已。

上面几条，只是考虑完善的绩效管理系统，当然我在上文也提到过，如果企业不具备以上条件怎么办呢？也是有办法的，可采取以下几种措施：

- 项目激励制方式，只关联上下游部门；
- 只做单项奖励机制，如合理化建议奖、销售开拓市场激励、降本增效奖；
- 优秀员工奖励，员工福利提升奖励机制等等；
- 核心员工利润分成奖励；
- 针对某个瓶颈改善问题，做短期激励方案等。

8.老板和员工未达成一致推行绩效的后果

某家效益不佳的配套制造企业，为了促使企业效益提升，企业做了一套绩效管理方案，按照流程说没什么问题，数据分析也没什么问题，只不过所有部门负责人都增加了一个硬性指标——利润率。

每个部门负责人都是总经理亲自访谈，明确目标责任书，明确年薪，这些好像看起来有激励作用。执行几个月后，发现执行不下去了，所有部门负责人对利润率那个指标怎么都拿不到分。一套完善的绩效管理制度，没有强硬的后台是推行不下去的，这里的后台就是战略导向的后台，企业原本效益不佳，未及时进行战略升级转型，客户方自己都吃不饱，一直不下订单，这个时候你再怎么激励员工，奈何碗里也没有粮食。另外老板想要利润，和员工未达成一致，员工看不到方向，但碍于老板的权威，只能硬着头皮签订任务书。

第3篇

VUCA时代下 绩效落地的宏观、中观和微观

在VUCA时代是一个快速演变的商业世界。对比前些年的互联网等行业出现的“烈火烹油”和如今众人口中的行业或经济的“寒冬已至”，中国的实体行业、实体经济则呈现了一种平实的多样化发展。为什么说平实呢？因为大家都在呼喊振兴实体经济，但实际上各个资本经济体对实体的兴趣却始终如一：温文尔雅并不浓厚。为什么说多样呢？因为部分传统实体行业仍然在自己的主战场上面进行深耕细作，然后越来越多的实体企业则在VUCA时代寻求创新和突破转型。各个企业情况有所不同，在监管趋势越来越严格，融资困难的当下，“稳中求进”是企业发展的共识。如何做好“稳中求进”呢？解决复杂问题、迭代开发、速度制胜已经成了VUCA时代组织发展的必然需求。鉴于此，本篇将从宏观方面的驱动战略先行的战略地图入手，逐步到中观中的组织绩效在落地过程中的测量、分析及改进流程阐述，最后到微观篇的基于关键绩效指标（KPI）的绩效体系搭建讲解。在这过程中，我们不仅结合相关理论模型，还与30多位HR负责人交流，配合在企业开展相关项目落地工作，为读者萃取关键环节及其中的调整点，以做参考。

——罗明

第16章

宏观：有效绘制战略地图——战略可视化与战略逻辑路径图

战略是定义指向性或方向性的一个问题，如果一个组织有明晰的战略就可以观察到这个组织是否有自己的原则，是否摈弃一些诱惑、克服一些困难坚定不移地前行，是否集中自己的优势资源进行突破。战略地图的绘制逻辑如下图所示：

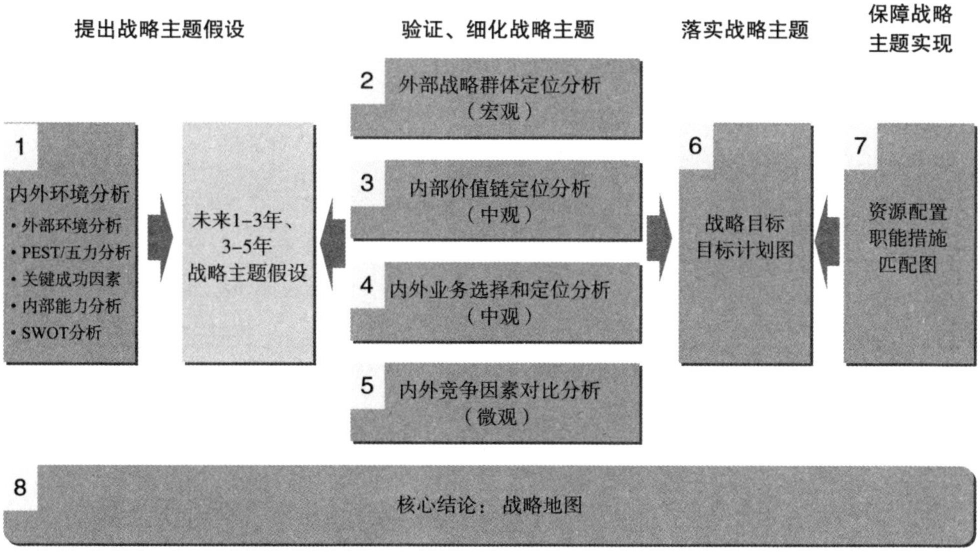

图16-1　战略地图绘制逻辑图

第一节 | 画图先“画心”——组织战略的制定从初心开始

组织战略的制定，首先要坚持的一项原则就是：不忘初心、坚定信念。

不忘初心，方得始终。初心就是在人生的起点所许下的梦想或曾经做过的承诺，是一生渴望抵达的目标。不忘初心，才能找对人生的方向，才能有坚定的追求。而作为组织来说，不忘初心来源于组织的愿景、使命、核心价值观。如果组织像一个人，那么其文化就是一个人的灵魂。在做小企业经营靠的是感情为主，中型企业靠的是制度为主，而大型企业经营靠的是文化为主。企业文化并不是一蹴而就，这就意味着大型企业的企业文化是从小企业的时候就已经有了，然后慢慢形成。人生的哲学问题有三：我是谁？我从哪里来？我要到哪里去？同样，企业文化的形成，也需要解决这三个问题，企业为什么而存在（使命）？企业要到哪里去（愿景）？企业要遵循并提倡什么样的行为准则（核心价值观）？

1. 企业的使命就是告诉别人我是干什么的？公司到底做什么事情，代表着公司主要的业务内容

如华为的使命是聚焦客户关注的挑战和压力，提供有竞争力的通信解决方案和服务，持续为客户创造最大价值。十年前，华为就提出：华为的追求是实现客户的梦想。过去的历史证明，这已成为华为人共同的使命。以客户的需求为导向，保护客户的投资，降低客户的Capex（资本性支出）和Opex（运营成本），提高了客户的竞争力和盈利能力。至今全球有超过1.5亿用户采用华为的相关设备。阿里巴巴的使命是“让天下没有难做的生意”，其核心业务也就是建设一个交易平台，促进买方与卖方之间的公平公正的交易，把生意变得简单和轻松。所以企业的使命，往往是一个企业，一个组织对自己肩负的责任和义务的一种确定性、必须坚守的核心理念。

2. 企业的愿景是指要把企业做成什么样子，达成什么样的目标，企业最终要实现什么样的梦想

愿景就是告诉他人企业的目标是成为什么样的企业，给公司内外部发展提供并指明未来的方向，如华为的愿景是丰富人们的沟通和生活；如阿里巴巴的愿景之一是活过102年，横跨3个世纪。可以看出愿景是一个企业相对长远的目标，它引导企业为这样的目标去奋斗、去努力。

3. 企业价值观是公司规定的行为准则，就是我们做事情要遵循的原则、原理、规则等

我们要实现组织的愿景与使命，就需要有共同遵守的做人、做事、做产品、做服务等方面的标准。那么这就意味着组织中团队需要遵守共同的价值观。因为价值观塑造和引领行为准则，在一个组织中，通过核心价值观对员工、对管理者的思维和行为进行引导，就表现为员工、管理者对内、对外所采取的行为准则和尺度，也反映了员工、管理者个人的修养及修养所要求的标准。马云曾在演讲中说过，“阿里历史上所有重大的决定，都跟钱无关，都跟价值观有关”，价值观让阿里巴巴在困难的时候能够坚持，在面临巨大压力的时候依然敢于坚持。从阿里巴巴的新六脉神剑的诞生就可以看出来阿里巴巴花这么大的代价、这么大的投入去做这件事情，最主要的目的是寻找阿里巴巴的同路人，走向未来、走向102年，走好未来5年、10年、20年的同路人。

因此，不忘初心，坚定信心，就是要牢记企业的愿景，牢记企业的使命，牢记企业的核心价值观，在这基础上，制定出明晰的战略，那么在企业的经营中就能够摒弃一些诱惑，克服一切困难，集中优势资源进行攻坚突破。

第二节 | 工具先行，知己知彼——内外环境分析

有了能够坚持的精神，一个组织首先要做的事情就是制定自己的战略了。那么什么叫战略及什么叫战略制定呢？战略在本书中是指企业战略，企业战略是对企业各种战略的统称，其中既包括竞争战略，也包括营销战略、发展战略、品牌战略、融资战略、技术开发战略、人才开发战略、资源开发战略等。现代管理学如MBA及EMBA等认为企业战略是一个自上而下的整体性规划过程，并将其分为公司总体战略（应该做什么业务和怎样去发展这些业务）、业务战略（怎样在特定的产品或市场上实现可持续的竞争优势）、职能战略（怎样具体操作实施上述两层次战略，以有效实施战略目标）等几个层面的内容。简单理解战略的定位为以未来为基点，为寻求和维持持久的竞争优势而做出的有关全局性的重大筹划与谋略。它是一整套相互协调的使命和行动，旨在开发组织的

核心竞争力，获得竞争优势。企业战略制定是组织对其未来发展的谋划、决策过程。组织基于使命、愿景和核心价值观，以顾客和市场为导向，收集内外部环境的数据、信息，运用预测、估计、选择和设想及其他方法分析和预见未来，确定战略和战略目标，获得持续的发展和成功。

在企业战略的制定成熟的理论有PEST分析和著名的波特五力模型。但是随着时代的进一步发展，市场上利用波特自己建立的战略咨询公司的破产，来反驳波特关于战略方面的理论，认为波特的理论已经不能适应时代的要求。反驳的观点认为波特的战略理论是一种静态的战略理论，而当今时代的飞速变化使得这个理论虽然在一定的时间段内看似正确，但是像以前那样很明确地做一年、三年或是五年规划就明显不适应环境了，这种说法如果从时效角度还是有一定的道理的。但是从组织长期的管理实践经验来看，组织长久发展还是需要制定战略，以对组织的发展提供路径保障的，尽管在执行过程中需要进行不断地优化和调整。战略制定的主要思路如下。

1. 战略规划周期定义及相关工具

一般地，公司依托内部建立的统一的战略决策和管理机制进行战略管控。例如，公司内部制定《战略管理制度》，明确战略管理组织机构和战略管理流程，包括战略分析、战略和战略目标制定、战略实施、战略评估和调整等。

公司战略规划按时间长短分为长、中、短期战略。基于行业的发展特点，结合宏观经济环境的变化规律，一般将中期战略规划周期确定为5年。为确保中长期的战略实施，并对环境、形势变化作出及时反应，一般确定短期战略规划周期为1年。中期规划在每个周期最后一年的下半年启动和完成制定工作。年度规划（经营计划）在每年1月份制定。

在制定战略时，采用适当的战略分析工具，如PEST分析、波特五力分析、关键成功因素分析、内部价值链分析、SWOT分析等，对公司所处的宏观环境、行业环境以及公司内部的资源和能力进行全面分析。

- PEST分析

从政治法律（P）、宏观经济（E）、社会（S）、技术（T）等方面，对与行业密切相关的信息进行收集和分析，并判断其发展趋势及对公司经营的影响程度，以此判断宏观环境给公司带来的机会和威胁。以某体育行业PEST分析为例，见下表：

表16-1　某体育行业PEST分析表

	机　　会	威　　胁
P政治法律	1. 2010年，国务院办公厅发布《关于加快发展体育产业的指导意见》体育产业发展概念第一次上升到国家层面来提出； 2. 2013年，"一带一路"战略对福建、泉州企业发展提供更多的发展机会以及便利性； 3. 2013年，党的十八届三中全会审议通过了《中共中央关于全面深化改革若干重大问题的决定》； 4. 2014年10月，国务院发布《国务院关于加快发展体育产业促进体育消费的若干意见》； 5. 2015年3月，国务院办公厅发布《中国足球改革发展总体方案》细则； 6. 2015年5月，国务院正式印发《中国制造2025》，是中国政府实施制造强国战略第一个十年的行动纲领； 7. 2016年6月，国务院印发《全民健身计划（2016–2020）年》，是全民健身上升国家战略以后全民健身事业的首个顶层设计； 8. 2016年8月，国务院关于印发降低实体经济企业成本工作方案的通知； 9. 2016年10月，中共中央、国务院印发了《"健康中国2030"规划纲要》并发出通知，要求各地区各部门结合实际认真贯彻落实； 10. 行业管理政策趋于完善； 11. 扩大内需是经济转型的战略基点。	1. 银根紧缩(货币政策)； 2. 国家对环保、质量、材料、标准、节能、职业健康提出更高要求，增加成本。
E经济（宏观）	1. 国家对人民币贬值的坚定态度以及货币趋势，将有利于出口业务增长； 2. 新兴产业、新兴行业不断出现、发展，社会分工不断细化，推动经济发展及需求增长； 3. 2016年12月全国居民消费价格指数（CPI）和工业生产者出厂价格指数（PPI）数据显示，CPI环比上涨0.2%，同比上涨2.1%；PPI环比上涨1.6%，同比上涨5.5%； 4. 根据体育总局最新统计数字，预计到2020年，体育产业总规模将超过3万亿元，占GDP比重将达1.0%，2016–2020年增长空间为2.6万亿元，年复合增速达到49.62%。总体来看，未来5–10年体育产业将进入高速发展阶段； 5. 2016年12月，社会消费品零售总额31757亿元，同比增长10.9%，国人家庭年可支配收入增长，购买力增加。	1. 商业宣传成本不断上升，价格杠杆在各种平台上成为唯一标准； 2. 供大于求，产能过剩，产品更新速度加快； 3. 部分目标市场国家政局/经济不稳定，购买力下降。

续表

	机　会	威　胁
S社会	1. 中国承办2019年篮球世界杯以及2022年冬奥会等大型赛事活动，将由国家、政府发起带动体育产业各链条、各环节的巨大变革与发展； 2. 竞争压力增大以及人口老龄化现象推动全社会越来越重视运动，健康理念不断提升，奠定体育产业发展的基础； 3. 互联网商圈的健全，让各项体育赛事影响力不断扩大，产生并吸引更多的爱好者、狂热者，这部分人群会给体育产业创造更高的利润； 4. MALL（城市综合体）等新兴购物场所的发展壮大，创造更多样、更便利、更大的购物环境，使消费更集中； 5. 2015年，我国城镇人口总量达到77116万人，城镇化率达到56.1%，比世界平均水平高约1.2个百分点； 6. 电子商务的快速发展； 7. 国家全面放开二孩政策； 8. 消费习惯和消费模式的多样性及个性化需求。	1. 人力资源成本上升； 2. 社会价值取向的变化使人才沉淀越来越困难，从事基础工作的意愿不断下降，人才培养、忠诚度提升、企业价值观灌输难度不断增加； 3. 更多样的消费选择让社会对新生事物、新技术、新功能、新服务提出更多、更高的需求，不创新将面临边缘化或淘汰； 4. 互联网低价倾销带来的价格冲击。
T技术（技术趋势）	1. 制造技术（3D/4D打印）实用性扩大，部分生产损耗降低，实验性样品验证可具象化，过程更加简便可靠； 2. 可穿戴设备与体育用品结合越发紧密，提升运动趣味性，增加产品附加使用价值； 3. 更多新型材料特别是人工合成材料（如纳米材料、可再生材料）、工艺（无缝织造）、技术（生物能、生物电）等被研发并投入使用，产品功能性进一步加强，议价能力提高； 4. 互联网带来的企业与消费者的黏性，以及消费平台技术的不断更新完善。	产品技术革新和创新速度给传统企业带来压力。

通过PEST分析，得出如下主要结论：尽管我国经济从高速增长转向中高速增长，增速放缓，实体经济面临增长压力，但居民购买力呈上升趋势，居民健康意识增强，消费支出将持续增长，体育产业将高速增长。体育产业的发展已成为国家战略，有关部门先后出台了体育产业、足球、全民健身等领域的五年规划或专项行动计划。未来宏观环境对体育用品行业机遇远大于挑战。公司应采取增长型战略。

- 波特五力分析

应用波特五力分析方法对行业环境进行分析，特别注重对行业上下游、竞争者的分析，对行业当前状况及未来发展态势进行深入分析，以确定行业企业的生存发展压力，以及行业发展给公司带来的机遇和挑战，如下表所示：

表16–2　某体育行业波特五力分析

维度	产业里的竞争对手	客户的还价能力	新进入者威胁	替代产品	供应商的讨价能力
内容	1. 行业标杆XX、主要对手XX优势比较明显，从利润、规模、创新三大方面推动行业准入资格以及运行标准提高、进行硬实力竞争，给包括公司在内的行业对手制造压力； 2. 国际品牌（XX、XX）牢牢占据一二线城市、布局三四线市场； 3. 近年发展势头较好的跑步、足球项目领域，竞品起步较早，市场占有率比较高，资源优势比较明显； 4. 篮球市场的抢夺（UA、XX、AND1）； 5. 行业现存对手经营状况及模式接近、目标群体、市场细分方式、销售载体、商品属性、人才需求几乎一致，成本、费用相对透明，全面竞争异常激烈； 6. 包括万达、阿里、腾讯、乐视在内的国内资本巨头纷纷布局体育产业，通过内外兼收纷纷布局顶级赛事版权资源，其占有的体育资源是行业内竞争对手抢夺的对象。	1. 运动鞋服行业属于大规模生产行业，服装行业的消费者集中度较高，多为学生、运动人群。电商互联网技术的成熟，产品的差异性和质量对于顾客来说越来越重要，产品成本的透明，对于服装行业来说，购买者具有较大的议价能力；专业运动鞋产品特别是具有功能性的产品因其专业属性和技术含量较高，购买者的议价能力相对较低； 2. 授权经营模式下，客户的议价能力受品牌制约较大，除少部分核心客户外，大部分对价格属于被动接受。	1. 由于行业已在高度竞争的前提下达到很高水平，新进入者在资金、品牌、市场定位、团队、产品、技术、渠道等都已具备较强的综合竞争力（如跨界进入者）； 2. 以AND1（贵人鸟收购）为代表的本土新进入者，目的及战术很明确，该品牌对30–40岁篮球爱好者（消费能力强）具备一定吸引力，对公司篮球产品会造成一定冲击； 3. 以思凯奇为代表的国外新进入者，资金实力强，产品及技术有优势，客单价及销售毛利高，运动生活化的定位分流走相当多的消费者，最严重的是这类品牌的消费者黏度高，被吸引后很难被国内品牌转化回。	鞋服的基本功能简单，消费者的需求容易满足，除小部分专业性极强的功能性产品或功能诉求感强的消费者需求外，大部分休闲、生活甚至正装鞋服与体育用品产品可以相互替代，某种意义上增加了很多强大的竞争对手。	1. 通过缩短付款时间等方式控制上游议价能力是业内传统手段； 2. 创新能力强、规模大、供应占比高的供应商议价能力强； 3. 产品适销、质量稳定的供应商议价能力中等； 4. 一般大众化材料及配件的供应市场为完全竞争市场，供应商议价能力较低。

分析结论：从行业环境角度考察，公司当前和未来面临的主要压力来自行业现有的竞争者和潜在的进入者，行业竞争激烈，国际品牌布局三四线城市，AND1、思凯奇等新进入者加剧行业竞争。公司应力求品牌、产品、运营模式的差异化，方能在激烈的市场竞争中超越竞争对手。

- 行业关键成功因素分析

通过战略管理小组成员调查评分，并结合价值链各环节分析，可以总结当前和未来在本行业内竞争所需要具备的关键成功因素，并评价公司与竞争对手相比在这些因素上的优势和劣势。经过分析认为：体育用品行业关键成功因素总结为品牌、渠道、产品、供应链、信息技术、财务资源、人力资源。与竞争对手相比，公司在品牌影响力、国际化布局、渠道布局完整性、供应链稳定性方面具有一定的优势，但在产品品类、渠道潜力发挥、人才配备充足度方面还需加强。

- 内部价值链分析

通过细化内部主要的业务流程来分析每个业务主流程节点的环节优势、环节劣势、标杆企业的行业经验、公司目前可以优化和采取的具体措施来逐步将内部价值链明确，如下图所示：

价值链构成环节 / 分析内容	产品研发（关键环节）	物资采购	生产制造	营销策划（重要环节）	产品销售	售后服务
环节优势	多年嵌入式产品开发经验； 深厚的网络/通讯研发技术。	集团统一采购，对通用产品有一定的议价能力。	完整生产能力； 完善检测手段； 丰富质控经验。	营销团队已积累一定的工作经验； 具有一定的组织化营销策划能力。	部分市场拥有强势地位； 主流应用领域有一定的用户关系。	有完整的6S服务理念。
环节劣势	核心技术开发进度不足； 研发资源仍有待充实。	获取通讯视频专有上游资源能力较弱。	生产成本较高； 生产周期较长，无法即时响应市场变化。	营销资源较少； 新领域营销不足； 营销投入不足。	销售网络狭窄、渠道单一； 销售和技术支持的人员数量和行业经验不足。	服务网络建设仍有待拓展； 服务队伍整体素质尚需提升。
标杆企业的经验	研发团队强大,个性化定制能力强； 市场响应速度快。	实时关注关键器件的供应和成本控制。	优化生产工序。	密集的市场推广和行业传播。	庞大的销售团队； 强大的技术支持能力。	快速的服务相应； 完善的备件机制。
优化方向和具体措施	加快研发能力的提升和团队建设； 同步可采取收购、兼并团队或技术，与各科研、院校合作等方式； 规范产品研发流程。	深化产业链合作关系； 密切跟踪关键器件的供应和价格变化趋势。	通过优化生产工序，提高生产效率降低制造成本。	强化对目标市场的规划与营销宣传； 加大市场推广力度。	充实销售人员； 强化培训，弥补经验差距； 深化客情关系，快速拓展分销网络； 突破关键行业市场，复制发展。	完善服务队伍； 扩大服务网络； 规范售后服务流程。

图16-2　某企业内部价值链分析图

- SWOT分析

综合PEST分析、波特五力分析、关键成功因素分析、内部价值链分析等结果，可以了解公司当前和未来所面临的机会和威胁，以及公司在资源和能力方面的优势和劣势，战略管理小组通过SWOT分析，拟定相应的战略选项，以利用机会、发挥优势、应对威胁、克服劣势。

SWOT分析模型示例如下图所示：在内外分析基础上，通过SWOT总结，可以明确公司外部面临的机会和威胁，内部存在的优势和劣势，从而组合设计战略措施。

表16-3　某农产品行业SWOT分析

优势-S 1. 管材销售市场成熟，产品质量稳定，利于推出新产品。 2. 融资能力强，有望形成强强联合。 3. 滴灌、管材的生产使用先进的进口线，技术领先。 4. 产品组合合理，配套能力较强。 5. 背靠XX总公司的品牌优势。 6. 有科学的市场进入和转移战略。 7. 企业经营管理能力较强。	**弱势-W** 1. 滴灌销售市场无基础，产品进入市场晚，市场认知度低，竞争力弱。 2. 滴灌带产品存储在设备适应期，存在技术人才匮乏、推广试验周期长等关键问题。 3. 内镶式产品市场覆盖面低、窄，市场占有率低。 4. 产品成本高不具备价格竞争优势。
机会-O 1. 边缝式产品在应用中存在一定缺陷，造成整体应用成本比内镶式产品高。 2. 近年国家投资的重大节水项目多，地方政府引导鼓励推广高效节水。 3. 上游供应商原料价格呈季节性波动。 4. 目前市场竞争者滴灌带产品单一。 5. 兵团体制下的XX市场有松动迹象，给非兵团企业的进入创造了条件。 6. 以XX为代表的企业价格低但有较高服务成本。	**威胁-T** 1. 市场竞争激烈，尤其是XX市场技术进入壁垒较低，小型生产企业蜂拥直上。 2. XX农产品获利能力弱，因此用户需要投入低的节水产品。 3. 工业品市场的产品技术差别正在逐步缩小。 4. XX市场已经进入成熟期，预计几年后将达到饱和点。 5. 兵团体制下，非兵团企业很难进入。

续表

利用机会，发挥优势 O1S1：滴灌产品依托管材已进入的市场，进入门槛降低，销售费用减少。 O3S2：利用较强融资能力进行原料采购管理，降低原材料成本。 O4S2：利用资金优势寻求与XX的合作，丰富产品种类，扩大市场占有率。 O2S4S5：利用各种途径，紧跟国家节水投资项目展开营销活动。 O6S3：利用设备和技术优势，追求性价比最优。	**利用机会，规避劣势** O5W2：收购兼并XX，利用其技术、产品经验解决滴灌产品面临的问题。 O3W4：进行原料采购的战略管理，最大限度地降低原材料价格。 O15W3：与兵团合作，开发XX作物市场，作为节水滴灌带的切入点。
利用优势，减免威胁 T12S1：通过强调产品性价比最优来满足用户需要。 T4S6：按照细分市场的成熟点，逐步进行市场定位和转移。 T5S25：利用XX总公司的融资能力和品牌优势与兵团进行合作。	**规避劣势，减免威胁** 同相关科研单位合作，提高自身技术开发能力和社会知名度。 收购兼并XX，利用其全国销售渠道来拓展全国节水市场。 与国际设备供应商合作，需求产品的突破。 积极需求公司上市，扩大融资渠道。

战略管理小组从适应性、可行性、可接受性三个维度，对拟订的战略选项进行评估，筛选出可行的战略选项。最终确定采纳的战略选项。

适应性：保持同组织目标、内外部条件相一致；

可行性：有能力保证实施；

可接受性：对利益相关者、财务及经营的影响。

第三节 | 总体战略及战略地图

战略制定好以后肯定就需要进行强有力的执行，而在进行强有力的执行前先要将战略落实到具体的实施措施上，一些战略之所以被员工和管理者认为是一个纯理论、务虚不务实就是因为不能将战略落实到具体的执行措施上面。使得战略无法落地。通常用到的战略落地的工具为：平衡计分卡，其主要内容如下。

1.财务方面

强调企业要从股东及出资人的立场出发，包含三个财务性主题：收入—成长；成本降低—生产力改进；资产利用—投资战略。企业应根据不同的战略方向、战略主题采用不同的业绩衡量指标。

财务绩效指标：收入增长指标；成本减少或生产率提高指标；资产利用或投资战略指标，如经济增加值、净资产收益率、资产负债率、投资报酬率、销售利润率、应收账款周转率、存货周转率、成本降低率、营业净利润额、现金流量净额。

2.客户方面

强调从市场份额、客户保留度、客户获取率、客户利润贡献率、客户满意度方面入手。

客户满意度：反应客户对其从企业产品或服务中获得价值的满意程度。

3.内部流程方面

企业内部业务三个方面：革新、营运和售后服务。

内部业务流程指标三个方面：评价企业创新能力的指标：新产品开发周期、新产品销售额占总销售额的比例。

评价企业生产经营绩效的指标：产品生产时间和经营周转时间、产品和服务的质量、产品和服务的成本。

评价企业售后服务绩效的指标：服务及时性、售后服务的一次成功率、服务满意度。

4.学习与成长方面

平衡计分卡的设计体现了以学习和成长为核心的思想，将企业的员工、技术和组织文化作为决定因素，分别衡量员工保持率、员工生产力、员工满意度的增长等指标。

学习与成长绩效指标三个方面：

评价员工能力的指标：员工满意度、员工不保持率、员工工作效率、员工培训次数。

评价企业信息能力的指标：信息覆盖率、信息系统反应的时间、接触信息系统的途径等。

评价激励、授权与协作的指标：员工所提建议的数量、所采纳建议的数量、个人和部门之间的协作程度。

5. 平衡计分卡最突出特点及作用

将企业愿景、使命和发展战略与绩效评价系统相联系，把企业使命和战略转变为具体的目标和评测指标，以实现战略和绩效的结合。

6. 平衡计分卡的优点

- 外部衡量和内部衡量之间的平衡，从传统的企业内部评价扩大到企业外部；
- 期望的成果和产生这些成果的动因之间的平衡，结果指标和驱动指标相平衡，按因果关系构建，体现指标间的相关性；
- 定量衡量和定性衡量之间的平衡，定量指标准确客观容易获取，但基于过去；定性指标主观不准确难获得，但不影响其相关性与可靠性；
- 短期目标和长期目标之间的平衡。

7. 平衡计分卡与组织的关系

从下图 16–3 和图 16–4 可以看出，企业的使命解释了企业为什么生存的问题，企业的愿景解释了企业想成为什么的问题，企业的核心价值观解释了企业相信什么的问题，企业的战略解释了企业将如何行动的问题，平衡计分卡让执行、跟踪与考核战略实施情况落地，解释了部门需要做什么为企业战略实现创造价值，个人需要做什么为部门、公司创造价值的问题。

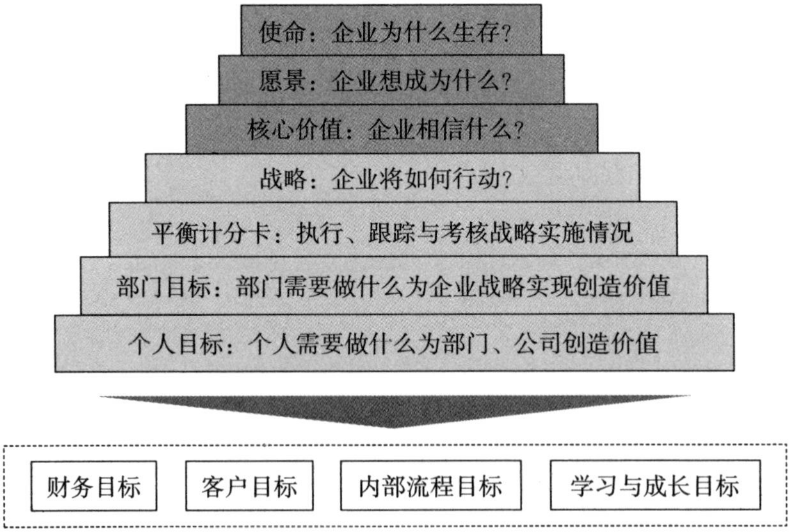

图 16–3　平衡计分卡与组织关系图（1）

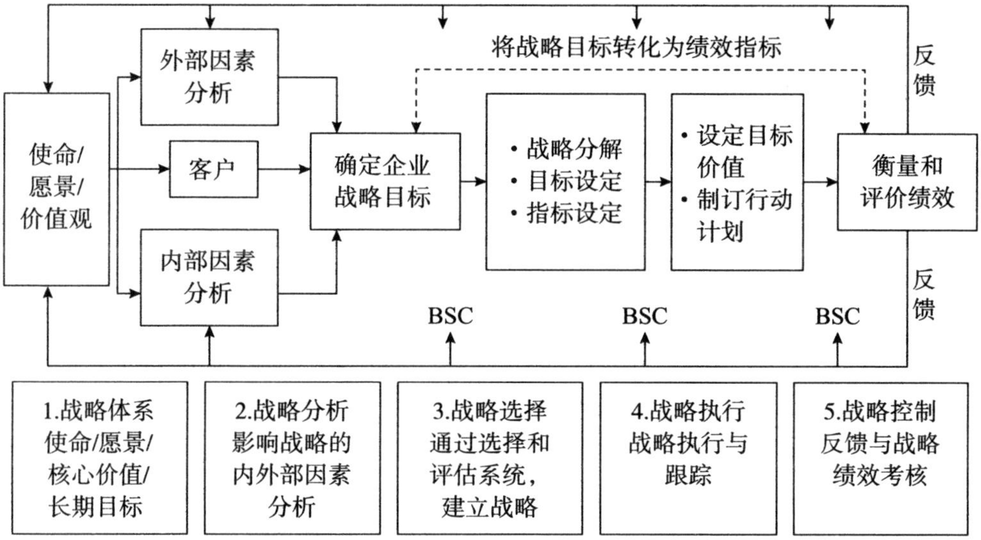

图 16-4　平衡计分卡与组织关系图（2）

8. 基于平衡计分卡的战略地图一般绘制过程

第一步，利用空白模板，准确定位四大层面的职能问题，如下图所示：

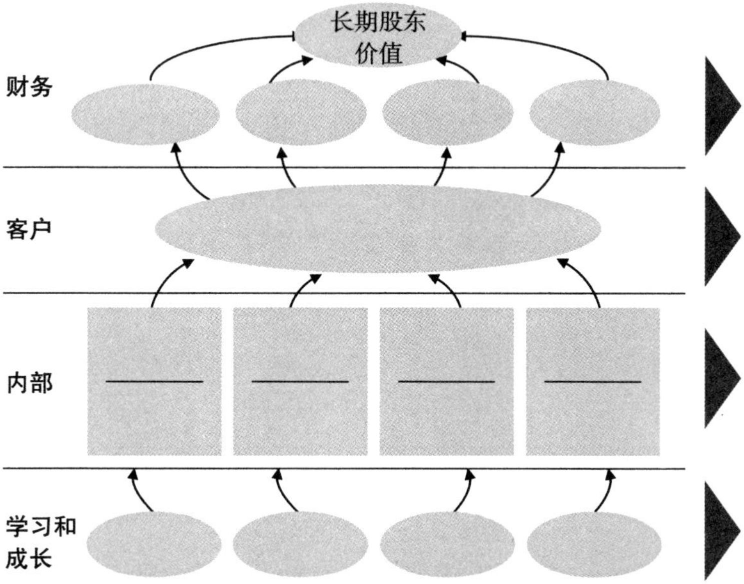

图 16-5　定位四大层面示例图

财务业绩描绘了战略的有形结果，客户价值定位定义了企业的差异化战略；内部流程描绘了如何执行战略，学习与成长描述了成功执行战略所需要的人力、IT、组织资本等无形资产，通过因果关系转化为财务业绩的逻辑关系。

第二步，通过公司围绕中长期战略，应用战略地图和平衡计分卡方法，对公司战略由由远而近、横向到边、纵向到底的部署，转化为各时间段、各层次、各职能的关键词并予以监控。

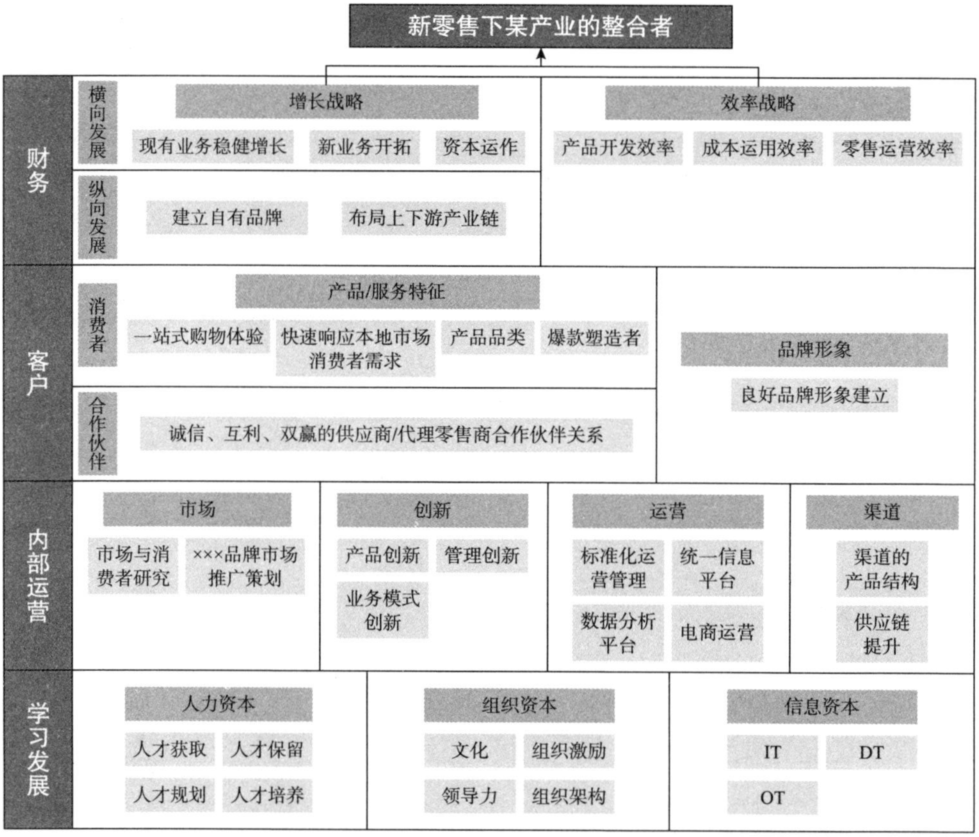

图16-6 平衡计分卡下的企业战略定制

第三步，基于平衡计分卡在财务层面、客户层面、内部运营层面、学习与发展层面，结合行业发展、各阶段战略目标、历史数据并通过趋势分析预测组织未来的绩效，以支持战略决策和采取战略行动。

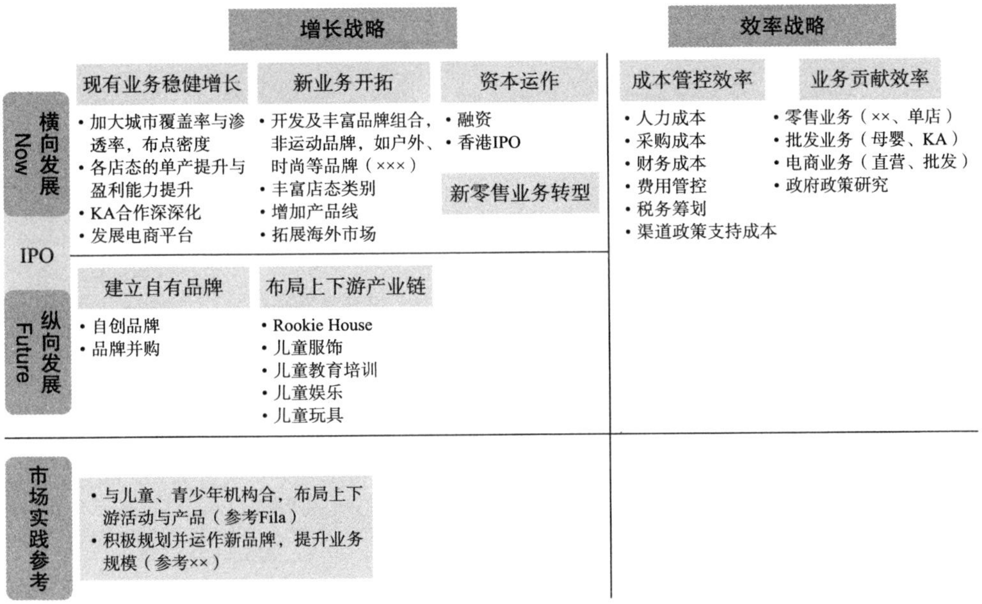

图16-7 财务层面战略制定示例图

图16-8 客户层面战略制定示例图

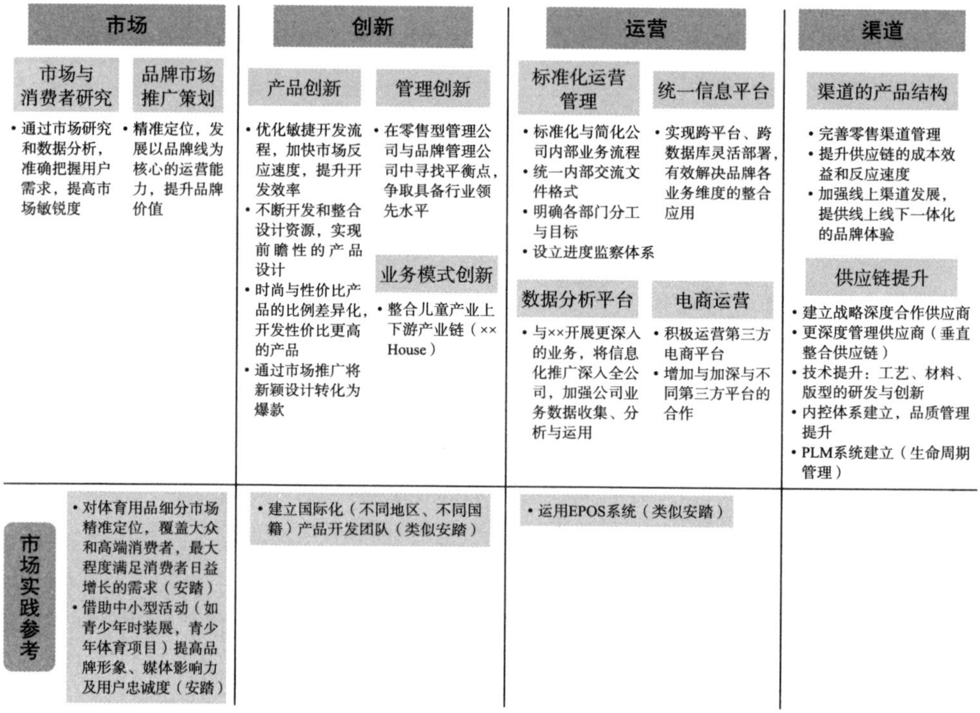

图16-9　内部运营层面战略制定示例图

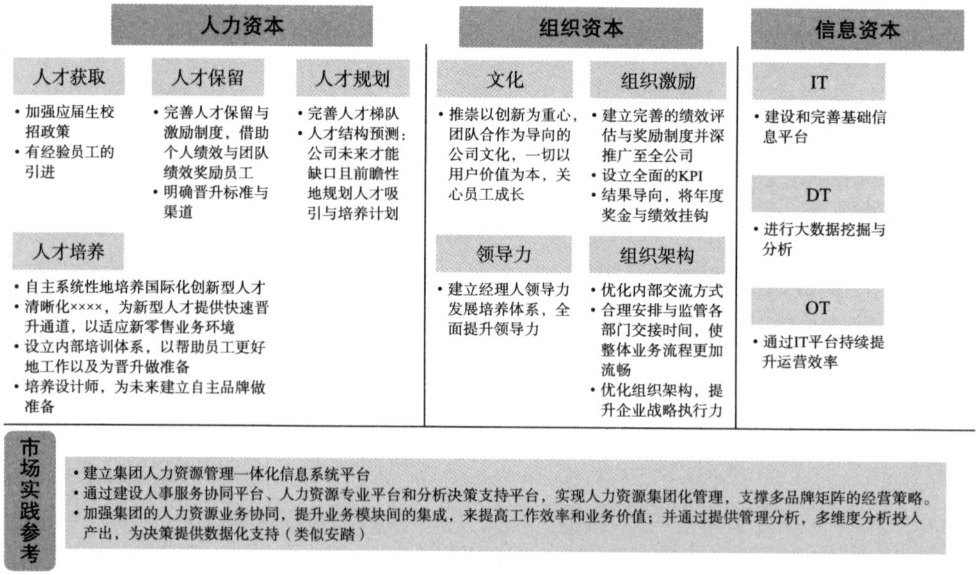

图16-10　学习发展层面战略制定示例图

第四步，公司将战略主题相关因素和关键绩效指标分解到各职能部门，各职能部门据此制定各职能战略规划，确保战略部署在横向和纵向上的协调一致。

第17章

中观：绩效的测量、分析与改进流程

公司人力资源中心在董事会薪酬委员会统筹下，建立覆盖战略层、执行层及作业层的绩效测量系统，对日常运营、过程绩效和战略规划进展情况实施监测，并按照PDCA模式推动公司各个层级持续改进和创新，有力支撑公司战略目标的达成。公司绩效测量、分析与改进流程见图17-1。

第一节 | 科学、全面进行绩效测量

推动绩效测量前，我们先清楚，做绩效管理对于公司全体人员分别有什么好处？

- 绩效管理之于公司层面

战略层面：让战略能够落地，战略等于做正确的事，绩效等于正确的做事；

财务层面：让股东创造价值；

客户层面：提升产品力，满足客户需求，关注公司长期发展；

管理层面：奖勤罚懒，奖优罚劣，提升公司运营效率。

- 绩效管理之于员工层面

做什么？——绩效计划，工作方向引导；

怎么做？——绩效过程沟通，技能辅导与资源支持；

做得怎么样？——绩效评价与反馈；

做好了有什么好处？——绩效应用：奖金/晋升/加薪等。

- 绩效管理之于管理者层面

为管理者分忧：目标分解，千斤重担万人挑，人人头上有指标。

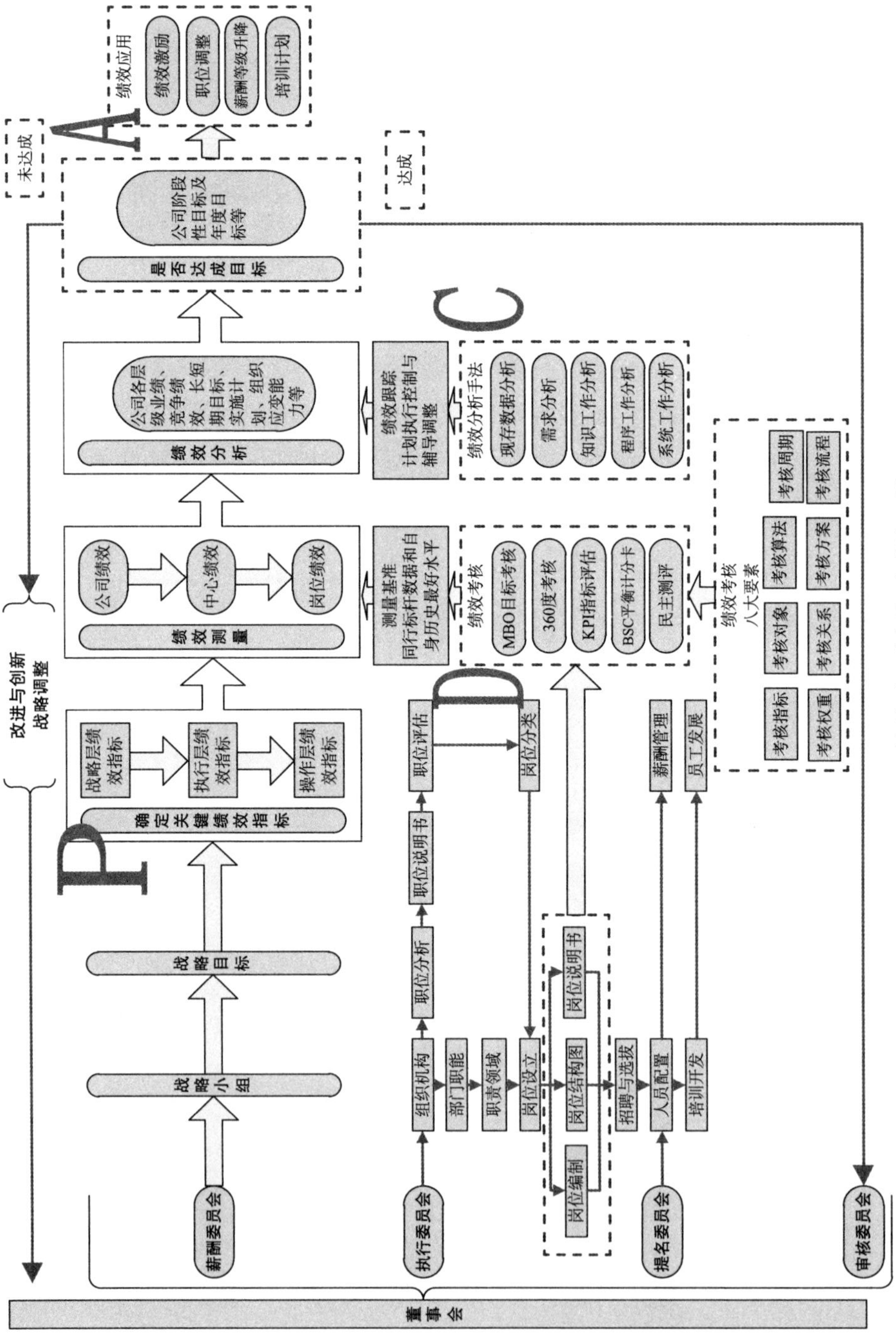

图17-1 绩效测量分析与改进流程图

提高自动化管理水平：PDCA绩效管理循环，员工自动自发地完成工作，管理者脱离顾头不顾尾的忙乱角色，只做计划管理、教练教导、过程监控、结果评价等管理工作。

一般情况下，公司人力资源中心会依据战略发展规划，确定绩效测量工作的关注重点，建立灵活完善的绩效测量系统，对各层级的KPI测量指标和信息数据进行测量、分析和评价，对公司经营管理工作进行考核，并利用各类信息交流平台实现信息的横向、纵向传递和沟通，支持和推动公司各层级改进和创新工作的开展。

1.建立绩效测量系统

依据公司战略发展规划和年度经营计划，人力资源中心会从三个层级建立公司绩效测量系统及KPI架构，制定相应的测量、评价、考核制度，并与员工的绩效考核挂钩。公司绩效测量系统及KPI架构见下图：

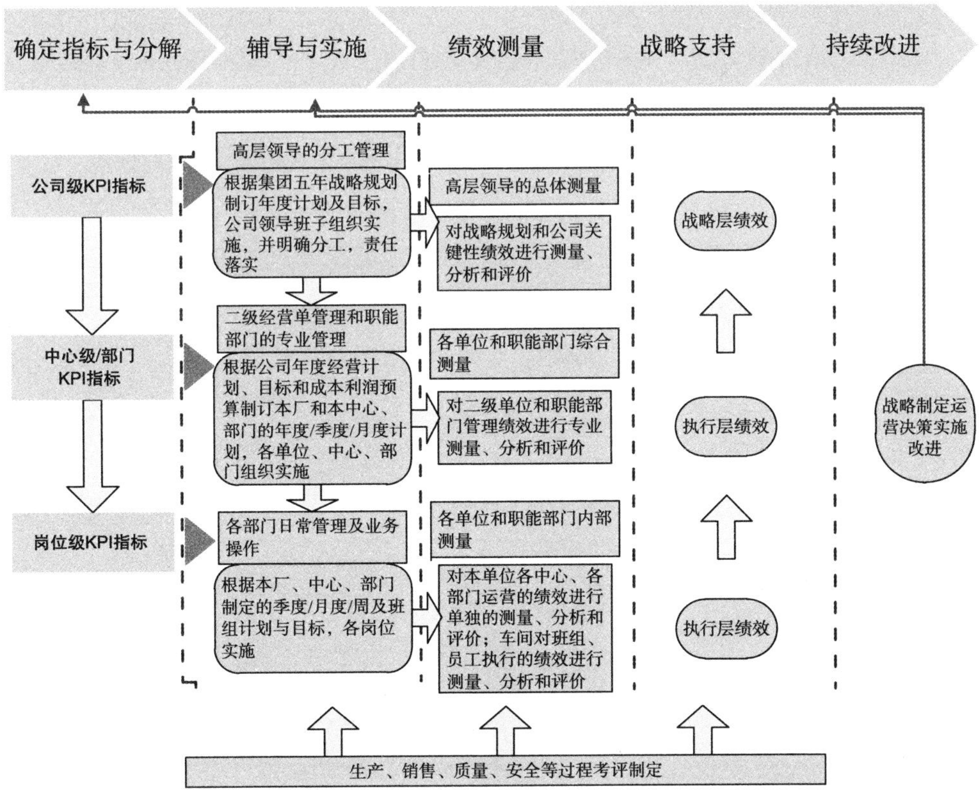

图17-2　绩效测量系统及KPI架构图

2. 选择、收集、整理及有效应用数据

公司在推行绩效管理的同时会重视对信息的获取和整理，根据公司战略及日常经营的需要，全面识别并持续开发信息源，通过选择对战略制定有重要作用的内外部信息源来进行相关分析，从而判断企业所处的竞争地位以及所具备的优劣势，进而选择合适企业实际情况与竞争需要而具有实际可操作性的战略。根据公司的发展战略，公司采用科学、有效的方法选择、收集、整理数据和信息，监测日常运作（产量、质量、消耗、销售收入、毛利等）及组织战略目标（年销售收入、年利润等）的实现情况。

公司为了监测公司绩效结果，会建立相应的绩效考核指标体系，通过公司效益分析及重要度来设计考核项目与权重，并根据历史记录水平来确定考核指标。根据公司的人员编制层级，设置不同的考核档次，并确定员工的绩效奖罚幅度。人力资源中心根据各部门分析汇总的信息及公司外部信息，对公司整体、部门的日常运作及组织绩效进行测量、分析及监控，为公司战略分析、日常经营决策及改进与创新提供依据。

公司在推行绩效管理的同时会高度重视各种数据和信息的收集，包括内部、外部信息，并加强信息的管理，保证信息的及时性、完整性和可追溯性。公司信息收集、整理、方式和渠道见表17-1和表17-2。

表17-1　内部信息收集、整理方式和渠道

指标类型	主要绩效指标	数据来源	管理部门	收集频次
财务	主营业务收入、投资收益率、营业外收入、利润总额、总资产贡献率、资产保值增值率、资产负债率、流动资金周转率等。	资产负债表、损益表、现金流量表、应收应付明细账、固定资产折旧表、库存物资盘存统计表等。	财务中心	每月
顾客与市场	销售收入；市场占有率；顾客满意度；平均零售网点数目增长；营业额增长；顾客忠诚度、顾客投诉、顾客投诉处理率等。	各种营销报表、行业信息、网络数据、顾客调查报告等。	销售中心、渠道部	每月及时收集
运营过程	新产品开发数量、新产品研发周期、产品销售量、生产成本、生产周期、快速响应时间、原辅材料送检合格率、成品一次合格率、设备完好率、供货及时率、全员劳动生产率等。	生产月报表、质量月报表、设备维修表、产品送检统计表、供货统计表、成品送检统计表、销售月报表等。	生产单位 品质中心 销售中心 财务中心	每月

续表

指标类型	主要绩效指标	数据来源	管理部门	收集频次
人力资源	培训人次、员工人均培训时间、员工晋升数、员工满意度、员工流失率、合理化建议数、招聘计划达成率等。	培训统计表，员工岗位变动统计表，员工满意度调查统计表、员工流失统计表等。	人力资源行政中心	每月
组织的治理与社会责任	预期应付账款金额；合同违约率；组织内外审计的结果；公司重点支持的公益事业的捐款情况；员工的捐款情况；突发性灾难的捐款、捐物情况等。	财务报表；合同；审计报告；各类统计汇总表等。	人力资源行政中心	每月/半年/一年

表17–2 外部信息收集、整理方式和渠道

数据类别	来 源	收集主体	频 次
国际行业数据	国际运动鞋、服装论坛； 国际行业交流； 网络、专业杂志。	公司高层领导； 公司高层、专业人员； 董事会、各专业部门。	年度； 计划交流； 月、季。
国内行业数据	行业协会； 国内行业交流； 网络、专业杂志； 顾客； 供应商。	公司高层、专业人员； 部门领导、专业人员； 专业部门； 营销中心； 采购部。	年度； 随时交流； 月、季； 随时； 随时。
主要标杆企业和竞争对手的全面数据	同行企业交流。	公司高层、营销中心、市场部。	年度。
同行业和竞争对手的数据	市场与顾客。	营销中心、市场部。	半年/年度。

为确保数据传递的时效性，相关职能部门可以考虑通过OA专栏、定期汇报等信息传递方式按日、月、季将外部信息和数据传递至公司高层领导、各职能部门和二级单位。公司高层领导根据日常运营及战略目标实施情况，通过总经理办公会、生产经营例会、重点产品质量攻关会等形式进行内、外部数据对比测量、分析，评价公司各层面关键绩效指标进展情况，适时调整战略计划和日常运用的方针政策，推动改进和创新。

3.应用对比数据和信息

公司在对数据对比的时候，会采取内部对标和外部对标的方式支持公司的决策、改进和创新。对于已处于行业先进水平的指标，选择自身历史最好水平作为测量基准，如员工成本指标；对于与行业先进水平存在差距的指标，通过原因分析找出差距，确定指标，用以支持组织的经营、战略决策与创新。

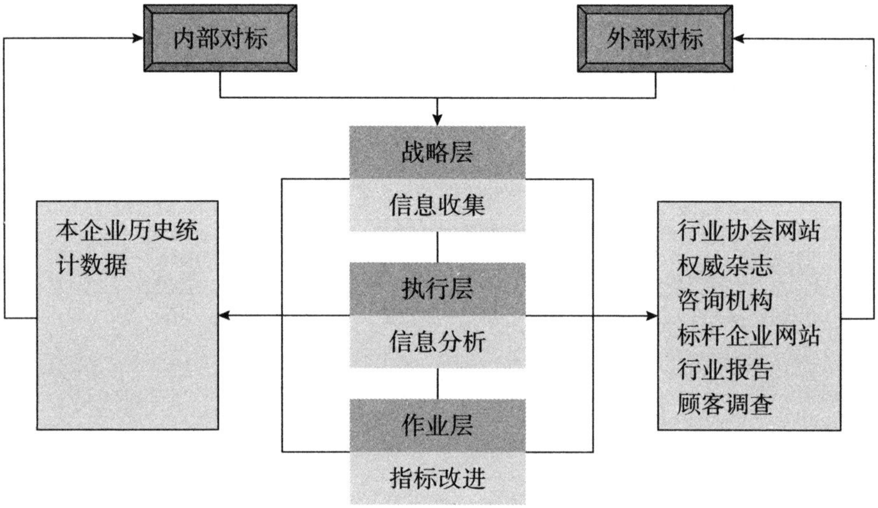

图 17-3 公司对比分析结果应用流程图

公司在针对不同内容或项目开展对标挖潜工作，可以考虑成立七大对标升级攻关组。关键对标数据和信息的收集渠道见下表：

表 17–3 关键对标数据和信息的收集渠道

对标升级攻关组	绩效指标	归口部门	收集渠道
降低人工成本公关组	人工成本攻关	人力资源行政中心	行业薪酬调查报告
降低采购成本攻关组	原材料采购的价差	采购部门、商采中心	各供应商的报价清单、市场询价
精益生产攻关组	单位时间内产能	生产部门	各对标公司的财报
知识与信息管理攻关组	两化融合发展水平评估	信息中心	通过获取相关行业信息水平报告的发展趋势
营销与服务攻关组	产品综合销售价差	销售中心	各对标公司的财报
环保管理攻关组	适宜性、充分性和有效性	品质中心	按管理评审程序
质量标准审查攻关组	合规性、适宜性	品质中心	国家、省级、行业标准

公司根据产品、规模、地域等的不同，可以尝试进行差异化选择标杆企业进行对标，为战略决策和日常决策、改进和创新提供支持，与标杆及竞争企业对比及应用见下表：

表17–4　与标杆及竞争企业对比及应用

指标类别	对标		对比指标	关注信息	信息应用
	类别	对象			
财务管理	标杆		营业收入增长率	其公司年度财报、半年度财报	体现公司整体经营业绩和运营水平。
	竞争对手		营业收入		
			毛利率		
			权益回报率		衡量股票投资者回报的指标。它亦评价公司管理层的表现—盈利能力、资产管理及财务控制。
环保管理			SO2排放浓度，废水COD排放浓度	标杆单位环保指标	分析差异原因，从设备管理、人员管理、绿化等方面继续完善。
职业健康与安全管理			千人重伤率 千人死亡率 千人负伤率	国家政策要求及国内行业数据	寻找差距，提高职业健康与安全管理水平。
技术研发与产品研发			新产品设计开发周期、年专利授权数	国内行业数据趋势	寻找差距、制定措施、提高研发水平。
信息与知识管理			两化融合发展水平评估报告	报告数据趋势	寻找差距、制定规划、追赶行业先进水平。
采购管理	采购价对标	同行业	同行业采购成本价差	行业信息数据	根据同行业的对比价差，寻找差距，深挖内潜，降低成本。
营销与服务	竞争对手	行业平均、竞争企业	产品综合销售价差	行业平均销售价格及竞争对手价格水平	进行对标公关，追赶行业先进水平，提升产品销售效益。
质量管理			产品综合合格率	行业指标数据	通过质量数据分析和质量过程的监督检查，满足顾客要求，促进公司质量的管理的精益化和标准化。
人力资源管理	竞争对手		劳动生产率、员工满意度	国内行业数据	对标找差，采取措施，逐步缩小与行业先进的差距。

4. 确保绩效测量系统的敏感性

为确保公司的绩效测量系统适应公司的发展战略需要，公司与各层级对关键指标、测量方法及公司绩效管理制度文件定期进行评价，根据评价结果进行调整。

当外部顾客、市场及政策法规等因素或内部战略发生变化时，公司通过战略评审会、董事会、总经理办公会、经济运营分析会等，监测公司战略目标进展情况，评价公司级关键绩效目标实际达成情况与计划的偏离程度、生产经营管理目标的适宜性和有效性等，根据评价进行调整，确保公司战略目标的实现。绩效测量系统评价见下表。

表 17–5 绩效测量系统评价表

项目	绩效指标的设置	测量方法的评价和应用	信息系统的支持	评价部门
测量系统的有效性	测量结果能否体现公司当前实际情况，通过测量能否及时识别改进和创新空间。	1. 测量结果是否有效和合理； 2. 测量系统是否准确。	1. 软件系统支持流程； 2. 硬件水平满足生产要求。	公司各部门、单位。
测量系统的适应性	与公司业务需要和发展方向能否保持同步。	1. 数据是否易于获取； 2. 数据是否可靠、完整； 3. 测量指标是否适应业务需要。		
测量系统的敏感性	1. 测量指标的公司战略变化时能否保持及时调整； 2. 测量指标在内外部环境变化时能否及时调整。	1. 数据传递与更新是否及时； 2. 测量方法是否能及时调整。		

公司绩效测量系统主要改进对比见下表。

表 17–6 公司绩效测量系统改进对比

年度	指标体系	关键指标	特 点
2015	按基础指标对标创新指标及管理目标责任指标体系设计。	产量、质量、利润等考核指标。	指标体系侧重与按时、按量及利润，对于各生产部门看全年结果。
2016	划分了总体指标、各系统指标及岗位指标体系，并对重点指标的权重进行调整。	产量、利润、批量退货率、检验合格率等考核指标。	在对公司经济效益指标考核的同时，将卓越绩效管理、6S、对标升级、创新改善等提升管理水平和创新能力的指标纳入综合绩效考核中。

续表

年度	指标体系	关键指标	特　　点
2017	构建了财务、内部运营、顾客与市场、学习与成长、基础管理的五个指标体系。	利润、成本、质量：将加工费和对标升级归纳考核，新增存货资金占用考核指标、重点产品销售占有率等指标，加大对安全作业生产及环境保护的考核。	优化部分对二级单位的考核指标，在对职能部门的考核中引入360度考评反馈、KPI考评法、MBO目标考核法、民主测评等考核方法，细化以月度为周期的关键绩效指标考核。

公司还注重对绩效测量系统的适时评价改进，如年度综合考评管理评审会议上，发现各生产部门很容易按照各自管理的习惯进行内部管理，忽略了对自身信息化水平的提高，在新一年的绩效合约上，增加了各个生产部门及职能部门“信息化建设”指标，通过信息中心多维度的评估与关联年度奖金的方式改进绩效指标及系统。

第二节 ❙ 分析评价绩效

公司针对各层级收集到的数据信息，可以通过各种会议的方式进行分析和评价，并将结果应用到战略制定与实施的调整之中。公司绩效分析评价工作从三个层级（董事会评价战略层、职能部门评价执行层、实施单位评价作业层）六个方面进行分析和评价，公司各层次绩效分析见下表。

表17–7　公司各层次绩效分析

<table>
<tr><th>层级</th><th>分析与评价方面</th><th>具体内容</th><th>分析与评价方式</th><th>责任部门</th><th>主要方法</th><th>频次</th><th>输出结果</th><th>结果传递</th></tr>
<tr><td rowspan="4">战略层</td><td>组织成就</td><td>战略方向、战略内容、战略指标、战略模块。</td><td rowspan="3">战略评审会、绩效分析会、经营会议。</td><td rowspan="3">董事会、战略小组。</td><td rowspan="4">PEST分析、SWOT分析、波力五特分析、现存数据分析（注1）、需求分析（注2）、程序工作分析（注4）、系统工作分析（注5）</td><td rowspan="3">月、季、年</td><td rowspan="3">年度工作报告、战略规划调整计划。</td><td rowspan="4">会议、媒体、文件、网络。</td></tr>
<tr><td>竞争绩效</td><td>只要指标与标杆及竞争对手企业对比。</td></tr>
<tr><td>长短期目标实现程度</td><td>绩效完成情况与战略目标的差距。</td></tr>
<tr><td>管理评审</td><td>管理系统的有效性、适应性等。</td><td>管理评审会。</td><td>高层领导、各单位负责人。</td><td>年</td><td>管理评审报告。</td></tr>
</table>

续表

<table>
<tr><th>层级</th><th>分析与评价方面</th><th>具体内容</th><th>分析与评价方式</th><th>责任部门</th><th>主要方法</th><th>频次</th><th>输出结果</th><th>结果传递</th></tr>
<tr><td rowspan="10">执行层</td><td rowspan="10">关键过程</td><td>营销与服务</td><td rowspan="10">调查问卷
行业调查
分析会议
联动会议等</td><td rowspan="10">公司领导、相关职能部门负责人等。</td><td rowspan="11">现存数据分析（注1）、需求分析（注2）、知识工作分析（注3）、程序工作分析（注4）、系统工作分析（注5）。</td><td rowspan="10">月、季、年</td><td rowspan="10">分析报告、报表、问题解决方案、满意度调查报告等。</td><td rowspan="10">网络、工作例会、专题会议、文件等。</td></tr>
<tr><td>技术研发与产品研发</td></tr>
<tr><td>生产管理</td></tr>
<tr><td>采购管理</td></tr>
<tr><td>人力资源管理</td></tr>
<tr><td>信息与知识管理</td></tr>
<tr><td>职业健康与安全管理</td></tr>
<tr><td>财务管理</td></tr>
<tr><td>设备设施管理</td></tr>
<tr><td>质量管理</td></tr>
<tr><td>作业层</td><td>基层业务</td><td>实时监控、分析经营状况</td><td>早会、例会</td><td>各生产经营单位、各职能部门。</td><td>周、月、季、年</td><td>项目解决方案、指标等。</td><td>车间、会议、文件、看板等。</td></tr>
</table>

注1：现存数据分析主要从横向对比分析和纵向对比分析；

注2：需求分析主要解决发生了什么？原因是什么？什么是应该发生的？为什么绩效发生了或没发生？需要达到或保持期望绩效必须发生些什么？五个问题。从经常发生的问题和解决这个问题入手；

注3：知识工作分析主要基于胜任力模型来进行，从员工要成功完成某一项工作时，需要具备哪些相关的信息或者技能入手；

注4：程序工作分析针对期望绩效的明显的细节。根据人们需要知道些什么及能够做些什么，来记录相关人员、工作等的意见的收集与分析。从“绩效管理决策树”进行入手；

注5：系统工作分析能提供总的绩效系统，包括：系统概况、过程分析，解决疑难分析。它能帮助我们对选择系统有一个更详细的理解。从整体概述或者共性问题分析入手。

公司制定了《360度绩效方案》《员工评价管理办法》《绩效管理制度》等绩效制度建设的同时，还采用双向沟通的方法，对各二级单位和职能部门的绩效指标结果、战略举措实施情况、内外部审核结果进行评价，对难点、重点问题成立专项团队进行攻关。对国家政策、内外环境、竞争对手、顾客需求等引起的变化，公司高层领导通过战略评审会、董事会等形式及时评价分析组织应变能力，快速应变。公司对组织应变能力绩效分析见下表。

表 17–8　公司对组织应变能力的绩效分析

能力因素	评价内容	主要绩效指标	评价部门	评价结果
市场竞争	对市场竞争对手竞争策略的应变能力。	市场份额、顾客满意度。	各销售中心、技术研发中心。	确定公司的优劣势。
风险管理	对风险的预警与应对管理。	利润、净现金金额。	财务中心、各生产部门。	按制度制定对应策略。
突发事件	对突发事件的快速响应能力。	危机管理制度（17 份）、电子显示屏等。	各生产部门、人力资源行政中心。	

第三节 ❙ 改进与创新

公司从战略发展需求及内外部环境变化出发，以提高综合绩效水平为目标，构建了战略、执行、作业三个层面的改进创新系统，搭建多种平台，运用多种统计工具和方法，开展自上而下、自下而上、上下结合的改进与创新活动，形成目标明确、职责清晰、全员参与的改进与创新体系，见下图。

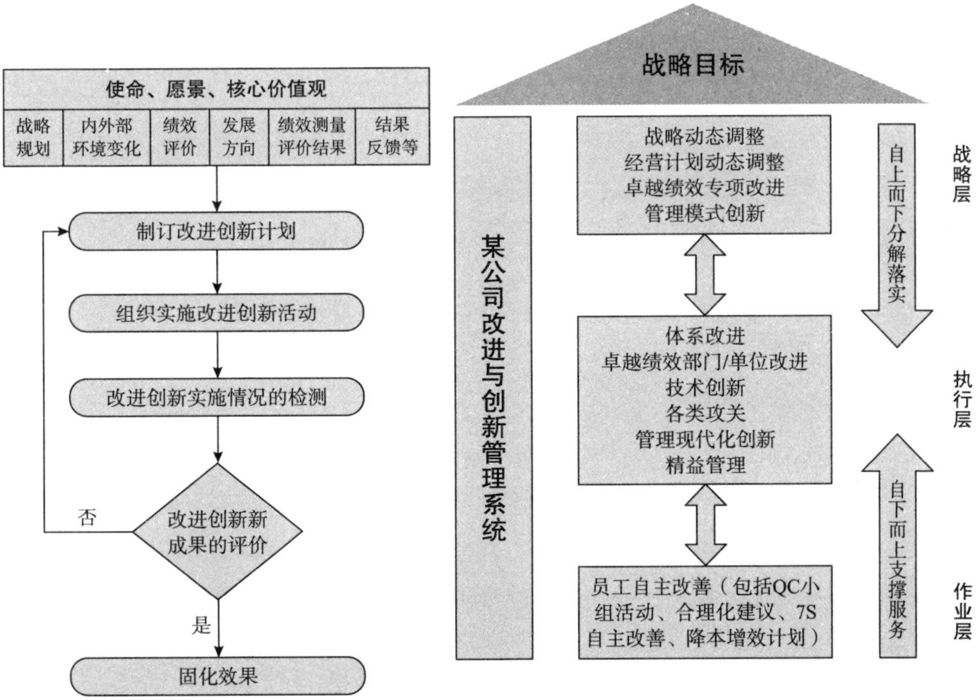

图 17–4　知识信息系统

1. 确定改进优先次序

公司高层领导基于绩效评价结果，综合考虑对战略影响的重要程度、紧迫程度、绩效趋势等因素，采用打分法确定改进的优先次序和创新机会，将评价结果转化为具体的改进和创新举措，使有限的资源配置到最需要改进和创新的地方。当改进和创新举措涉及外部资源时，将其展开至供方和合作伙伴。确定优先改进次序的评价方法见下表。

表 17–9　确定优先改进次序的评价方法

对战略的影响因素	评价方法	评价依据	评价部门	分值
重要程度	高层领导预判、上级部门检查结果反馈、高层领导班子会议讨论等。	国家政策、市场需求趋势、公司战略调整、社会责任等。	公司高层领导、相关职能部门。	1–5
紧迫程度				1–5
绩效趋势与对比	对标、顾客满意度调查等。	市场发展趋势、公司内部经营变化。	财务中心、零售公司、各生产单位、各技术中心、各研发中心。	1–5

公司每年年底通过全委会对全年的绩效测量结果进行整体评审、制定改进措施。例如，年评审发现节能减排及环境治理压力大、经营成本高、管理及技术研发软实力不强等改进机会，制定目标、计划并实施跟踪，审核落实及改进。公司确定的关键业务优先改进次序及创新机会见下表。

表 17–10　关键业务优先改进次序及改进机会

识别方面	紧迫度		重要度		绩效趋势与对比		改进机会	优先次序	主要举措	责任部门
	描述	分值	描述	分值	描述	分值				
运营机制	鞋服行业发展形势严峻。	3	提升管理、快速反应。	2.5	与国内领头企业尚有差距。	3	降低经营成本。	1	提升供应链管理、产品管理、分销管理、品牌管理。	各生产部门、财务中心、零售公司、品牌中心、产品中心、商采中心。

续表

识别方面	紧迫度		重要度		绩效趋势与对比		改进机会	优先次序	主要举措	责任部门
	描述	分值	描述	分值	描述	分值				
节能减排环境治理	国家环保政策进一步落实。	3	利国利民。	3	靠近标杆企业。	2	环保需要继续保持。	2	淘汰落后的设备以降低污染物的排放、尘缘点治理、加强环境监测。	生产部门、人力资源行政中心。
管理技术	管理技术需要循环渐进的引入。	2	新技术、新方法的引进势在必行。	3	与国内领头企业尚有差距。	2.5	提升管理软实力。	3	推行卓越绩效管理、精益管理、技术项目管理体系等，完善仓储集中管理，在各生产单位实行ERP系统。	各相关部门/中心/单位。

注：紧迫度和重要度按照高（3）中（2）低（1）设计优先次数的权重。
优先次序=紧迫度+重要度+绩效趋势与对比。

2. 改进与创新的策划

公司建立了以战略层、执行层、作业层三个层次改进创新为主体的改进创新管理系统，以卓越绩效模式为框架和主线，贯穿不同改进层次，形成了层层支撑的具有公司特色的改进创新管理系统。各层级改进创新形式见下表。

表17–11　各层级改进与创新形式

层　　级	战略层	执行层	作业层
改进创新形式	战略动态调整； 经营计划动态调整； 卓越绩效专项改进； 管理模式创新。	体系改进； 技术创新； 产品质量攻关等各类攻关； 管理现代化创新； 部门/单位卓越绩效改进； 精益管理。	员工自主改善 QC小组活动； 合理化建议； 7S自主改善； 降本增效计划； ……

（1）战略层改进与创新：公司战略层根据集团战略、内外部运营环境变化、

绩效测量评价结果等确定改进创新重点，从战略动态、经营计划动态、公司卓越绩效专项改进、管理模式创新四个方面进行了策划。战略层改进与创新的策划、测量机制见下表。

表 17–12　战略层改进与创新的策划、测量机制

层级	改进创新活动	目　标	实　施	主责部门	测量方法	频次
战略层	战略动态调整	使公司战略适应内外部环境变化。	根据内外部环境的变化及战略规划的执行情况，对公司的战略规划进行调整。	战略小组	对战略关键绩效指标进行统计、分析。	年度
	经营计划动态调整	使公司的生产经营更符合市场。	设定目标，制订计划，在年中进行调整。	各生产单位	对过程关键绩效指标统计、分析。	年
	卓越绩效专项改进	提高管理成熟度。	设定专项改进项目，制订改进计划、目标及实施方案，在全公司范围内实施改进。	卓越绩效各小组	定期进行自评、请外部专家进行诊断。	半年
	管理模式创新	降低成本，提高效率，实现利益最大化的管理机制。	组织学习调研、设定目标，公司内部实施。	创新小组	检测各单位综合绩效指标完成情况。	年

（2）执行层改进与创新：由各职能部门/单位牵头负责，经过自上而下的战略传递及自下而上的自我提升需求，根据各类评价结果及用户反馈信息等确定改进项目，识别创新机会，并实施改进活动。

（3）作业层改进与创新：由各科室、班组、个人等分别负责，通过开展QC小组活动、合理化建议、7S自主改善等，围绕公司生产经营和现场存在的难点、重点问题，以优化流程、提高效率为目的的改进创新活动。

执行层、作业层改进与创新的策划、测量机制见下表。

表17-13 执行层、作业层改进与创新的策划、测量机制

层级	改进创新活动	目标	实施	主责部门	配合部门	测量方法	频次
执行层	体系改进	管理体系持续有效运行。	制订年度审核计划、根据审核计划及管理评审的结果制订。	品质中心	公司各部门	一、二、三审核，专项审核。	年
	卓越绩效	提高部门管理成熟度。	根据卓越绩效评价结果，设定改进项目，制订改进计划，目标并实施改进。	公司各部门	关联部门、单位	公司内部卓越绩效自评。	半年
	技术创新	提高产品档次，提升产品市场的竞争力。	制订新产品研发计划、周期、成本等指标控制，项目负责制，产销研用快速联动。	各技术中心	相关部门	课题评估、统计报表，产品性能测试。	月/课题周期
	攻关活动	提高管理水平，提升技术质量经济指标。	成立攻关小组，制订计划、措施，组织实施。	攻关项目负责单位	公司其他相关单位	攻关工作会议，统计报表，总结。	按具体项目时间
	管理现代创新	提升公司管理软实力。	制订管理创新计划，组织专家评审，设立专项资金。	创新小组	公司各单位	专家评审。	年
	精益管理	建立全局准时化拉动精益生产管理体系。	以独立核算为单位的试点单位，逐步向公司推动。	对标小组	公司各单位	阶段性成果风险评估、精益车间创建评价。	季度/半年
作业层	QC小组活动、合理化建议、7S、自主改善等	提升员工发现问题，分析问题、解决问题的能力。	根据公司的发展需要，成立自主创新小组，在创新小组的推动下，开展活动并组织专家评审。	各单位	各单位	对设定的目标监控、统计、分析、进行测量；专家评审。	年

3.改进与创新的实施、测量与评价

公司制定了《科学技术成果管理办法》《精益管理改善项目管理办法》等制度，设立了评定委员会，建立了各类改进与创新的评价机制，在各层级开展改进与创新测量活动，将创新成果进行分享和推广，使改进活动形成良性循环。

4.改进与创新方法的应用

（1）采取多种形式实施改进创新活动

为促进改进和创新活动全面开展，公司在组织上加强资源配置，强化部门协同、搭建多种平台，营造了从高层领导到全员参与自主改善的良好氛围。例如，高层领导和职能部门参与的管理模式，厂矿、车间人员参与的精益管理课题、班组和岗位人员参与的QC小组、技术人员参与的技术攻关等。各层级人员参与改进与创新形式示例及典型案例见下表。

表17–14　各层次员工参与改进与创新的示例及典型案例

改进创新方法	参与人员	取得成果及典型案例	效　　果
管理模式创新	董事会、各单位负责人。	1.将“服装事业部”拆散，调整技术中心的职能，探索技术服务直接到生产的管理模式； 2.将“市场管理中心”拆散，调整销售运营中心职能，将渠道建立与客户服务同步一体化。	发挥服务顾客至上的作用，改变原有的官僚化，形成快速联动，快速响应。
精益管理	生产负责人、业务骨干。	1.形成精益生产管理纲领性文件； 2.每条线由原来65人的标准配置，变成了40人，精益线产能对比原生产大线将增加近200双/10小时； 3.提高配套部门级原辅材料的到位的要求，使车间做到零库存和快速反应。	从试行到全面推行精益化改善项目，形成全局准时化的拉动生产运营体系。
技术创新、技术攻关	生产、技术、研发负责人。	推行项目负责制，提高了研发人员的积极性，近三年取得专利20项，增效×元。	提高了研发效率，增强了公司研发能力，提升效益。
员工自主活动改善（改善建议等）	公司所有员工。	全年共征集改善建议100项。	员工参与更加广泛，带动了公司管理水平的提高。

（2）公司灵活应用统计、分析工具，为改进与创新提供支持

公司制定了《数据分析管理控制程序》，规定了各过程中可采用的数据分析方法。利用公司内部带教、专项培训等使各层级人员熟悉掌握多种统计工具，并在日常分析问题、解决问题中灵活应用。公司改进创新方法应用及统计工具应用一览表如下。

表17–15　公司改进创新方法应用及统计工具表

统计技术与方法	战略改进	专项改进	部门/单位改进	质量攻关	QC小组	合理化建议	6S改善	精益管理	过程管理
调查法		√	√	√	√	√		√	√
直方图		√	√	√	√			√	√
柱状图		√	√	√	√	√	√	√	√
折线图		√	√	√	√		√	√	√
流程图		√	√	√	√	√	√	√	√
散步图				√	√			√	√
饼状图		√	√	√	√	√	√	√	√
鱼骨图			√		√		√	√	
SWOT	√	√	√				√		
PEST	√								
波特五力	√								
平衡计分卡	√								
标杆分析		√	√						
趋势分析	√	√	√	√					√

第18章

微观：基于关键绩效指标（KPI）的绩效体系搭建

关键绩效指标（KPI：Key Performance Indicator）源于一项对提高人类效率影响深远的法则：二八原理。该原理是意大利经济学家帕累托在19世纪末提出来的，他认为在任何特定的群体中，重要的因子通常只占少数，而不重要的因子则常占多数。因此，只要控制重要的少数，即能控制全局，反应在数量的比例上，大体就是2∶8。二八原理后来被广泛应用于企业的日常管理中，KPI关键绩效指标成为西方管理体系占据统治地位的管理系统和工具，具有划时代的意义。

第一节 | KPI在目标设定中的应用

通过关键绩效指标，一个公司的所有部门和员工的绩效目标，理论上将会实现和公司整体战略目标的纵向连接，并根据绩效的结果达成情况进行奖惩，最终实现员工本人和部门利益、公司绩效挂钩的目标，最后达到充分激励员工工作积极性的目的。

一般来说，KPI强调以工作结果为导向，岗位员工用工作结果来证实岗位任职者的工作能力，通过被考评者在自然状态下的稳定的工作表现来证明其实际的能力。KPI的标准从具体的工作结果中收集员工达到业绩的标准证据或者找出与业绩标准的差距。指标指的是从哪些方面衡量或者评价，解决“评价什么”的问题。而标准指的是在各个指标上分别应该达到什么样的水平，解决“被评价人员怎样做，做什么”的问题。关键绩效指标的考核就是通过对岗位员工的工作绩效特征的分析，提炼出最能代表绩效的若干关键绩效指标，并以此为基础进行考核的模式，其目的是建立一种将企业战略转化为企业内部过程和活动，以不断增强企业核心竞争力和持续提高企业经济效益的机制。

按考核周期区分，KPI在目标设定一般包括以下几个步骤。

1. 年度指标制定

年度指标制定主要包括年度目标制定和年度目标分解到月度：公司根据战略和长期规划、市场行情分析、公司现行业务能力和内部环境分析，制定出公司明年年度目标。各中心制定出来的年度目标，分解至每月。要求月度目标总和不低于年度目标，以保证年度目标的实现。

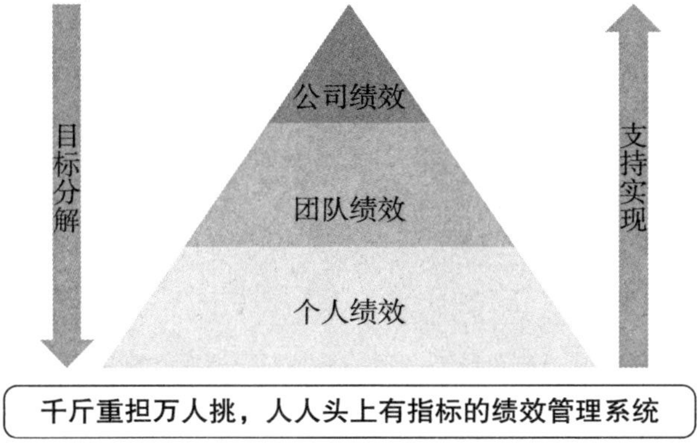

图18-1 年度指标制定图

2. 月度指标分解与制定

在年度计划中确定当月最重要的工作：在从年度目标中分解到月的工作中，找出当月最重要的工作来考核。

结合公司战略和当月需求看该月是否有临时工作，而在当月临时工作中又是否有某项临时工作需要作为绩效指标来考核。

结合绩效指标库核对当月重要工作是否遗漏，可参考同期绩效考核内容与绩效考核指标。

3. 月绩效指标考核标准的制定

月度指标分解及制定主要有5种情况：

（1）有历史数据标准的，考核指标有历史完成结果数据的，绩效考核标准可参考历史完成值来制定，原则上来说不可低于历史完成结果的平均值，可略微高于历史完成平均值，以便达到考核效果更佳。

（2）有行业数据标准的，对于该项没有历史完成结果数据的指标，可参考行业标准来制定考核标准。

（3）无历史数据和行业数据的，可自己设定考核标准，并实行考核两个月，根据考核的结果及时调整考核标准，同时考核标准还不是特别科学和准确的时候可适当降低权重。

（4）对于部分业务数据：如销售目标、回款目标、开店目标等指标，不能只参考历史数据和行业数据，还需与公司战略相结合，月度考核标准直接按年度分解的目标来定。

（5）对于部分历史数据偏离行业情况和公司标准的，可根据实际情况重新修订以前制定的考核标准并需要走流程审批后方可生效。

4. 指标权重的分配与确定

所有考核指标的重要性排序，权重总额100，根据所有考核项目重要程度分配权重总额，权重分配的多与少代表该项事件的重要程度。被考核者制作初稿时，初步分配权重，上级审核与修改时可根据实际情况调整权重的分配，双方达成共识后为最终确定版的权重分配。一般是单个指标权重不低于5%且不超过40%，权重取5%的整数倍。

5. 指标的修改月确定与提交

各中心一级主管指标的制定与确定：各中心一级主管先制定出月绩效指标并初步分配权重完成初稿，然后交给直接上级修改和审批，结果达成一致为最终定稿。

其余人员指标的分解和制定：中心一级主管月绩效指标确定后，及时分解和制定其余人员月绩效指标初稿。

注意事项有：

（1）绩效考核内容为该工作岗位最关键的业务指标，一般为3–6项合适，以说明该岗位业务的业绩效益，考核内容要有数量、金额、质量、时间节点、顾客评价、利润、费销比等来作为考核的证据和对比的标准；

（2）工作计划以月度工作事项为单位，要有明确的工作内容和目标（数量、金额、质量、时间节点、顾客评价、利润、费销比等），工作内容涵盖本岗本月的所有重要事项；

（3）工作内容要求详细列出，用来提醒自己执行实施，同时也让直接上级用于监督本岗工作完成的完整性；

（4）月工作计划必须与绩效考核指标一起提交；

（5）出现异常会在目标提交上级审批后进行批示，而所有绩效指标发出前，需要进行上下级和绩效部门讨论后确定。

主要绩效合约书编制流程图如图18–2所示。

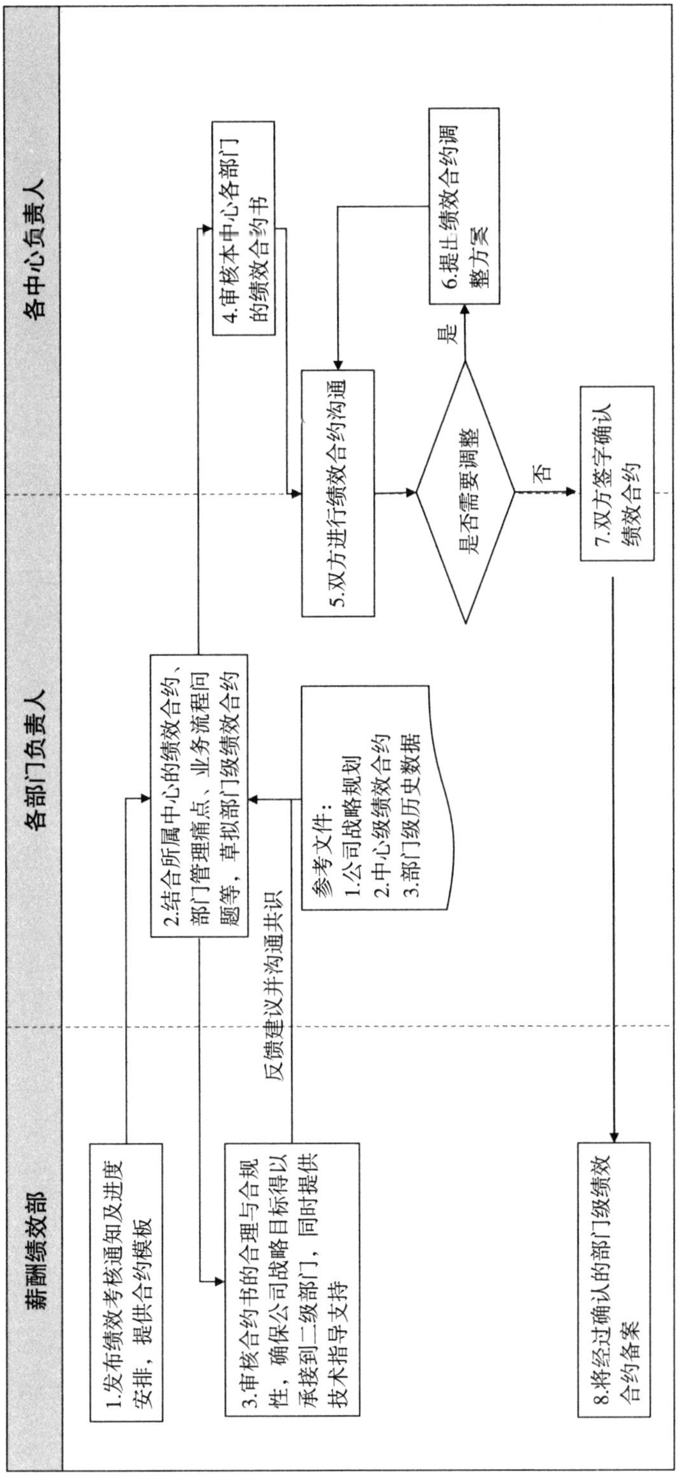

图18-2 主要绩效合约书编制流程图

第二节 | KPI的设定与提炼方法

在设定KPI之前，我们需要清楚绩效指标的类别有哪些？绩效指标分为以下4类：

（1）关键绩效指标（KPI）：根据部门/个人工作职责，选择与其相关或由公司自上至下分解的可量化的关键指标。

（2）重点任务/事项（GS）：本部门或支撑其他部门发展的重要职能工作，定性评估指标，需明晰任务/事项的进度和质量要求，设定明确的里程碑及成果标准。

（3）通用指标（KPI/GS）：是公司对各部门统一的期望与要求，需跨部门共同承接的考核指标。

（4）扣分项：不占权重额外扣分指标，为规避对公司经营或内部管理产生较大负面影响或带来潜在风险的事件，若发生，则扣取责任人一定的绩效分数。

了解绩效指标的分类后，我们接下来需要清楚绩效指标的基本信息有哪一些？绩效指标基本信息主要包括以下5类：

（1）基本信息：指标编号、英文缩写、指标层面、指标级别、指标类型、指标来源、指标级性、指标定义、设置目的；

（2）指标计算：计算公式、参数定义、参数计算、计量单位、目标值界定、指标权重、考核周期、特殊说明；

（3）数据采集：统计部门、采集岗位、采集周期、数据载体、采集流程、提报时间、提报流程；

（4）责任主体：归口管理部门、主要被考核对象、关联被考核对象；

（5）相关信息：使用说明、计分规则、配套指标、失真提示。

绩效指标提取主要分为以下10步：

图18-3　绩效指标提取步骤

岗位分析的目的：通过这项工作，提炼与挖掘岗位价值，一般是通过5W1H来完成岗位分析。5W1H分析法也称六何分析法，是一种思考方法。5W1H是对选定的项目、工序或操作，都要从原因（WHY-为什么要完成此项工作）、对象（WHAT-工作的内容是什么？）、地点（WHERE-在哪里完成工作？）、时间（WHEN-什么时候完成此项工作？）、人员（WHO-由谁来完成此项工作？）、方法（HOW-怎样完成此项工作？）六个方面提出问题进行思考。

岗位分析是通过系统全面的情报收集手段，提供相关工作岗位的全面信息，以便组织进行改善管理效率。工作分析是人力资源管理工作的基础，其分析质量对其他人力资源管理模块具有举足轻重的影响。岗位分析中通过对工作输入、工作转换过程、工作输出、工作的关联特征、工作资源、工作环境背景等的分析，形成工作分析的结果——职务规范（也称作工作说明书）。职务规范包括工作识别信息、工作概要、工作职责和责任，以及任职资格的标准信息，为其他人力资源管理职能的使用提供方便（如开展绩效指标的提取）。

职责修补：在对岗位进行分析后，岗位的职责可能需要修订，以补充价值、明确更有方向的定位，为提升人效，还有必要对岗位操作流程进行检讨和完善。

历史数据整理：KPI通常以目标的方式展现、以数据进行表达。因此要对各个相关的历史、预测数据分析、整理、测算。例如，在多数据测算，选取标准的界定选择中，如何选择举例如下：

根据统计学数据计算：出于同月份不同分公司考虑职值其当月所有分公司

平均值A，职值最优秀的一个目标B，之后（A+B）/2=“目标C”，每个月的分公司目标与“C”对比。

越小越利于公司的情况下：低于平均值C，按照分公司实际的情况，高于平均值C，按照平均值C。

越大越利于公司的情况下：（本次测试没有出现此情况）。

越靠近1越利于公司的情况下：低于平均值C，按照分公司实际的情况，高于平均值C，按照平均值C，此类优秀目标B取值为1。

目标分解：KPI指标来源于公司战略、上级领导分解，规划，大目标里面分解成小目标，业绩目标细化到管理目标等。

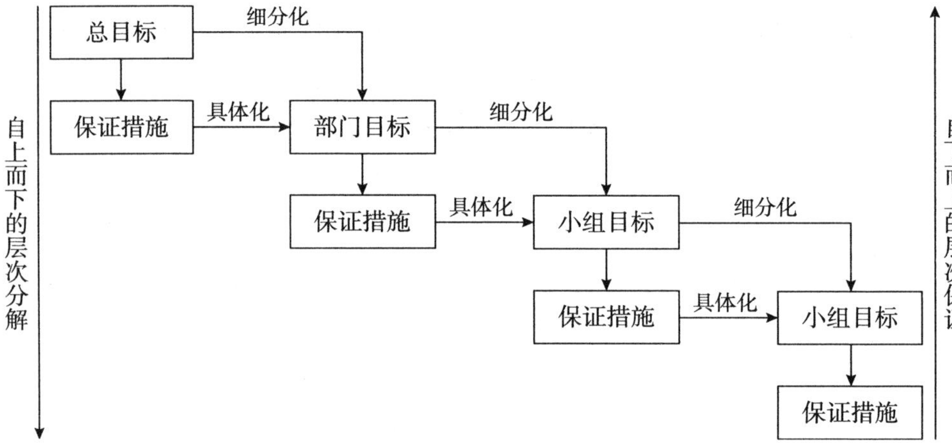

图18-4　目标分解

价值厘清：对于团队建设、岗位价值、个人价值的重新设定，并将价值做出区分，哪些价值可以量化，对于不能量化的价值如果处理？衡量各项价值的重要程度，形成指标库，建立指标库，并提取各项指标进行组合，匹配对应的权重。

整合测算：将所有指标、目标、数据进行整合，预测未来结果，测算可能达到的状况。

考核明确：对指标的描述、计算公式、权重、数据提供、考核制度进行完善，尤其是考核制度的明确，数据的准确性将导致考核的结果取向是否正确。

指标类型	指标示例	目标值设定	计算公式
定量指标（KPI）	1.销售目标达成率 2.开店达成率 3.IT服务满意度（调研类指标）	设定三挡目标，门槛值，目标值，挑战值	线性计分公式
	1.坏账率 2.员工流失率		反向线性计分公式
	1.坏账发生次数 2.授信还款日超期次数	不设目标值	扣分制
定性指标（GS）	1.加盟商管理体系建立 2.跨部门协作满意度		评分制

线性计分公式说明：
假设：Y：单项指标得分，X：实际完成值；
当X<门槛值时，指标不得分，Y=0分；当X=门槛值时，指标得门槛分，Y=60分；
当X=目标值时，指标得满分，Y=100分；当X≥挑战值时，指标得挑战分，Y=130分；
当门槛值<X<目标值，Y=60+（X−门槛值）/（目标值−门槛值）×（100−60）；
当目标值<X<挑战值，Y=100+（X−目标值）/（挑战值−目标值）×（130−100）。

评分制：分别从工作进度与工作质量开展评估：
工作进度评估：
A.工作任务/事项总量尚未完成60%，基准得分为0分；
B.工作任务/事项总量已完成60%，基准得分为60分；
C.工作任务/事项总量已完成80%，基准得分为80分；
D.工作任务/事项总量已完成100%，基准得分为100分。
工作质量评估：
A.已完成部分质量超出预期，在基准得分上加1–10分；
B.已完成部分基本满足质量要求，不加不减；
C.已完成部分质量与预期差距较大，在基准得分上减1–10分。

图18-5　KPI考核数据分析

流程清晰：对KPI的运行和流程要进行设计、明晰，各项数据统计责任人与提供时间、方式，满意度评价指标的具体标准与操作方法，部门考核工作的负责人、支持人等。

目标到月：稻盛和夫在目标方面的建议是，做年度计划要细化到每个月甚至每一天的具体目标，然后千方百计地达成。今天努力，通过今天的勤奋能看清明天；这个月努力，通过这个月的勤奋能看清下个月；今年努力干吧，通过今年的勤奋能看清明年。就这样，每天都会过得很充实，过得充满斗志，就像跨过一座又一座小山。

沟通共识：沟通不是说话，不是找碴儿，是就某件事达成共识，解决问题。所以在绩效目标的沟通过程中，共识才是结果。

第三节 | KPI指标库的建立与应用

从KPI指标的概述，到定量、定性指标的设计，到考核方法、标准的建立，最后到岗位的绩效表单等一系列KPI考核指标的工作开展后，我们需要做一个KPI指标库的建立。这个绩效指标库的建立的作用主要是用以对绩效考核的总结与分析。那么什么是KPI指标库呢？KPI指标库是指所有KPI考核的指标的总和，由于KPI考核指标会随着绩效考核的推动得到改善与修订，其岗位的KPI指标是会变动的，因此KPI指标库更多的是指KPI考核项目。

KPI考核指标库是绩效考核体系的一个重要组成部分，构建一个完整KPI考核指标总库，一般需要以下几个步骤。

1.建立格式，统一管理

每家公司有每家公司的绩效考核格式，为能在众多资料中提取出最重要的信息，有必要建立统一的绩效指标库模板，也方便后期的分析与总结、学习查看。通常的格式因素有：指标名称、指标说明、目标值、考核办法等。

2.确定岗位绩效的关键绩效指标类别

在制定岗位的KPI绩效指标前，除明确为什么要考核这个指标外，还需要明确这个KPI指标的类型是基于哪一种类型进行设计的。因此，我们从岗位的职责出发，按不同类型的指标分为基于胜任力的指标、基于工作态度的指标、基于工作能力的指标、基于工作成果的指标。那么相对应的，我们建立的指标库也就有了基于胜任力的指标库、基于工作态度的指标库、基于工作能力的指标库、基于工作成果的指标库。

胜任力素质又称为胜任特征，是指能将某一工作（或组织、文化）中有卓越成就者与表现平平者区分开来的个人的潜在特征，它可以是动机、特质、自我形象、态度或价值观、某个领域的知识、认知或行为技能。其中包括三个方面：深层次特征、引起或预测优劣绩效的因果关联和参照效标。胜任力素质模型，是指担任某一特定的任务角色所需要具备的胜任特征的总和，即针对特定职位表现优异的那些要求结合起来的胜任特征结构。一个详细的胜任力素质模型应包括如下三个要素：胜任特征名称、胜任特征描述和行为指标等级的操作性说明。胜任力素质以强化竞争力，提高实际业绩为目标的一种独特的人力资源管理思维方式，在哈佛大学教授麦克利兰博士的冰山素质模型下，对岗位的胜任素质的构成要素进行了形象的描述。根据冰山模型，素质可以概括为以下7个层级：

表18-1 胜任力素质层级表

素质层级	定　　义	内　　容
技能	指一个人能完成某项工作或任务所具备的能力。	如表达能力、组织能力、决策能力、学习能力等。
知识	指一个人对某特定领域的了解。	如管理知识、财务知识、文字知识等。
角色定位	指一个人对职业的预期，即一个人想要做些什么事情。	如管理者、专家、教师。
价值观	指一个人对事物是非、重要性、必要性等的价值取向。	如合作精神、献身精神。
自我认知	指一个人对自己的认识和看法。	如自信心、乐观精神。
品质	指一个人持续而稳定的行为特性。	如正直、诚实、责任心。
动机	指在一个人内在的自然而持续的想法和偏好驱动、引导和决定个人行动。	如成就需求、人际交往需求。

工作态度是工作能力向工作业绩转换的“媒介”，在建立定性指标库的过程中，通常会以工作态度方面的指标进行建立岗位的绩效指标库。常见的态度类指标有：纪律性、主动性、积极性、执行力、敬业精神、责任心、团队合作、客户服务意识、协调沟通等。

工作能力在人力资源管理学上，是指对一个人担任一个职位的一组标准化的要求，用以判断是否称职。能力通常是指一个人能够发挥的力量。人的能力包括本能、潜能、才能、技能，它直接影响着一个人做事的质量和效率。对于提高工作能力，心理学有两种解释：一是个人现在所能为者，二是个人将来可能为者。个人行为所表现出来的实际能力，心理学称之为“成就”，而通过学习和训练或在行为中表现出来的能力，心理学称之为“潜能”。工作能力是达成或者超越预期的绩效水平，一般我们是以应变调控能力、目标设置能力、规划安排能力、任务分配能力、团队管理能力、决策判断能力、激励推动能力、培养下属能力、沟通协调能力、监察反馈能力等能力指标进行评价与建立相关能力指标库的。

工作成果是指工作一段时间后最终的产出。我们通常通过结合KPI指标提取常用的四个维度“时间、成本、数量、质量”，以数字的形式来表达，如“时间，日期、金额、数量、百分比”等来提取工作成果的结果行绩效指标。

例如，公司目前正在研发一款新产品，计划于同时上市。

首先，明确各中心的工作职责和目标，抽取关键要素。

如产品中心负责市场调研、产品企划；设计部门进行产品设计，研发技术部负责新品研发、工艺研发，生产部负责新品生产，业务部负责新品销售，人力资源部负责人员的招聘和培训等。

其次，制定量化的绩效目标，比如时间上，应于同时完成产品调研、企划、设计、研发、生产、销售上市；成本上，此新品需要多少费用；数量上，此新品有多少款式；质量上，此新品生产合格率是多少等。

最后，分解到各个中心岗位的指标：如员工个人身上的是在什么时间范围内需要完成多大的任务量，如果延期完成任务，扣多少绩效分；比如人力部门，时间上每周每月都会提交“招聘进度表”，这些岗位需要在什么时间招聘到位，成本上招聘费用多少等。

3.建立考核指标编码

当公司各部门所有的绩效考核指标确定后，绩效部门的相关人员要对这些指标进行分类建档编码管理，考核指标的增加、废除由绩效人员报绩效管理小组审批，做到每一个指标都有一个编码，原则上以公司名第一个字母表示，或参照公司三阶文件中编码，例如，A公司销售部的第一个“销售指标达成率”考核指标，其编码为：A–XS–K01，公司用A字母表示，如果还有其他子公司，则用其子公司名第一字母表示，销售部门用XS字母表示，K是KPI指标的简称，部门指标多少用数字表示，01表示是该部门的第一个指标。

在很多KPI指标库的实践中，许多公司没有建立指标库，或者是建立了自己的绩效指标库，但是并不知道其真正作用是什么。事实上，KPI指标库是当期考核指标的备选库，目的之一是实现对绩效指标的动态管理，目的之二是用以对下一阶段的绩效分析与绩效反馈夯实管理基础。实际的绩效工作中的考核指标会随着工作重点的变化而不断变化（主要为权重和指标），需要通过建立指标库针对这些变化及时进行调整。

第4篇

企业培训体系搭建——从梳理现状到落地执行

企业培训体系的建设意义深远，它既能提升员工的技能与心态，有助于提升企业的绩效，同时有利于创建学习型组织，提升企业的竞争力。在当下充满不确定性的年代，建设健全的企业培训体系尤为重要，但培训体系之建设非一日之功，是个大工程，需要在高层的推动、各部门的积极参与、专业人员的指导下才能完成。

——侯熙儒

第19章
问题梳理与目标设定

第一节 | 案例背景

几年前，我受邀担任香港地区的一家地产企业的HR负责人（以下简称该企业），该企业年销售额近千亿元，在大陆多个城市均设有分公司，员工数万人。集团下设总裁办、策划部、销售部、工程部、内审、财务、HR、行政部、IT部等部门。

2015年公司形势喜人，为了应对不断增长的业务，公司不断招兵买马，到2015年年底，总部写字楼职员人数就超过400人。

写字楼职员分为C、S、M、D四大层级，分别对应的单词是Clerk（职员）、Supervisor（主管）、Manager（经理）、Director（总监），每个层级又分为助理（3级）、普通（2级）、高级（1级）三个子层级。通常普招的大学毕业生或无经验者入职为C3级，通过试用期成为C2级，即为普通职员。C1为高级职员，无下属，如果表现良好，可晋升为有下属1-3人的助理主管（S3），未来如果表现持续优秀，可逐步晋升为S2、S1、M3、M2、M1、D3、D2、D1。

公司也会社招一些有经验的中高级管理人员加盟本公司（M或D级别），同时每年集团都会让HR去重点大学校招聘储备干部（Management Trainee，简称MT）。

随着业务的快速增长，与之相应的内外部投诉也与日俱增，并且管理成本也在不断上升。公司管理层要求HR迅速建立公司的内部培训体系，尽快提升各部门新老职员的专业技能，尤其要从现有的职员当中培养一批适合公司发展的主管、经理级人才。

为保证企业培训体系的顺利建设，集团特别设立培训与人才发展部（Training and Development Department，俗称“T & D”），并新招了一名本地的人才发展部高级经理，与现有的HR部门共同协作，以尽快建立一套行之有效的企业培训体系。为保证过程科学、合理、高效，公司也请了某咨询机构协助，笔者代表咨询机构，有幸参并辅导公司培训体系之建设。

人才发展部高级经理Lisa是一位近40岁的职业女性，名牌大学毕业，有多年在500强从事过人才培养的工作经验，看上去精明、干练、专业。

第二节 | 现状分析及目标梳理

Lisa入职后第一个星期就发邮件给本部门，希望对公司的培训现况进行摸底。她问了几个非常重要的问题，过去一年公司举办了哪些培训？公司有没有指定哪些人是重点培养的人才？有没有进行验收及进行效果评估？

对于公司现有的具体课程及相关内容，负责培训的同事在会上进行了汇报，具体情况如下：

（1）新入职培训（每周一次，每次半天，由培训专员授课）

- 公司介绍（产品、组织架构、企业文化）—1小时；
- 规章制度（考勤制度、行政管理制度等）—1小时；
- 福利介绍（工资、福利、休假、娱乐设施等）—1小时。

（2）职员培训

- 沟通技巧：1–2月一次，由培训专员授课，对象为办公室文员；
- IT系统操作：每月一次，对象为各部门系统操作员，由IT专员授课；
- 专业知识培训：偶尔会有业务部的同事安排专业知识培训，但响应并不热烈，大家都说忙没有时间来听课；
- 5S培训：每季度一次，对象为各部门5S专员，由公司的5S小组授课。

（3）管理人员培训

- 团队拓展：2天，每年一次，对象为部门经理。安排拓展培训倒没有特别具体的理由，是总裁指定的，因为每年都有新人晋升为经理，平时大家工作忙，部分经理彼此不熟悉，可借机增强大家的了解，同时增强团队凝聚力；

- 领导力培训：无预算与规划，曾邀请过外部培训师到公司授课，但不是每年都有。

看得出来，公司的培训工作一直有在做，但总体上的安排较为零散，各部门分头去抓，前端没有做到统筹并举，后端也没有评估跟踪。有些年度，公司高层发现下属在沟通协作、业务能力上存在明显的不足，也会要求HR联系外部的培训机构，请老师到公司进行内训。

站在顾问的立场上，我对公司提出一个问题：不同企业对于“人才”的定义常常不一样，请问在贵公司是如何定义人才的？有哪些具体标准？

这个问题让公司的高管陷入沉思。经认真回顾，过去这些年公司对于人才没有明确的标准，只在每年调薪时对部分表现优秀之同事进行晋升，具体人员由各部门负责人报批。从理论上说，这些获得晋升的人是公司重点培养的人才，但公司没有为他们特别安排相应的培训，有些新晋升的部门经理工作表现不尽如人意，甚至不乏因无法胜任更难、更复杂的管理工作被公司解聘的情形。

客观来说，公司的培训工作能做到这个地步其实也算不错了，毕竟公司在培训方面不算重视，投入的资源也极其有限，并且一旦培训与业务有冲突，培训必须为业务让路。

现有的人才培养与培训存在哪些不足呢？ Lisa与我就此问题与公司高层进行了探讨，得到以下结论：

- 预算不足。业务在不断增长，有不少的同事被晋升到更高的职位，部分现有同事的能力不足以应对更多、更复杂的工作任务，加上有新人不断进来，公司急需引入市场上的一些经典课程，但目前无这方面的预算；
- 人才培养的方式单一。理论培训是提升职员专业能力的重要举措之一，但不是人才培养的唯一方式，公司需要增加轮岗、授权、项目制等其他培养方式；
- 缺乏能开发专业课程及有较强授课能力的内训师团队。经调查，有不少同学反映讲师讲的内容对工作帮助不大，并且内容枯燥，课程缺乏精心设计，无法调动学员的兴趣，导致不愿意来听课；
- 各部门不重视，导致缺乏持续跟踪。举个例子，前两年公司曾经请过某知名培训师到本公司讲领导力，现场的学员都说老师讲得不错，但回到工作现场时还是用原来的老一套进行管理。很明显，因为不重视，缺乏以及不重视跟踪，导致学员课后没有使用培训师课中所讲的方法技巧，自然也就没有什么改变。

第三节 | 目标设定

建立企业培训体系的最终目的是培养有用的人才，可是对于谁是应该被培养的人、培养的方式方法、预算为多少等标准，需要进一步明确。为了同管理层达成共识，Lisa召集了一次专题会议。会议邀请了总裁、各事业部总经理、副总经理、总监及笔者一起参加，主要讨论以下5个问题：

- 对于培训体系的建立，有何具体目标？
- 公司今年将投入多少预算？
- 公司接下来将重点培养哪些人？
- 公司将采用哪些方式培养人才？
- 下一步需要做什么？

这是一次有关集团培训规划的会议，非常重要。但当时是业务旺季，有几位事业部总经理说在外出差不能出席，他们在邮件中说明不必等他们，到时会议结束后把会议记录发给他们即可。

人才发展部高级经理感觉业务部对培训的重视不够，于是先去找了总裁进行面谈，说明此会议的重要性，并希望他能回复邮件督促所有事业部负责人回来参加。总裁深知如果没有自己的推动，确实难以建立有效的培训体系，便回复了邮件希望大家都能准时参加此会。

公司高层这么多年的首次培训专题会议终于如期举行。此次会议不但对上述问题进行了明确的回应，同时提升了各事业部负责人对于培训的认识，对于公司未来的培训规划具有深远的影响。事实证明，只有公司高层重视培训，才有可能建立行之有效的培训体系，如果各部门的最高管理者都不愿花时间参与，后期的工作更无法顺利开展。

主持会议的Lisa发言，先说明了自己的职责，并强调为了支持不断发展的业务，接下来将与本人负责的HR、其他部门协作建立公司内部的培训体系，旨在通过各种手段培育及发展人才。公司未来的培训体系将涵盖各个部门、每个层级，与所有部门息息相关，同时也需要大家的鼎力相助。

总裁也在会议上指出，培训与人才发展部主要起到组织、指导、协调、规划的作用，各部门的负责人要花时间参与到此项工作中来，因为培养人才是管理者的核心责任之一。

会议很高效，经过积极的讨论，就以下问题达成了共识。

问题1：对于培训体系的建立，有何具体目标？

企业培训体系是一个笼统的概念，不同企业在建设的过程中，资源投入、培训方式及最终结果都有所不同。虽然集团成立多年，但一直以来培训与人才培训并没有得到足够的重视，所以笔者建议将本公司的培训体系分三个阶段：

初创阶段：第1年，建立预算制度，健全公司的培训制度，选拔部分有发展潜力的干部人选并进行重点培养，盘点并优化企业的人才培养方式，根据公司战略及业务需要逐步开发部分精品课程。

发展阶段：第2–3年，全面建立专业课程、通用课程、领导力课程，选拔并培养企业内训师团队，结合现有的经验，形成适合本企业的专家及干部培养模式。

成熟阶段：第4–5年，建立企业大学，在引入部分外部课程的同时，开发必需的专业课程，形成与岗位相对应的规范、科学的课程体系，公司有成熟的内训师团队，中高级管理者定期到企业大学授课，并建立健全员工的培训档案。

笔者在管理层分享了国内外部分知名企业如惠普、华为的培训体系建立的底层逻辑及实施过程，强调建立培训体系就像建设一座大厦，不能一蹴而就，必须打好地基，一步一步来。培训本身是支持业务的，是有实效的，切不能为了培训而培训，让业务变成一种累赘。

问题2：公司今年将投入多少预算？

经费是首要问题。全球500强企业会从当年的利润中拿出一定的比例用于人才培训与发展，具体比例不一。总裁说本公司今年的业绩不错，可以拿出本年利润的3%用于公司培训体系的建设，下半年将投资200万元用于人才培育与发展。

优先用在管理层的培训上。经会议决定，当年的一半费用即100万元用于提升公司管理层的视野，具体包括经理、总监、副总、总经理需要的各种培训课程、参观学习，剩下的100万元用于中基层管理人员及普通职员。

财务部的总经理对预算进行了要求，第一，必须具体到每个月，第二，每个月的项目、课程必须要有明细，第三，要有一定的弹性，比如对于管理层的100万元，培训与发展部可对其中的50万元进行具体的规划，另外的50万元将分配给各部门，由各部门的总经理自行分配。

同样，对于中基层管理人员、普通职员的培训课程必须要具体，培训及人才发展部必须尽快完成具体的规划表，列明课程、对象、费用，在总裁审批之后，到时按计划实施，不必再一一请示。

问题3：公司将重点培养哪些人？

回到笔者提到的那个重要问题：本公司将如何定义“人才”？

有部门负责人直接回答说，肯定是培养业绩好的同事。Lisa转过头问总裁，您怎么看这个问题？总裁没有正面回答，而是问Lisa全球的500强公司一般会怎么做。

Lisa说，世界500强在培育人才时，重点关注的是潜力（potential）而非业绩（performance）。因为如果某同事在现有岗位上表现很好，但公司无意晋升他到更高的职位（也或者他本人不愿意晋升到更高职位），其实是没有必要在他身上花力气的。500强公司在人才培养方面，通常更多考虑的是当事人的潜力，如果这个人表现可以并且有意愿从事更大的挑战，公司应该进行重点培养。

所以，选择哪些人要考虑四点，一是业绩必须良好，二是有发展的潜力和空间（这个由部门的负责人判断），三是当事人有晋升的欲望，四是年龄不能太大。

人才培育，需要花费人力、物力和财力，人数必须控制在一定的范围。按照大多数欧美国家的标准，组织中表现最好的20%的同事应该受到特别的关注，但因为现在职员人数超400人，即使按照20%的比例也至少有80名同事，所以最终确定先关注表现最好的10%，即在下半年重点培养各部门递交并得到大家认可的10%的40人。

人选必须公开、公正，按照会议要求，会后各部门负责人须递交本部门的人选，然后再进行一次专门的人才评审会议。各部门递交的人选必须要获得其他部门的通过，对于每个具体的人选，有密切联系的其他部门必须当场给予自己的建议。只有获得绝大多数与会者的同意，才能最终入围公司人才库。

这表现最好的10%的人选，一定要从现在的管理者中选吗？会议对这个问题进行了明确，大多数候选人必须是部门的基层管理者如主管、助理经理，也可以有部分的普通职员。对于被提名的普通职员，部门负责人必须进行具体的说明。

问题4：公司将采用哪些方式培育人才？

企业培训体系不仅仅包括培训，而是一整套有效运用各种培训方式和人力资源开发技术，帮助企业实现战略目标的运行机制和管理系统。各种各样的培训课程无疑是培训体系中的重要组成部分，但如果只有单纯的培训这一种方式，人才培养的方式无疑是单调的。

西方国家对于如何培养人才进行了广泛的研究，纵观欧美、日本及中国本土企业的做法，目前采用的主要形式有培训、导师制、项目制、轮岗、OJT等。

Lisa对常见的人才培养方式进行了介绍，然后就引话题引导大家进行了讨论。结合各部门的建议，最后确定用培训、导师制、项目制、轮岗、管理培训生（MT）五种形式。

（1）各种形式不同的培训。具体来说，培训有不同的方式与内容，既有召集学员集中到培训室听课的理论学习，也有外出的拓展培训、去其他企业参观的标杆学习等形式。

虽然培训带来的效益很难评估，但所有达到一定规模的企业一定会组织企业内部培训。尤其对于刚刚从技术走向管理的中基层干部来说，如果公司能够给予及时的培训，会让他们少走很多弯路。最常见的问题是，新任管理者对于什么是管理、管理者与员工的角色差异、如何帮助部属设定并跟踪目标、如何激励部属只有非常模糊的概念，不利于提升部门的业绩。

Lisa和各部门领导说明了当下公司的培训现状，肯定了大家过往对培训的支持，同时说明现阶段既缺乏有效的专业课程，也缺乏有课程开发能力、能生动授课的内部培训师。在接下来的半年时间里，公司会给有发展潜力的同事统一安排领导力课程，同时会培养内训师团队开发专业课程，以提升广大职员的专业技能。

（2）导师制。每个部门的总经理、副总经理都必须成为本部门重要培养的同事的导师，每月要和此同事进行二次会谈，提升同事的大局观及思维方式，让其在最短时间升任更高职位。培训与人才发展部会跟踪会谈情况，问询导师及被重点培训同事的感受，看看未来如何改进。

笔者向管理层分享了导师制在欧美国家的知名企业是如何运用的。传统的导师制是公司挑选富有经验及责任心强的管理者，给新升任或者重点培养的下级管理者进行辅导，以提升他们的视野及思维能力。同时，近年时也出现一些较新颖的做法，比如美国的通用公司（GE）给每位高管配备了一位年轻的导师。让人匪夷所思的是，这位年轻的导师是一位刚刚大学毕业的学生，高管定期与年轻人面谈，目的是让高管们充分了解当下年轻人的思维方式、心理特征。

（3）项目制。当下为业务旺季，每个季度都有不同的项目，在确定了哪些人为部门重点培养对象后，未来的重点项目将对这些培养对象进行辅助，这样做的好处有三,一是可以让当事人向项目负责人学习，为未来挑重担积累经验，二是可以让当事人协助甚至担当副手，借此发展当事人的能力，三是可以通过这些项目中观察、指导这些发展对象。

（4）轮岗。一个人如果在某本部门待了较长时间，他的思维无形当中会受工作的影响，比如长期负责网络安全的同事，他的安全防范意识相当强，同时有可能有过分看重风险不敢做决策的行为习惯。所以，对于未来能获得晋升的主管或经理，在他们被晋升之前，在条件允许的情况下（如正好其他部门有空缺），可考虑把他们换到其他相关部门。

轮岗的好处非常明显，很多知名公司如阿迪达斯、通用、惠普等都一直采用这样的做法。在轮岗的初期，当事人会感受到新岗位的挑战，但同时会让他们换位思考，真正理解其他部门的难处。华为公司的轮值CEO制度，其实也是一种轮岗，他们坚信只有真正做过CEO的工作，才能理解CEO决策的难处与风险。

（5）管理培训生（Management Trainee，简称MT）。这种干部培养的方式早已风靡全球，这也是管理学的伟大发现：优秀的管理者其实是可以培养的。

管理培训生刚刚大学毕业，完全没有管理经验，所以公司将采用一种有异于培养有一定工作经验的同事的培养制度。在具体的过程中，既会有理论知识的培训、拓展培训、学习与参观，也会结合上面所提及的轮岗制度，让他们先在不同部门实习，这样既对公司核心部门有一个基本的了解，同时公司也可以在实习过程中观察到每名管理培训生的优点、不足及兴趣，为最终把他们分配到哪个部门提供了现实依据。

问题5：下一步需要做什么？

建设企业培训体系是一项各部门必须参与的工程，培训与人才发展部必须发挥龙头的牵引作用，同时指导、协助业务部门共同推进。

（1）培训与人才发展部必须按照人“3+1”的培训体系模式，有计划有步骤地推进。企业培训体系的三大核心要素是制度、课程、培训师，接下来需要先建立规范的培训管理制度，再逐步开发课程及培养内训师团队，最后形成下半年的培训计划。

（2）业务部需要配合完成三项工作，一是按照“业绩好，有潜力”的标准评选本部门未来培养的对象，这个评选过程必须公平、公正，否则会引起其他同事的不满，甚至导致部分人员的流失。二是思考本部门的同事需要提升哪些技能，确定未来需要开发的课程，三是推荐内训师人选，到时由人才与发展部统一培训，让他们成为公司、部门内部的优秀内训师。

第20章

培训体系搭建：制度、课程、内训师和培训计划

第一节 | 建立规范的培训制度

培训制度要兼顾训前、训中及训后3个不同的阶段，从内容上来划分，具体包括：

- 需求管理制度；
- 课程管理制度；
- 培训师管理制度；
- 培训实施制度；
- 效果评估制度；
- 其他相关制度。

同事对现有制度进行了梳理，查缺补漏，对以下制度进行了修订。每份制度都是一份规范的文件，有起草、审批、发布、培训的过程。具体内容在此不赘述，只提要点出来做示例。

1.需求管理制度

制度规定，所有时间超过半小时以上的培训都必须在课程一周前进行调研，具体手段包括以下“望闻问切”4种方式：

（1）望：行为观察法

培训师通过在现场观察学员在工作中的具体行为，判断学员在态度、知识及能力上存在哪些不足。

公司对企业形象很重视，每年都会请外部老师对公司的40多名保安进行礼仪及安全知识的培训，为了使本次培训效果更佳，培训部会请培训师提前到公司参观，在保安不注意的情况下近距离观察保安在工作中的各种表现，找出工作中真实存在的问题。

（2）闻：访谈法

通过课前访谈学员的直接上司以及学员本人，了解本次培训的具体目标以及学员本人在工作中存在的困惑，再把问题与对应的方法工具设计到课程中来。

这里必须注意一点，不是所有的问题都可以通过培训解决的，培训师必须先收集问题，然后对问题归类，确定哪些是可以迅速解决的问题，哪些是需要通过其他方式解决的系统或文化问题。为了保证需求全面，公司制度规定，培训师必须对不少于20%的学员进行访谈。

举个具体的例子。HR部门的培训专员每季度要对各部门的新入职同事举行一次“如何与上司及同级进行沟通”的培训，每次课程20人以上，根据此制度，未来每次培训前培训专员师至少对4名新同事进行访谈。

（3）问：调查问卷法

培训师或组织者在访谈后需要及时对内容进行梳理，到时再根据整理后的访谈结果制定“培训需求调研表”，进行最后的需求确认。这里必须要注意，千万不要在未进行访谈的情况下直接发一张“需求调研表”，现实证明，直接要求学员填表效果不大，一是本身调研表内容太广泛，重点不明，二是被调研者常常因为工作繁忙，无心填写，这样收上来的调研表也无法形成真正的支持。

（4）切：数据分析法

除了上述的观察法、访谈法、问卷调研法，也可以观察学员当下的KPI表现，如给业务人员授课前，可以观测客户的满意度、业务人员的销售业绩等。通过相关数据的分析，可以大致判断学员哪里需要改进。

2.课程管理制度

课程是培训体系的灵魂。全球500强企业都有自己的课程体系，所以Lisa在这个地方也是下尽功夫。

首先要对课程进行分类，看看公司现阶段有哪些课程，哪些地方是空白。从内容上来分，培训课程包括态度类（A-attitude）、技能类（S-skill）及知识类（K-knowledge）课程。

态度类课程重在改变学员的思维，比如培养学员积极主动、敢于创新的思维，解决的是态度问题。一直以来，对于办公室的普通职员，HR的培训专员曾为大家讲过“阳光心态”“职业化素养”等课程，但对于公司的中基层干部的思想管理，目前缺乏有效的课程。

技能类课程重在操作，针对的是不懂方法工具导致不能很好完成任务的问题，针对的是行为问题。比如，对于顾客的投诉以及在作业过程中，常常存在一些不足，目前也没有成熟的课程，再遇到这种问题时，通常基层管理者会提升大家对问题的重视。

知识类课程解决的是学员对流程、制度、产品的不熟悉的问题，目前HR已经拍了一些视频课，放在公司的内联网供大家学习。只是因为没有严格的制度，加上课程内容不太有趣，所以这些课程没有引起各部门的重视，线上学习基本上流于形式。

课程管理是一个大工程。管理层同意Lisa的建议，先盘点、再开发、最后优化并将优质课程沉淀下来，形成公司的课程体系，这是未来的工作重点。

3. 培训师管理制度

公司将成立内训师团队，具体人选采用主管推荐、个人报名两种方式，在经过公司内部选拔比赛后，请外部专家对入选者进行演讲能力、课程设计、课程开发的培训，并根据内训师的工作经验、所在层级分别授予初级培训师、中级培训师、高级培训师的聘用证书。

初级、中级、高级培训师的能力呈阶梯上升的状态，初级培训师只需有较好的演绎水平，能够在有教材教法都已确定的情况下，较准确地进行授课。中级培训师则需要有一定的课程设计能力，能根据学员的特点设计课程开场、较好地与学员进行互动、能有效控场，高级培训师则需要有开发课程的能力。

高级培训师必须在公司工作8年以上，精通岗位知识以及关键任务，能够独立开发有关公司产品或操作的课程。根据制度要求，每位高级培训师每年必须独立开发一门课程，并且此课程要经过团队评审，最终入选公司的课程库。

公司内部培训师的积极性也要进行管理。最常见的现象是，在内训师团队成立初期，兼职培训师还能够认真对待每次授课，但过了一两年之后，因为嫌课酬低、工作忙，慢慢失去了讲课的积极性。所以，要定期召集培训师进行研讨，要给予一定的物质及精神鼓励，必要时给内训师自己安排必要的学习，提升他们授课的积极性。对于个别已完全失去授课兴趣的内训师，应该及时取消资格，并及时补充新的内训师到团队中来。

4.培训实施制度

培训实施与课程、培训师、学员、系统、软硬件密切相关。比如，在培训前，必须二周前告知学员，培训师必须制作标准的PPT课件，每次培训学员必须签到，课程不得无故缺席、课程结束时每名学员必须分享自己的感悟体会等。

5.效果评估制度

效果评估主要分为三个层面，一是学员对课程及培训师的满意度，二是学员主管对课程有效的反馈，三是课程对行为、业绩带来来的积极影响。在三者当中，很多企业常常不自觉陷入误区，把评估的重点放在培训师身上，而不是关注学员有没有改变，这完全和培训的初衷背道而驰。

让学员评估课程及培训师的表现，能有效提升培训师对于课程的重视，让他们感觉不能随便应付要讲的课程。之前一直没有要求对每次课程进行评估，因为怕没有人愿意讲，但在Lisa的坚持及业务部门的支持下，新出台的评估制度清楚规定，每次课程结束时学员必须及时对课程目标、课程内容、授课水平、培训组织进行打分，每次培训后一周内对于上次的培训评估结果通过邮件及内联网进行公示。

6.其他相关制度

除以上制度外，还有很多大大小小的制度，包括学员培训档案管理制度、外训管理制度、培训室管理制度等。

学员的培训档案需要统一管理。过去业务部门进行了数期基础业务知识的培训，每次培训都签了到，但并没有入系统，也没有相应的考试，这就为未来同主题的培训留下了隐患。下一次继续进行同主题培训时，可能就有部分同事借口之前参加过而不去听课，所以后来的制度中明确加了一条：对于学员的培训要在系统中进行及时登记，并同时将考试成绩保存在系统。事实证明，自从有了这一条，各部门对于业务知识培训的重视程度比之前要强得多。

对于外部的公开课也需要通过制度进行统一管理。虽然公司之前没有固定的培训预算，但不定期会有同事申请参加外部的公开课，公司领导也会酌情进行审批。为了让更多部门共享到优质的外部课程，现规定首先向培训部申请，培训部在收到申请后把课程信息发到其他部门，如有其他部门想一同参加，可向培训部申请报名，这样在价格上也可以享受一定的优惠。如果遇到多个部门都想参加的情况，可考虑将外出参加公开课变成内训的形式。

外训制度的出台有着重要的意义。尤其是制度中有明确的要求，参加外训的同事在回到公司后一定要制作课件，并进行一次内部分享，此举不仅可帮助当事人复习巩固所学的知识，客观上也为其他未参加外部公开课的同事提供了一次学习机会。

第二节 | 建立课程体系

企业的课程体系规划必须做到三点：分类别、分层级、分部门，以下从这三个方面来谈课程是如何设置的。

1. 分类别

公司管理层一致认为，对于当前顾客的投诉、有时出现的部门沟通不通畅主要是因为部分职员缺乏工作的投入度，考虑问题的思维模式（mindset）需要进一步提升。所以对于未来的培训课程，建议分类如下：

态度、思维类课程。此类课程应该优先安排，具体课程应先结合本公司的文化，再从500强企业认可的品牌课程中进行选择。因为本公司是中国香港企业，主张以人为本，和特别强调无条件服从、绝对执行力的日本企业不同，公司管理层希望能找到一门既强调如何提升工作效率、又注重家庭平衡的管理课程。

领导力课程。对于即将评选的40名有发展潜力的同事，必须安排相应的领导力课程，让他们掌握管理者的角色、目标设定与授权、工作管理、部属激励等知识，在课程结束后进行跟踪。另外，给这些同事同样安排一期外出的拓展培训，提升团队的凝聚力并促进跨部门的沟通。

专业课程。每个部门应该根据现有的岗位级别，开发2–3门技能类课程，清晰不同层级职位的技能差异。此部分课程目前比较缺乏，未来应进行内训师的认证，由通过授证的内训师团队统一开发。

与工作不直接相关的其他课程。因为公司希望建立以人为本的文化，并且管理层也认同如果员工健康、家庭管理出了问题，会给工作带来负面影响。经会议决定，未来可适当引进部分有关婚姻管理、情绪与压力管理、卫生保健类课程。目前有不少公益机构免费为企业提供此类课程，培训课可以联系这些机构，引进部分优质课程，必要时也可以投入部分预算，引入瑜伽、舞蹈、艺术课，让员工在工作之余，还可以提升自己的生活技能，从而提升他们对公司的忠诚度，达到留住员工的目的。

2.分层次

在一次沟通专题会上，我提出另外一个问题：有些高级主管晋升为助理经理了，请问这两个职位所需要的能力有什么不同？如果未来再升职为经理甚至高级经理呢？

这个问题很重要，我提出这个问题后，部分管理者说他们也有这个疑惑，但又不知道如何作答。

有一位业务部的负责人说，因为有些同事一直以来都是主管，虽然管的人不多，但在公司服务了多年，一直兢兢业业，所以晋升为高级主管，但其实升职前后的工作任务及能力要求，二者差异不大。

但这类同事未来要不要晋升为经理？主管与经理这两个职位到底有什么不同？这个问题需要界定清楚，因为绝大多数世界500企业，对于这个问题作了清晰的回答，如宝洁、惠普公司，他们对于各个不同层级管理者的任务及能力均作了清晰的界定。

回答这个问题，必须要弄明白一个逻辑，绩效来自行为，行为以能力为基础，培训课程解决的就是能力问题。所以对于不同层级的职位，均要对工作任务及能力进行科学、客观的分析，在理想的状态下，如果一名新同事入职，他能清楚看到当前职位处在哪一个层级，如果希望晋升，自己需要发展哪些能力、取得什么样的业绩。

不同的层级意味着薪酬上的差异，背后是能力、业绩的差异。惠普、宝洁、通用等商学院对于公司不同级别的职员设置了不同的专业及管理课程，设置的依据是不同级别的工作任务以及背后所需的工作能力。

所以，公司要培养人才，必须对各个层级进行任务、能力分析，并且清晰描绘职位发展路径图。在华为的HR体系当中，有一个非常重要的子体系叫做任职资格体系，表达的是同样的意思，所谓的任职资格，就是在招聘、晋升前，先搞清楚这个职位必须给公司作出什么样的贡献、需要执行哪些任务、需要具备哪些核心的能力。

如何绘制职位发展路径图呢？现在很多公司会请外部的公司来进行咨询，通过调研进行职位分析，最后给不同的职位进行能力建模。能请专业的咨询机构来做这件事当然最好，但所需费用较大，并且耗时较长。

因为公司暂时没有这方面的预算，并且培训体系处在初始阶段，不需要做得太精细，所以描述职位发展路径图的工作由培训与人才发展部来牵头并进行辅导、培训并提供范本，由各部门自己来做。

描述职位发展路经图分为4个步骤：

第一步，列出部分层级的所有职位。例如，工程部的S1级，就包含高级工程主管、高级计划主管、高级设备主管等职位。

第二步，针对每个职位，部门找出1–2名表现良好的同事。

第三步，挖掘这些同事的资格、任务、能力的共性。比如，上面的S1级，均需要具备“至少大专毕业，熟悉原材料、工程制程以及流水线工序”“为下属设定目标并辅导下属达成目标”这2项工作任务。

第四步，开会讨论，对这些共性进行验证，并查缺补漏。

描述职位发展路径图是为不同层级的同事设计培训课程的基础，假如缺乏此项工作，完全是凭空捏造，信口开河，缺乏科学依据。

对于从未进行过此工作的业务部门来说，此项工作较难，一开始完全没有头绪。但经过不断的磨合、辅导，在业务部门的认真配合下，此工作最终顺利完成。虽然最终的描述结果仍较粗糙，但至少已形成一个良好的基础，对于培训体系的构建提供了保障。

表20–1　职位发展路径图示例（以工程部的M级示例）

	M3	M2	M1
职位	助理经理	经理	高级经理
任职要求	英语4级以上； 5年以上本行业经验； 3年以上团队管理经验； 熟悉产品制造流程； 熟悉工程现场的人员及设备管理； 较强的执行能力； 懂得授权、能有效辅导下属。	英语4级以上； 8年以上本行业经验； 5年以上团队管理经验； 熟悉产品制造流程； 善于进行团队建设，较强的计划、组织能力； 有一定的创新能力； 良好的跨部门沟通技巧。	英语4级以上； 10年以上本行业经验； 8年以上团队管理经验； 熟悉产品制造流程； 善于进行团队建设、跨部门沟通技巧； 精通项目管理，能独立策划并完成大型项目； 有较好的谈判能力。

有了清晰的职位发展路径图，根据图中不同层级的能力差异，各个部门就能很快地设置不同层级的培训课程。

表20-2　分层级的课程体系示图（以工程部的M级示例）

	M3	M2	M1
职位	助理经理	经　理	高级经理
管理课程	工程现场管理技巧； 团队建设； 部属激励技巧。	如何打造高效团队； 跨部门沟通技巧； 绩效管理。	变革管理； 企业教练技术； 商务谈判技巧。

3.分部门

所有部门不同层级的培训课程都按照这种思路进行设置。先不管每一门课程的内容，至少先把不同职位所需要的能力、课程说清楚，未来再考虑如何开发。

不同部门的功能、工作任务不一样，所以有着不同的专业课程，如工程部、采购部的高级经理都需要学习"供应商选择与管理"的课程，而人力资源部的经理则需要学习"劳动合同解除技巧"的专业课程。所有的专业课程都是为了避免或者解决工作中容易出现的问题，和岗位说明书息息相关。

各部门的专业课程必须形成清单，因为在下一步考虑成立内训师团队时，要根据专业课程清单考虑部门哪些人应该参与这些专业课程的开发，即哪些人应该成为公司及部门的兼职内训师。

表20-3　工程部的专业课程示例

	S3	S2	S1
职位	助理主管	主　管	高级主管
专业课程	5S管理； 现场安全管理。	物料控制与浪费管理； 成本预算与控制。	精益工程； 流程管理与工艺创新。

经过一个月的研讨，各部门公布了本部门职员未来需要学习的课程，但没有想到的是，大量的相邻部门提出要求，希望能学习其他部门的部分专业课程，比如，计划部希望学习工程部的"物料控制与浪费管理"和"精益工程"的课程，他们觉得引进此课程非常有必要。这个想法非常好，客观上来说对于公司

的发展也很有帮助，但对于后期的课程开发提出了难题，因为相邻部门不要求学得太专、太细，只需要有一定的了解。

如何解决此问题？经研究决定，只要是相邻部门提出要求且参加人数超过10人以上的，将原来的专业课程设置为进阶课程，比如将“精益工程”这门课设为二个等级，一为“精益工程基础知识”，二是“精益工程专业训练”。

有效的企业课程体系既要做到“分清楚”，更要做到“合起来”，就像大学里的课程一样，既有小班的专业课程，也有在大教室学习的公共课。这样做的好处是可以资源共享，减少资源浪费，避免了一些不必要的分工。经过数次会议确认，公司各部门的通用课程合并如下：

C3：见习职员，学习“公司文化”，过试用期后即为C2；

C2：职员，学习“如何与同级及上级沟通”“商务礼仪”2门课程；

C1：高级职员，学习“高效执行力”“5S管理”2门课程；

S3：助理主管，学习“目标设定”“管理者角色认知”2门课程；

S2：主管，学习“如何帮助下属分解目标”“DISC-不同人际风格的沟通技巧”2门课程；

S1：高级主管，学习“授权之道”“情景管理”2门课程；

M3：助理经理，学习“团队建设”“部属激励”2门课程；

M2：经理，学习“跨部门沟通”“绩效管理”2门课程；

M1：高级经理，学习“变革管理”“商务谈判”2门课程；

D3：助理总监，学习“战略管理”“组织设计与创新”2门课程；

D2-1：总监级，董事会安排或自主申请课程。

健全的企业课程体系必须对应岗位职责，做到“既要分，又要统”，保证不同层级之间有科学的过渡。在某种程度上说，通过观察不同层级的课程设置可以清晰看出不同职位的能力差异。

第三节 | 建立公司内训师团队

建立内训师团队需要有科学的计划，从流程上来说，具体可分为人员选拔、通关评审、专业训练、开发课程、实施授课、评估改进6大步骤。

1. 人员选拔

一名优秀的内训师必须具备良好的专业水平及表达水平，同时有意愿进行分享。考虑到这一点，公司在选拔内训师人选时采用部门推荐及个人自主报名两种方式。

在公司级的培训规划会结束后，部门负责人在部门会议上说明公司会花大力气建立培训体系，到时会为各部门、所有层级的同事安排学习相应的课程，并且会成立内训师团队开发专业课程、并给同事授课。部门负责人说明了培训的重要性，并根据之前设置的专业课程推荐了相关人选。

我在会议上反复强调，培训师是课程的载体，内训师不能仅有表达水平，同时为了避免有些课程讲师过多，部分专业课程无人讲的情况，所以在推荐人选时，部门负责人必须充分考虑本部门谁去开发、讲授这些专业课程。在推荐人选时必须注明每人对应的课程，保证内训师是一名业务专家。

为了提升大家的积极性，培训与人才发展部也同时进行宣传，通过邮件、内联网通知公司即将组建内训师团队并进行专业培训，欢迎没有获得部门提名但有意愿成为兼职培训师的同事报名参加内训师的选拔。当然，因为内训师对于专业度、表达能力有一定的要求，所以设置了以下报名条件：

- 在当前岗位上至少具备3年以上的工作经验；
- 在本公司至少工作1年以上；
- 有良好的表达能力。

2. 通关评审

公司将直接给公司现有10位高级经理颁发内训师聘书，另外通过授课比赛选拔20人进入公司的第一批内训师团队，在此20人中，一半为初、中级管理者，一半为技术专家。

参加授课比赛的同事必须用PPT制作课件，然后登台进行15分钟的分享。当然，为保证入围的同事是业务专家，大赛特别限定分享的主题必须与工作相关，“如何买房选房”等与工作不直接相关的主题不能参加比赛。

- 为保证比赛的公平、公开、公正，比赛邀请公司的几位高管及本人作为评委，公司高管点评内容是否正确、合理，本人则从以下7个方面进行评判。
- 讲师风范（10%）：衣着、表情、眼神、声音、手势、身形、步伐是否符合规范。

- 课程结构（20%）：有无导入、问题是否明确、有无方法工具、有无练习以及课程收尾是否自然。
- 教学方法（20%）：有无通过对比等不同教学方法让学员掌握知识点。
- 互动技巧（20%）：是否会出现培训师满堂灌的现象，互动形式是否单一，是否自然。
- 时间控制（10%）：是否能在预定时间内完成教学任务。
- 控场技巧（10%）：面对设备故障、台上学员私下讨论、学员不愿回答问题等一系列问题，是否能从容应对。
- PPT课件（10%）：PPT课件是否规范，是否出现Word搬家、结构不合理的现象。

授课比赛也是一次展示自我、学习与成长、建立培训文化的好机会。公司将通关比赛安排在晚上举行，并欢迎各位选手组建亲友团观战。经过连续几天的选拔，公司最终确定了第一批内训师的名单。另外，台下学员通过聆听台上同事的分享也提升了自己的知识，对于同事的理论素养管理层也更加清晰。

3. 专业训练

（1）训练计划

从大的方面来说，企业内训师需要掌握演、导、编三大核心能力，此三项能力分别对应初级、中级、高级培训师的工作任务。初级培训师应该能够用现有的课件、确定的教法与素材演绎好已经开发好的课程，中级培训师能够利用现有的课件选择合适的教法、相应的素材进行授课，高级培训师能够根据企业的需要，开发合适的课程解决现有的绩效问题，或者推广组织中现有的经验。

笔者根据自己十余年给中国中车、联通、阿里巴巴、中行、国家电网等大型企业辅导内训师团队的经验，提出培训课程分3期来做，每期2天，具体内容如下：

第1期课程：主题为“培训师基础知识及讲台驾驭技巧”，为初级培训师必须掌握的内容，所有内训师必须参加，也欢迎各部门与培训相关的人员参加课程。让大家了解培训师的角色、培训与演讲的区别、企业为什么进行培训、基本的控场技巧以及PPT课件的设计。

第2期课程：主题为“课程设计技巧”，为中级培训师学习的内容，课程目标为掌握一堂课的基本框架与演绎逻辑，具体内容包括开场设计、互动技巧、案例教学、知识点的演绎技巧、课程收尾的艺术等。

第3期课程：主题为“课程开发技巧”，为高级培训师学习的内容。学习这个课程的学员需要有一定的基础，并且必须是业务专家，因为如果不懂业务，是无法洞悉执行工作任务时的常见问题并且进行深入分析的。在此课程中，每名学员都要动手写案例，分析原因并且选择相应的方法工具。

（2）训练成果

第1期课程实施情况及成本：除了邀请通过选拔的20位准讲师参加此课程，还邀请了来自HR、行政、工程、策划等多个部门与培训工作相关的同事。现场学员水平参差不齐，既有经验丰富的内训师，也有不少从未上过台的理工男。课程让学员感觉收获颇丰，学员们说自己重新认识了培训，现场的管理者也认识到自己作为员工的上级，有义务对部属进行培训。

首次的基础知识培训关键是要提升学员的认知。在课中我问大家一个问题：为什么常常出现培训前后学员没什么明显变化的情况？大多数学员常常会从其中的一个点去考虑，如没有调研，或者讲课不够生动，或者没有跟踪。在此课程中，笔者首先让学员明白学员、学员上司以及培训师在培训前、培训中、培训后的不同角色的重要性，强调培训包括准备期、实施期、转化期、评估期四个阶段，并且说明实施期是时长最短的，如说课程是2天的时间，但转化及评估的时间通常超过2个星期。

在课程结束时，笔者要求参加的学员想一想：培训后我会有哪些改变？经过小组讨论，在培训结束前达成了二项决议：一是培训学员的上司必须参加课程，了解课程的内容，二是内训师必须制定跟踪清单，和学员的上司共同观察学员在工作中有没有改变。

第2期课程实施成果：主题为“课程设计技巧”，本次课程重点介绍成年人的学习心理以及课程设计的步骤，具体包括吸引注意、连接学员、聚集问题、激活旧知、讲授新知、课堂演练、知识点小结、布置作业、升华主题9个具体步骤。

没有训练的课程是没有成效的。很多同学认为自己学会了，但上台一演练，发现自己有很多坏习惯，如问题不聚集、素材与学员距离太远、自己在台上不断干讲让学员听得乏味。我让学员们拿自己现有的课件上台分享，现场学员既学到了不少实用的知识点，上台分享的同学也了解到自己的优势与不足。

课程结束前笔者给大家布置了作业，请每组参考课程设计的9个步骤对现有课件进行优化。这个练习意义重大，也取得了非常好的效果，因为半年之后公司再一次进行课程满意度调查时，90%的学员对课程表示满意。

第3期课程实施成果：主题是“课程开发技巧”，重点介绍课程开发的常见模型，尤其是ADDIE模型的由来及要点，在2天的课程中，带领大家进行选题破题、案例编写、方法确定、建立大纲、选择素材、教法设计、课件制作7个关键步骤。

课程开发的训练和一般的课程不一样，主要是由老师带着学员做练习，几乎有一半的时间交给学员做练习，培训师在旁边进行辅导。为了保证课程有成果，在课程开始前，笔者给每小组预先布置了作业，请每组预先想好一个课程开发的主题，这样就不必在课程上浪费时间。

经过2天的训练，现场4个小组都完成了4门预定课程的大纲、PPT课件、素材库、学员讲义以及讲师手册。虽然后期还需要进一步的优化，但至少框架已定，内容都设计得差不多了。

4. 开发课程

考虑到时间紧迫以及公司内训师的知识储备有限，公司决定对于一般的通用管理课程采取外购的方式，如“高效沟通”“授权技巧”等管理课程，一概请外面的老师来讲一次，然后由企业的内训师进行内化。在内化时内容改动不大，只对内容进行截取，保证内容适合本公司，同时尽可能用本公司的案例来演绎。

但各部门的专业课程需要内训师团队来开发。在之前的课程开发能力训练时，虽然也开发了几门课程，但数量极为有限。每个部门都有不同的层级，有不少于10门类似于工程部的专业课程“工程建设基础知识”在等待开发，所以90%以上的专业课程至今只有主题，没有内容。

所以，课程开发的任务可谓任重而道远。这也是为什么在公司的“培训师管理规定”制度中有一条明确的规定“公司的高级内训师每年至少开发2门专业课程”，至少开发哪2门，由部门自行决定。

考虑到公司业务繁忙，平时各部门加班多，几乎不可能派人听一天甚至半天的课，所以规定每门课程按1小时的长度来开发，用“1–1–1”的模型来开发，每次只解决一个具体问题，讲透一个知识点，并且必须要用一个真实的公司案例证明知识点的可行性。

按照笔者的建议，课程体系的建议先不要追求大而全，而是保证实效，当下有哪些问题需要通过培训解决，就开发哪些课程。只要每年坚持开发几门有效的课程，3–5年之后，课程体系就能完整地搭建起来了。

笔者在2015–2017年连续两年担任该企业的培训顾问，主要任务有两条，一是通过听课、点评、一对一辅导等方式提升初级、中级内训师的授课技巧，二是辅助高级培训师开发专业课程，在他们遇到问题时提供必要的帮助。经过2年的努力，企业一共开发了50多门专业课程，初步建立了企业的课程体系。

5. 实施授课

按照“培训师管理规定”，在内训师团队成立以后，每周三下午安排2名内训师在培训室授课。因为每门课程时长为1小时，每周大家可以学习2门课程。具体课程安排，培训部会提前与各部门沟通，确定当下的培训需求及希望的主题，确定后提前一周公布下一周的培训主题。

初级、中级培训师每年至少进行6次以上的授课，高级培训师的授课次数不作硬行规定，因为他们的主要任务是研发课程并且指导初级培训师。

6. 评估改进

（1）培训效果的评估

为了保证培训效果以及培训师对于课程的重视程度，公司运用柯氏四级评估中的前三级评估手段进行培训效果的评估。柯氏模型中的第四级提到用绩效来评估培训效果，在实践中太难操作，本企业暂不采用。

第一级评估：反应层级的评估。培训课程结束时，现场要求学员扫二维码，在手机上填写“培训效果评估表”，让学员对课程目标、课程内容、授课技巧、培训组织进行打分，看看学员的满意度如何。评估中有十几个评价项，全部采用选择题的方式。此评估方式有两个好处，一是简单易行，系统会自行统计及分析，现场就能看出结果，所花费的时间少；二是比较客观，全部来自学员的评价。另外，培训专员也会在课程结束后对部分学员进行采访，听听他们对课程的评价。

第二级评估：学习层级的评估。此类评估尤其适合知识、信息类培训，如采购部有一门叫做“物料采购基础知识”的课程，其中有不少是需要牢记的知识点，在培训课程结束时，会现场安排学员进行笔试。这样做有三个好处，一是考核学员是否掌握课程的核心知识点，如果现场考试不及格，公司要求必须重新培训；二是利用考核的机会加强学员的记忆，三是可将学员考试成绩作为学员参训记录，完善企业的培训文档管理。

第三级评估：行为层级的评估。此类培训特别适合技能类培训，重在操作，课程针对的是学员在工作中因行为不当造成的失误。例如，公司针对C级职员开发了一门叫做“电话礼仪”的课程，其中有很多细节，如5秒之内要接听、说话要礼貌、必要时作记录等，其中有明显的一条是在接通桌面上的来电后，接电话者要主动说：“您好，我是 ××× 部门的 ×××。”主动招呼、部门与姓名三者缺一不可，在招呼时不能说“你”而是“您”。在“电话礼仪”课程结束后，培训专员会在工作中进行观察，看同事是否真正按要求去做。有一些课程针对的是工作流程的行为，平时不易发现，培训部会采用访谈部门主管的方式，问询学员是否有行为改变。当然，为了保证学员主管知道课后需要学员有哪些改变，会要求学员上司参加课程，同时在训后会将观察项及注意点发邮件告知学员的上司。

（2）讲师评估

在通常所说的“培训效果评估”中，首先企业是否达到预期的目标是最主要的评价项，其次是学员是否有改变，最后才是对培训师的评估。必须强调一点，培训常常没有效果是多方面原因的综合结果，并非培训师讲得不够好。据笔者观察，培训收效甚微最常见的原因是课后根本没有跟踪与转化，讲师本来就是兼职的，讲完就走人，最后没有人来跟踪。

即便如此，培训师是否熟悉企业与学员工作中存在的问题、课程中是否有干货，是能否进行转化的重要前提。所以，培训部会重点关注“培训评估表”中对培训师的评价，如果学员认为课程目标不明确、内容太枯燥、对授课技巧明显不满意，则会在课后要求培训师重新优化课件，如果持续得不到改善的，将取消内训师资格。

为了保证培训体系的有效性，企业必须激励培训师开发课程、在内部授课的积极性。

激励方式可以两手抓，一是从精神层面入手，给予企业内训师足够的荣誉，如给培训师颁发不同等级的证书、将培训师作为登台的门槛（如中秋晚会、年会主持人必须为内训师），同时给予内训师学习与成长的机会。有些企业每年请笔者进行“TTT–企业培训师授课技巧”或“培训师引导技巧”之类的培训，这也是给内训师的一种福利；二是给予一定的物质激励，如本公司为了激励内训师授课的积极性，给予初级、中级、高级培训师每小时200元、500元、800元的课酬，中级、高级培训师每年可申请一次参加外部公开课的机会（费用不超过千元）。

笔者在2015–2017年对本公司进行了两年的辅导，共培训40多名内训师（每批20余人）。因为有一部分培训师是高级管理者，因各种原因没有进行授课，实际授课人员达36人。根据当年学员的评价，最终淘汰5人。

小结：所有的培训工作都需要人来做，如果企业缺乏对内部培训师的激励，内训师们感受不到足够的尊重，学员不视培训为一种荣誉，而是把授课当成一种必须完成的任务，企业是无法形成真正的培训文化的。根据笔者的建议，凡是获得本企业内训师资格的，厂牌颜色一概为鲜艳的黄色（非培训师的厂牌颜色为蓝色）。因为只有高级经理及培训师的厂牌为黄色，第二期选拔时有不少同事踊跃报名。

在高效的企业培训体系中，课程为立根之本，就像行驶在高速公司上的各种车辆，但开车的是培训师，只有培训师热爱培训并愿意把时间投入课程开发与设计中，才会有好的培训效果，学员也才会热爱培训。

第四节 | 制订并实施培训计划

健全的培训体系包括四大要素，一是以培训制度为核心的运营体系，二是合适、有效、有体系的课程，三是受过专业训练、有专业素养的培训师，四是科学的培训计划。上述的章节依次谈到了制度建设、课程开发、内训师团队的建设，最后来谈谈本公司是如何制订并实施培训计划的。

1.制订培训计划

第一步，课程收集。在经过第三阶段的“课程开发技巧”训练之后，公司已经有了一些自己开发的专业课程，培训部给予各部门一定的时间将课程进行优化，之后形成课程列表，同时要求各部门按模版规范课程大纲、PPT课件，对培训文档作统一管理。

第二步，需求确认。培训部将现有课程发给各部门，征集各部门的建议，确定已有课程的优先等级，并确认下一步需要开发哪些课程，哪些课程需要进行外购。确认需求非常重要，丝毫不能马虎，不能只依靠邮件来沟通，需要进行专门的会议。笔者参与了数次需求确认会，发现用户部门对许多已开发好的课程课题充满兴趣，对于课程目标、方法工具甚至素材提出了许多宝贵建议。在需求确认后，不少课程进行了二次开发，内容的实用性大大增强，为未来取得良好的效果打好基础。

第三步，统筹安排培训计划。培训部根据课程的优先等级、培训师及学员的时间安排，进行有密度、有层次的安排。培训计划会提前通知各部门，并且可在公司网站查询。每个层级都有自己的必修课，也可以报名参加同级别的选修课程。公司规定，每名职员每年必须参加4门专业课程并通过相应的考试，考试结果将通过邮件及内联网进行通报。

2.实施培训计划

(1) 管理课程的实施

总裁在会上要求培训部尽快对新晋升的经理、总监级干部进行培训，目的为统一大家对未来形势的理解以及清晰公司的管理理念。

因笔者的品牌课程“九段管理者—中层干部管理技能训练”获得日立、国家电网、创维、广州地铁、招商银行等企业的好评，公司指定我给新晋升的经理、总监进行为期3天的培训。为了保证课程实用，课前还对内容进行了优化。高层对这批新干部寄予重望，总监及各部门的负责人均难得地参加了这次培训。因为课程为内容实战，具体讲授了管理者的角色认知、如何与同级进行沟通、授权与激励、目标管理等一系列的实战技巧，课程取得相当不错的效果。

培训结束后，各部门希望公司能够统一管理语言，加上大家均认同“九段管理者—中层干部管理技能训练”的基本理念，要求笔者开发1天的简易版本，因大多数写字楼职员均为普通职员，不需要管理团队，只需学习1天。之后公司对写字楼职员进行了此课程的轮训，每班30余人，共进行了10多期，学员的反馈均相当不错。

（2）专业课程的实施

这是工作量最大、也是最能直接推动业务的部分。专业课程众多，仅2015年下半年就开发了20多门课程，并且有些课程受训学员众多，管理的压力大，因为如果课程流于形式，那就根本达不到应有的效果。

在前期实施的过程中，最大的挑战来自业务与培训的冲突。虽然三令五申要求不得请假、上课不得接听电话，但仍有不少学员中途离开处理公务，或者公开接听电话。后期为了保证授课时学员的干扰降到最小，公司将培训室搬到与写字楼有一定距离的区域，并且强行要求学员上课前务必把电话设置为静音，放到提前准备好的电话柜中。

专业课程虽然在开发时目标已很明确，受训之后依然不会马上见成效，偶尔也有个别部门主管认为即使学员通过了理论考试，培训对业务的帮助依然不大，但参加培训作为一项工作任务，所有职员必须参加。

2016年年初，培训部对参加过培训的同事进行了一次满意度调查，结果显示超过85%以上的同事对培训表示满意，总体上效果不错，培训部的工作也得到了高层的肯定。

最后，企业培训体系的建设意义深远，它既能提升员工的技能与心态，有助于提升企业的绩效，同时有利于创建学习型组织，提升企业的竞争力。在当下充满不确定性的年代，建设健全的企业培训体系尤为重要，但培训体系之建设非一日之功，是个大工程，需要在高层的推动、各部门的积极参与、专业人员的指导下才能完成。

如果你所在的企业目前没有但希望建立规范的培训体系，可以从当下的需求着手，先开发少数精品课程，同时培养企业的内训师团队，动作不必太快，可以一步一步来。

第5篇

康语：组织快发展，特教慢艺术

2019年夏季，我在福州康语教育科技有限公司（以下简称康语）的总部见到了董事长丁勇和总经理江鹏，我们边喝茶边畅聊。而此时，校区拓展团队第一次进入了西南地区，重庆和成都两个重镇要在几个月内开辟两所自闭症康复学校，这将是康语第16所和第17所分校，康语的师资力量也会突破1000人。

“企业要快发展，而特教是慢艺术。”这是他们对我说的最后一句话，语调不高，但是至今令人回味。在回程的路上有一个问题困扰着我：很多企业也是高速发展，可一旦快了起来，就在质量和社会责任上受到负面影响，而康语为何可以快慢兼顾?

——白睿

第21章

企业发展“快于慢”的艺术

时间倒回到2010年年底，丁勇带着6个人和80万元左右的资金，在福州市的乌山西路，租下一间二楼300平方米的场地，开始筹备第一家“康语”，那时，他和其他的创始人也未曾想，十年之后，这家康语，会成为特殊教育行业的标杆典范，会成为引领行业变革浪潮的领头人……

三十四岁的丁勇饱受说话结巴、卡顿、发音阻滞等各种困扰，这个困扰是从他孩童时代就开始纠缠着他的口吃。因为这个问题，丁勇不知道吃了多少苦，受了多少罪，又有多少次因为口吃而事业受阻，但是面对这些困难和挑战，他都挺过来了。

在丁勇接受口吃矫正康复训练的过程中，他了解到各方面关于口吃矫正的康复技巧，以及儿童语言能力成长发育的知识，他对自己当下三十岁的“大龄”做康复训练感到苦不堪言，因为神经和相关口部肌肉发育都已定型，所以他需要花费十倍于孩子的努力程度，来进行康复训练。在此过程中，他萌发了一个想法：如果自己开办一家这样的机构，专门接收那些从小就患有口吃或者是语言发音障碍的孩子，给他们做康复训练，在儿童神经发育的黄金期进行干预，就可以让成百上千孩子避免发生像他一样，直到大龄还未康复的情况。

同时，丁勇在开办机构的过程中发现，原本康语是以改善发音不清、口吃矫正为主，但是实际来到机构的孩子很大一部分是自闭症儿童。经过观察了解后，丁勇深深感受到，自闭症孩子以及其家庭所面临的痛苦和困难，远比一般发音不清的、口语障碍的孩子所承受得多。基于这份悲悯之情，丁勇决定，将康语迅速转型，主要接收自闭症的孩子、发育迟缓的孩子和部分语言障碍的孩子。“康语儿童智能康复中心”就这样迈出了特殊教育行业的第一步。参天大树，就从这里开始种起。

第一节 | 从“单打独斗”到“团队精神”

2010年也是中国教育改革与发展具有里程碑式的一年。《国家中长期教育改革和发展规划纲要（2010—2020年）》正式出台，不仅为中国教育的十年发展描绘了蓝图，同时提到了：各类教育机构的成熟与成长无疑是推动教育发展的重要力量，“提升教育质量，彰显产业价值”成为这个时代赋予教育机构的历史机遇和使命。在2010年到2012年，发展特殊教育也成为国家重大项目工程之一，发展特殊教育是要重点扶持和培养一批紧缺教师人才，为现有特殊教育学校添置必要的教学、生活和康复训练设施，改善办学条件。

借着国家政策的春风，康语飞速地发展。到2014年年底，校址已经搬到金山红叶大厦，一个近2300平方米的大场地，此时的员工人数已经有60人。

所有的心潮澎湃和理想愿景都需要现实的成果收获来滋养灌溉。康语在扩大发展的同时，随之而来的就是发展的第一个瓶颈。截至2016年9月，在中国残疾人联合会注册的自闭症康复机构共1345家。其中，近50%的康复机构是由家长特别是自闭症儿童的家长创办的，服务对象集中在3–6岁儿童，但机构呈小型化，学员在30人以下的占一半左右。我问过很多行业内的人士，为何行业机构都如此小型化，绝大多数的回答有两个方面，首先很多家庭在认知上存在很大的偏差，积极治疗的家长占比较小，还有很多遗弃现象；其次就是康复训练让自闭症儿童走进学校的概率不到15%。这是行业发展的痛点。也因此，大多数机构都是作坊式看护机构。

由于当时的康语还是一家小公司，行业发展掣肘较多，市场的打开度狭窄，生源并不多，并且，本来康复速度就比较慢，而且还有一定康复概率，很多家长给孩子做了两三个月康复训练，不见明显成效就离开了。这些情况都极大程度影响了营收。营收不能满足开销，就无法有再大的市场投入，无法加大市场投入，营收就会持续减少。这是任何一家企业在初期发展所要面临的悖论。康语处于持续亏损状态，一年不到，亏损了近100万元。在这期间，不论是校内的老师，还是一起创办康语的合伙人，信心都极大受挫。而在这期间，丁勇更是不断拿自己和家人一起经营的另外一家公司的钱补贴康语，支撑康语艰难生存，这也引起了家里人极大的反对。在这种亏损而且人心惶惶的情况下，丁勇的初心并没有变过，他不能把这些孩子们丢下，既然选择了这个行业，就不能半途而废，办法总比问题多，哪怕是亏损，也要持续干下去！

哪里可以解救康语的持续增长的问题？丁勇认为，窝在家里是找不到答案的，于是，丁勇带着核心管理团队到中国许多地方走访了一些康复训练机构，却惊讶地发现，大部分机构的整体环境十分简陋，康复训练的教具十分陈旧，康复训练老师的水平和素质非常不理想，在这样的综合条件下，许多在康复训练机构的孩子，只是在浪费黄金康复时间。可是在当下的条件，很多机构里的孩子只是受“托管”，而不是受“康复训练”。既然在这些地区学习不到想要学习的东西，丁勇毅然决定，再找优秀地区全方面地学习和引进。后几经周折，丁勇在台湾省到一家非常优秀的康复训练场所，核心团队人员在里面学习了许多先进、优秀的康复理念、技术、方法，也获得了许多见识和启发。看到台湾省的自闭症儿童的发展，丁勇对康语的发展充满了信心，他坚信自己一定要也一定可以把康语做好，帮到更多孩子。

回到福州后，丁勇和团队就开始雄心斗志地对康语进行升级与改造。丁勇已经意识到企业要大而强，就需要对组织进行设计和规划，机制创新才能克服更多发展的问题。但实际上，企业在创业之初最为重要的是营收，有后续的发展资金，这个时候就需要在市场端进行组织干预，企业可采取扁平化的组织架构。丁勇从其他企业学习到企业要集中精力，要以一种低成本的机制开发新市场，然后用高满意度来赢得市场的认同和消费者的信赖。

在这个阶段，丁勇对企业为数不多的人员很难进行有效分工，明确责任，一个人身兼数职，所有资源由丁勇直接调配。面向员工，企业的命令链条要简单直接，执行要灵活高效。

将来必定要成为连锁企业的培训机构，不应该一开始就搭建较大的组织架构。康语这个时候选择了直线型组织，而且尽量的扁平化，这样的组织架构在这个阶段可以发挥出固有的优势，帮助企业渡过生存的挑战。

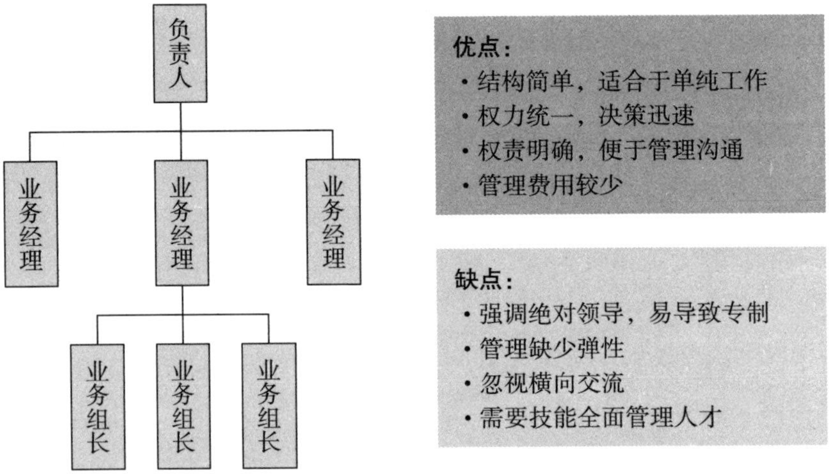

图21-1　直线型组织示意图

当连锁企业进一步发展，规模不断扩大，产品品种不断增加，经营区域也不断扩大时，直线型组织形式将无法适应，需要增加相应部门，此时组织会过渡到直线职能型组织。组织变革并不只是设计一个架构，还要进行相应的机制建设。尤其是人力资源机制，因此，这个时候的康语在薪酬、晋升和招聘上下足了功夫。

1. 薪酬

对于初创企业，薪酬机制是以市场为导向的。有的核算企业利润率，有的推演得出提成比例。提成比例的设定可选择“市场领先战略”，即高于同行业的提成比例，以激励营销人员产生营收，迅速占领市场份额。

2. 晋升

发展速度非常快的企业，未来发展路上会产生大量空缺岗位，而晋升是除薪酬外的又一个对人才吸引产生重大影响的系统模块。这个时候康语导入了晋升机制，不仅对企业吸引人才有重大意义，同时对已经加入企业组织的人才有极大的留存意义。

3. 招聘

这个时候的康语招聘还是很难的，面临的主要问题是人才的复杂性。由于这个行业的局限性，导致人才有限，因此对没有本行业经验的人就要进行严格的筛选。对人员的能力要求比较高，一线的实践能力和创新能力是重点选择标准，而且最好是多面手，尤其是一些对企业发展方向和目标比较认同，年纪较轻的人员。

第二节 | 从“传统思维”到“发挥极致”

直线型组织虽然比较过时而且传统，经常被一些企业家摒弃，但是成功的案例也屡见不鲜。当初声势浩大的阿里铁军就是直线型组织，而且很多大型企业都在学习的执行力超强的军队模式，也是直线型组织。

中国O2O（Online To Offline，一种线上到线下的商务模式）战场的黄埔军校，也就是大名鼎鼎的阿里铁军，就是采用了这样的架构。阿里人自己探索出一条地推的方式方法，并且想把这一套打法快速复制，另外阿里价值观已深入骨髓，这就注定成就了阿里铁军这个组织架构。直线型组织是当时最适合培养执行力超强、价值观夯实的管理团队。

直线型组织会有一定的凝聚力。凝聚力高的组织往往具有以下特征：团队成员之间相互了解，关系和谐，沟通、交流顺畅，员工生产积极性高，具有较强的集体荣誉感与归属感。直线型组织需要做几件事来强化凝聚力。

1. 强化沟通的有效性

负责人需要与各级人员之间进行频繁的沟通交流，而且各级之间的信息交流要保证畅通，计划能够被高效执行。

2. 威信与魅力

负责人应准确定位自己的角色，要理解能够真正树立自己威信的方式是真诚地去关心、帮助每一位员工，为他们提供有效的支持而不是一味地施加压力和命令。

3. 榜样的力量

负责人作为组织内的代表，其言行对员工具有很大的影响作用。因此，负责人要注意自己的一言一行，做到言出必行，才能成为团队最好的榜样。负责人在提高公司凝聚力的过程中起到重要的示范作用。负责人执行力的强弱直接关系到凝聚力的强弱。如果一个管理者自身的执行力不坚定，显然无法有效地组织并引导团队成员去提升各自的执行力，并且会失去较好的凝聚力。因此，管理者在打造团队执行力时不仅是执行文化的塑造者，还应该起到组织与管理、示范与激励的作用。在管理业务时，也要注重员工间的优秀者，要让优秀者成为形成员工之间的核心作用，做好表率作用，这一点对于加强凝聚力而言非常重要。

4.加强信息披露和任务公开

直线型组织中，因为没有很强的职位定位，组员之间的关系也是较为复杂的。负责人应该公开部分工作，甚至公司的营收利润情况，接受员工的监督，消除员工内心的不平衡与猜忌，增强凝聚力。

5.激励和约束机制并行

负责人因结合员工的普遍心理需求，建立良好的激励政策来充分挖掘员工的潜力，调动其工作积极性，同时也要构建有力的约束机制来对员工的行为进行规范约束，培养其良好的工作行为习惯。

直线职能型组织容易形成战斗力，对于企业来说，战斗力就是指创造生产价值的能力。战斗力对组织生存和发展极其重要，尤其是初创企业。康语在这个时期给出答案的是适当借鉴军队士气管理的方法，来提升员工的战斗力。

首先，学习军队的纪律严明。管理是相通的，无论是军队还是企业，必须有纪律来约束员工的行为，任何一个企业都缺少不了建章立制。只有在严格的纪律和规范的制度的双重保障下，才能打造出一支战斗力超强、纪律严明的员工团队。

其次，学习军队的作风精良。军队里作风建设，在企业来说属于公司文化建设的一部分，关系到整个公司的思想文化意识。管理者应构建良好的氛围，从员工思想深处对其进行作风教育，树立廉洁自律、艰苦创业的公司作风。

再次，学习军队的目标清晰。孙子兵法中有句话叫“上下同欲者胜”。在管理公司时一定要有明确的目标，并促使员工与自身保持一致的发展目标，共同为公司的创收而努力奋斗。

最后，学习军队的创新精神。军队创新是一种特殊的文化，它时刻变化着并始终走在时代前沿。军队要时刻学习新武器、新战术、新技术给军队带来的深刻变化。企业的创新精神也应如此，作为管理者应顺应时代的发展潮流，引入优秀的管理理念和先进的技术，走在市场前端，提高企业效益。

第22章

从“一无所有”到“百战不殆”

在2010年之后的教育培训市场，可谓风起云涌，竞争最激励的地方莫过于一线城市。但在新政策、新技术手段以及全国性教育品牌下沉的综合因素影响下，今年来，多个二三线城市也开始硝烟弥漫，进入新的洗牌期。此前在二三线城市做得好的当地品牌比例都很小，时间在7年以上，3个分校以上的机构比例不到2%。

第一节 | 市场部的“先发制人”

也是在这纷杂的2011年，市场营销学出身的詹美露女士正式加入康语，逐步开始负责市场部的全面工作。

在谈到女性如何主导市场营销时，詹美露表示：“女性的力量是在市场的摸爬滚打中形成的。”这种内心的力量源自她营销思想上的独立和对自我价值的追求。多年的市场营销经验，让来自八闽大地的詹美露散发出自信、含蓄、坚韧的力量。

是不是女性更适合做市场营销？詹美露认为，性别不同对工作是有一定的影响的，女性作为市场营销的负责人，最大的优势在于感性和坚韧。感性可以将市场发生的细致入微动态带进企业的管理理念；坚韧能够在不毛之地生长出鲜艳的花朵。感性和坚韧作为一种潜在力量，不仅是她的职业素养，更融入了她生活的每一处。詹美露这份对事业的认真和执著感染着周围的人，也让下属们钦佩不已。

“知彼知己者，百战不殆；不知彼而知己，一胜一负；不知彼，不知己，每战必殆。”为了百战不殆，詹美露管理市场部的工作之后，就开始着手进行市场细分和消费者人群分析工作。

因为康语在福州这个二线城市成立的事实无法更改，因此从福州本身去分析更具有积极意义。在总结福州时，她也同时分析了二三线城市优秀培训机构成功的因素，发现了几个共性：

* 成立时间较长，有积淀不是培训机构裂变的必要条件；
* 注重教学和服务质量，有口碑效应；
* 创办者懂得运用管理，创新管理；
* 营销上注重拓展渠道，与当地相关机构都有一定的合作。

而大多数机构做不大的原因也有几点：

1. 创办者缺乏战略意识

很多创办者没有一条清晰的发展路线，刚开始比较顺利的时候并没有对后续的发展做好预测和相应准备，这是很多刚开始发展较好，后来受阻的康复机构存在的主要问题。

2. 没有较好的管理认知

如人力资源开发、教学质量管理、创造超值服务、市场营销等方面做得都不到位，只是凭借着经验来判断，所以制约着康复机构的后续发展。

3. 没有核心竞争力

大多数三线康复机构都缺乏特色，存在普遍的同质化。大多数机构缺乏“修炼内功”的意识，只注重表面的发展，造成基础不牢，后续发展乏力。

4. 人才的迭代成为最大的瓶颈

通过市场调查和接触，发现绝大多数创办者或校长都不是在教学、管理、市场等方面有特长的专家，更没有人力资源开发的能力，选、用、育、留、出样样不行。因此，等到扩张校区的时候出现无人可用的困境。

同时，二三线城市康复机构还被招不到优秀教师、工资和房租调增、经济形势萎靡情况下涨学费等多重困难围剿，压力空前。

第二节 | 市场营销七策略

詹美露如何在危机中解决生存之道？她认为“最根本的解决就是要先修炼

培训自己”。

首先，要对标优秀教育企业，提升经营和市场能力，三线城市康复机构的创办者想发展就必须进行战略研究，明确定位，清晰架构。要做到以终为始，把每一项工作都扎实开展，每天都为未来做准备。康复机构的市场发展绝不仅仅是招生、教师管理、课程开发、服务优化、市场拓展、质量评价的单一处理，每项工作都决定着康复机构的市场发展。所以要向其他培训机构学习成功经验，并认真落地，形成自己的经营之道。

其次，注重打造自己的核心竞争力，只“联姻”，不加盟。和优秀的培训机构合作，学习成功之道，借势发展，虚心请教可以提升团队的学习能力、执行能力等。但是自身的力量一定有自身的基因，这也是康语存亡的核心所在。全方面地进行市场拓展，获取资源，拓展渠道，与更优秀的教师合作，这些都是市场部面临的艰巨任务。

再次，先福建，再出省；先沿海，再内地；先南方，后北方。这样的市场方向一方面是由康语现在的能力范围所决定的，另一方面是中国经济的大概走向也是如此。毕竟康复过程需要投入金钱和人力，有一定经济能力的家庭才能够承受。

最后，市场要配合品牌一起，扩展或延伸业务。在市场拓展中不断完善战略、管理、营销、团队建设，尤其品牌的打造，让客户了解到康语是一个品牌迭代更新，具有活力的康复机构。

由此，詹美露定出康语市场七大策略，潜移默化影响着客户、合作方和每一个康语人。

策略一

制定合理的营销规划，要有短期目标和中长期目标。目标全部项目化，而且标出重点项目个数，并且评估每个项目。包括项目的招生规模、师资团队人数、学员评价、学员续费比例等。

策略二

寻找到细分市场，就等于找到了精准的潜在生源！

策略三

集中力量实现重点项目。无论康语多大，也必须有自己专长的事情，在专长里投放更多的人力和物力是为未来的发展做准备。

策略四

在区域内持续扩张。项目确立之后，然后确定推广区域范围，可以选择省市、区县。在不同区域里，营销方式也会有不同的策略。

策略五

再小市场的项目，也必须精心策划。策划让项目变得与众不同，即使普通的项目，也争取在细节上做文章。比如，特色师资、教学环境、课后辅导、免费课程，家长参与等各个环节。

策略六

内部培育一支营销团队，外部吸纳营销人才，有不同批次的人才梯队。企业能否持续发展全凭人才储备。

策略七

品牌和渠道同时进行。品牌建设在这个行业里是非常重要的，而医院等渠道更是非常重要，两个重要的任务就分为两大团队，进行协同作战。两条腿走路，能走得更远、更稳健。

第三节 | 重建新市场调查

“凡事预则立，不预则废”，对于新市场的拓展创新亦是如此。詹美露在做市场工作时强调要有明确的思路和战术细节，才能在市场开发中做到有的放矢，并拟定了以下几个工作步骤。

第一步：城市环境调查

在这个阶段，主要是要从各个角度来对目标城市进行信息的搜寻与检索，尽可能地了解当地城市的基本情况，尤其是当地市场的教育政策与环境。

在出发前，要做到“五个通晓”。

1.通晓公司目前在目标地区的品牌地位和同行业中的地位；

2.通晓公司各个产品，特别是熟悉公司的优势、授课方法、管理方法等关于课程的各方面的知识；

3.通晓其他分校的招生、授课流程；

4.通晓公司市场策略及市场部各项政策；

5.熟悉待开发的新市场已在公司留存的可以利用的一切客户资源、媒体资源和可合作资源，包括主要领导者的人脉关系等。

因此，康语设计了一套程序性表单，作为市场部任务卡，这些都要在抵达目标城市之前完成。

第二步：当地教育政策与环境的调查

到新市场，要做到一个“了解”、三个“寻找”。

一个“了解”：

充分调查了解竞争对手的运营状态。充分进行市场调查，是开拓新市场首要的并且必要的环节，市场调查的过程实际也是自己在市场上找感觉的过程，通过调查能充分了解竞争对手的市场状况、市场潜力及销售预测，从而发现市场机会，找到突破口。

三个“寻找”：

（1）进一步分析公司项目及营销政策在同行业的地位及优势，并寻找突破口；

（2）根据市场需要寻找拟选择的渠道经营模式，是自己直营还是与合伙人合作；

（3）初步寻找即将要拜访合作的“黑名单”。很多机构在当地品牌口碑不好，这个时候要是合作，对康语本身影响会很大，因此要发现口碑较差的“黑名单”，规避风险。

当完成了上述两部分调查工作之后，下面开始的就是比较细致的调查，当这些调查工作结束后，将对该市场项目产生一个具体的定位。

第三步：当地医院调查

这一部分分为两项，首先是当地医院的总体状况调查，其次是针对目标医院进行调查。

第四步：同类机构的调查

同类机构的总体状况的调查，也就是对市场预期的调查。

第五步：相关机构的调查

相关机构的调查也是重点，同样是教育行业，早教、幼儿园、兴趣班等调查完成后，总结管理经验，同时与这些相关机构能够形成商业联盟。

第六步：目的市场项目定位

当上述调查工作完成后，就要对该城市是否可以开展项目，以及立项模式等一系列问题进行具体的策划。

通过以上几步工作，新市场开拓调查工作才算基本完成，而市场开拓调查仅仅是营运工作的第一步，后面的工作将更加艰巨而伟大，但詹美露相信："只有具备良好的开端，才可能有后面的辉煌。"

第四节 | 引领飞速发展

随着市场策略的干预和革新，康语的建校速度非常之快。

2013年第二家康语分校在泉州开设。

2015年4月，师资团队第一次突破100人。

2017年1月，第四家康语分校，开设到杭州，鉴于丁勇开办全国连锁机构的想法，这是康语走出福建迈出的关键一步。也是在杭州开校3个月左右后，康语的师资队伍突破200人。

2018年5月，康语第八家分校，宁德校区开业，师资队伍人数突破500人。

2019年2月，康语第十三家分校，杭州二校区开业，师资队伍人数突破800人。

2019年4月，康语第十六家分校，重庆校区开业，师资队伍人数突破1000人。

到2019年9月为止，康语全国分校数量27家，康语的师资队伍人数超过了1400人，每日在训儿童数量超过2000名。

在战争论中，再先进的武器，总有使用完的那一刻，最终的战争还是人的战争；在经营的过程中，对于各渠道有着绝对信誉，在任何时候客情是最核心的武器，这也是康语能够多地立足的着力点。

认清楚行业形势，将渠道由过去的销售和品牌氛围传播的双向功能向单一品牌氛围传播进行转变，渠道由过去的粗放式向精细化转变，将渠道做深、做细、做透，通过战术方式解决渠道核心客情问题。以品牌为基础，组建各种引领行业的事件，在各类特教机构中合作共赢，在各项公益事业中都有康语的身影，相信康语品牌会在持续发展中完善。

这一路走来，凭借丁勇的真挚发心，纯良善意，加上他原有的企业家精神，尽管康语的发展困难重重，但是都一一克服了。从最开始的前期大量营业亏损，到持续性人员流失，再到创始人团队因理念与价值观分歧而个别离开，从外部的办证困难，到内部管理人员匮乏……诸多问题，难倒了无数和康语一样起步力量微弱的机构，但是康语顽强地生存了下来并开始绽放绚丽光彩。

康语用同行机构一半的开办年限，以数倍的发展速度傲视全行业。这其中，一个十分关键的要素是在2014年年底，丁勇又引入了一位操盘高手——江鹏先生。这时的江鹏已经着手管理几百人的团队，并且在各管理岗位上均有轮岗经验，精通运营、财务、人事等各大模块，这也为他之后将康语从“散步”带到“飞奔”，奠定了坚实基础。

第23章
从“单一模式”到“规模效应”

从2014年年底的两家分校，到2019年年底30家分校，短短5年时间，15倍分校数量增长。从十几个人的初始团队，到今天千人级的中小型企业。相对于诸多互联网产业的增长速度康语或许有一定差距，但是在特殊教育行业里，康语缔造的却是一个奇迹，一个前无古人，后无来者的发展奇迹！

第一节 | 条块分明的组织革新

在全国范围内，自1993年中国第一家自闭症康复训练机构开办以来，还没有一家专门做自闭症儿童康复训练的机构能做到康语如今这般的速度和规模。随着机构规模的壮大，运营管理问题随之而生，要么运营管理问题愈演愈烈，机构走向破败，要么运营管理问题得到表面控制，机构忍受着挣扎，寻找生存机会。这也是特殊教育行业二三十年来一直无法快速发展的根本原因所在。而康语之所以能以奇速傲立国内特教行业，这其中，关键的一个要素就是江鹏的加入。

现在已经成为总裁的江鹏，在2014年12月是以运营总监身份正式进入康语，从金山校区开始，准备为康语注入“整形力量”。基于丰富的企业管理经验，江鹏马上就发现了康语各方面的管理问题。从企业的生存根本和人性的原则特质出发，他选择先从财务管理制度及教师薪酬体系开始全面改革，将原有的混乱和疏漏，一一厘清并填补；初具成效之后，接着着手优化校区一线老师的层级划分，设立高、中、初教师级别划分，重新调整、升级晋升体系；增设功能岗位，拆分校长职能，挖掘不同专业的人才，明确了校区从校长到行政管理岗位再到一线老师的管理通路；厘清了晋升路线，让一线老师通过机制自主产生成长动力，看到发展希望；对运营管理机制进行了梳理，升级工作对接流程，完善管理制度，加大管控意识的宣导，等等。这些都为康语之后的快速发展奠定了基础。

江鹏的加入时机正是企业高速成长阶段，一般在这个阶段，企业在伴随市场规模化扩张过程中会更加注重品牌塑造、产品升级迭代，也正需要专业人才来帮助企业快速成长。江鹏很清楚这一点，企业要发展，战略上要肯定之前的胜利，战术上就要无视过往的成功，不断与组织顽疾做变革，居安思危是高层领导者必须具有的危机意识。

江鹏很快发现组织革新与获取人才是再度发展崛起的两大要素，因此迅速布局，进行组织变革。在这个阶段，企业宜采用直线职能型组织架构，如图23-1所示。直线职能型的组织架构分工明确，职责与权力对等，而且横向可以进行业务流程设计，各种人才的专业能力确保资源调配高效。行政、财务、人力资源、市场、研发等部门化，建立起高效的协作体系。

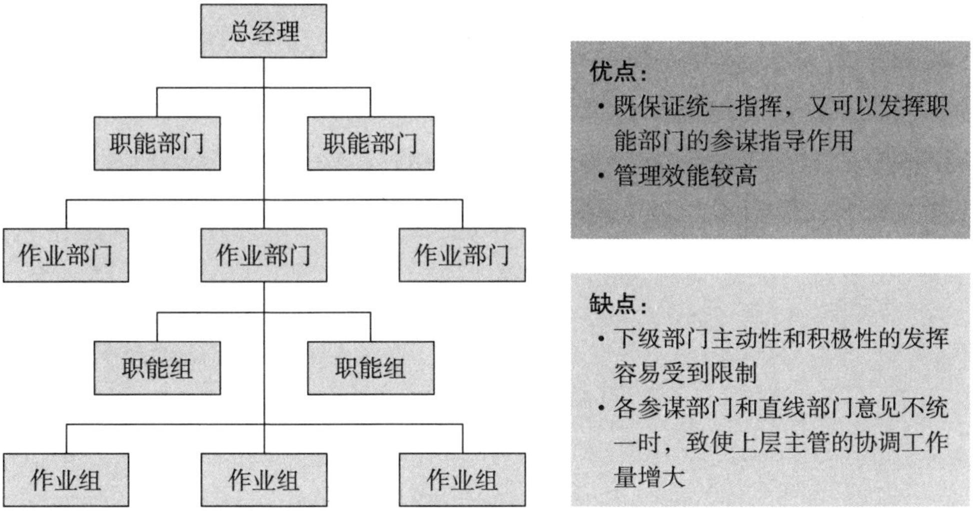

图23-1 直线职能型组织架构示意图

对于相当一部分企业特别是那些已经经营10年以上的企业，由于已有部分管理方案在执行，如直接进行组织系统的导入，打破旧有模式会造成人员的躁动与排斥抵触。

而对于康语这种教育连锁型企业，在组织体系上一般分为两层：上层是总部管理整体事业的组织系统，下层是校区。总部职能部门开始按照职能设置，岗位也基本按照职能进行细分。

第二节 组织变革的“配套工程”

看清组织设计机构方向后，继续进行组织相关的项目建设，让组织与人才管理更匹配、更合理、更完善。

1. 职位分析

从工作分析入手，组织变革后，职位职责都会发生变革，职位分析和梳理工作也正式让全员感受到变革，培养变革习惯的过程。

（1）重新定义变革后的岗位工作职责；

（2）对每个岗位提出相应新的目标要求；

（3）修缮职责。员工自填的岗位工作职责，更多的偏重于员工的自我描述，集中收集后，由公司统一企业目标要求、岗位需求等，最后进行规范、补充；

（4）制订每个岗位的工作计划。

2. 招聘系统

康语当下组织变革后，面临的主要问题是组织均衡成长和跨部门协同。很多基层人员跟不上企业发展步伐，会选择辞职，会有一定的流动性。在招聘模块下，就要对人才进行细分。

（1）设计标准化招聘流程。

（2）设计结构化测评标准：

①提炼简历标杆，筛选简历；

②测评价值需求；

③测评文化匹配度；

④经验面试法；

⑤行为面试法。

《领袖论》的作者伯恩斯在1978年提出两种领导力模型：第一种是交易型领导，仅仅关注领导者与追随者之间的交易关系；强调领导者要对追随者的需求和动向保持高度敏感，尽力帮助追随者发挥其最佳潜能的称为变革型领导。很显然，江鹏属于后者。江鹏对康语的一系列变革，是通过个人影响、精神鼓舞、潜能激发、个性化关怀等领导行为方式影响员工，从而使其超越个人利益的局限，提升自身的需要层次，最终实现超越预期的高绩效。

江鹏的每一次变革都是对一系列具体问题的整体修订，从众多复杂现象中挖掘本质，当组织问题能够从系统性去解决的时候，效能就会得到释放，业绩的渠道就会被打开。

只有对组织发动变革，将核心价值追求诉诸变革之中，并身体力行地向变革的目标迈进，才能最终水到渠成，赢得变革最后的胜利。领导者在变革中常犯的一个错误，就是启动变革，然后放弃变革。有些领导者在变革初期热情高涨，但稍有成效便忘乎所以，最终导致变革一败涂地。其实，支撑变革成功的往往不是爆发力，而是来自组织上下全体员工的长途跋涉和不懈努力。作为变革型领导者江鹏就有一种“带大家去更高远的地方”的坚定信念。正如科特所言：“员工的紧迫感是领导变革和持续变革的催化剂，真正的紧迫感应该是谨慎、迅速、眼光向外，集中精力于主要事务，防止身心疲惫、一蹶不振。”

我分析江鹏对康语组织的一系列变革后，认为有三点非常值得其他组织借鉴。

一是激励直入人心。肯定、奖励和祝贺别人的成就是至关重要的领导能力，而这有可能是组织中最易被忽略的激励方式。平易近人的江鹏非常注重对员工的关怀与激励，因此周边都是帮助变革成功的、富有才华、能力和动力的下属。

二是变革节奏的把控。江鹏对每次变革的重心、方向和节奏等把控的系统性较强，都是深思熟虑的结果，而且能够平衡性驾驭，从而实现资源的有效协同、变革的稳步推进。

三是固化变革成果。江鹏注重在变革后，及时有效地推进制度化建设，并在整个组织全面推广。并且关注组织的文化和价值观因素，江鹏认为：“制度化是组织刚性需求，而文化价值观是组织柔性需求，刚柔并济才能促进变革成果的固化。”

第24章
从“业务升级”到“布局全国”

2016年4月，康语第三所分校，福州台江校区顺利开业。这所校区是康语里程碑式的校区，首次全面升级校区，用全新的、明亮的装修装饰，为家长和孩子打造更好的就读环境。基于已经初步形成的市场口碑传播和校区的较快速盈亏平衡，让丁勇、江鹏，和核心管理团队树立了对于市场开拓和校区增设的信心。也是从这个校区开始，康语分校开到了全国更多的城市，帮助更多孩子。

第一节 | 进入华东

在精细的调研之后，康语第一个省外试点的开校城市选在了华东地区政治经济文化次枢纽——杭州。2016年8月左右开始筹备杭州校区的选址工作，其间挑选了十几个场所，最终选定了拱墅区运河广场的地点。经过半年的准备，2017年1月15日杭州校区正式开业了，开业的时候，杭州校区的师资团队一共有13人，3名部门负责人和10名一线新老师，其中3名部门负责人是从福州调任的资深老师，其他的一线老师，只能从杭州本地招聘。在前期招聘的过程中，遇到了很大的困难，一是康语在当地的知名度和成熟度还不够有品牌吸引力，很多应聘者来访后，采取观望的态度，二是优秀的人才对于企业的福利及待遇等方面要求很高，同时，杭州很多人才都是来自外地，对于住宿都有需求，这些对于新开设的省外校区来说是相当大的经济负担，而且杭州地区是在特教行业发展相对成熟的地区，当地老牌机构云集，市场竞争非常激烈。

好不容易克服了师资队伍搭建的困难，却在开业当天，遭遇了更大的挑战：

15号开业当天，一个生源都没有。

当时的招生工作是非常困难的，因为对于特殊儿童家庭来说康复机构的信誉至关重要，前期康语的市场知名度很难让当地家长朋友从老牌机构脱离出来到康语就读。尽管受到了强力的“打击”，但是康语杭州校区的全体老师，顶住了巨大压力，专心于自己的本职工作，在市场宣传有条不紊地开展的前提下，校区校长和咨询老师抓住每一次和家长互动、沟通的机会，耐心帮助在校家长解决一个又一个难题，以及一线老师们兢兢业业地上好一节又一节课，就这样，从开学0个生源，慢慢进来一个又一个学生，不断积攒口碑，在2018年1月，开业一年左右的时间，杭州校区的在校学生数量突破了100名！

这期间经历了非常多的困难，记得当时在校的家长很多都是从其他的机构转到康语来的，对于康语的教学品质有非常高的期待。其间有几位家长在校传播负面的信息，影响了一大部分的在校家长，导致在2017年6月的时候，康语流失了非常多学生。辛辛苦苦几个月积攒的口碑以及生源，几乎一个月内就流失了大半，这对于当时杭州校区来说，打击是非常大的。好在当时江鹏指导校区核心团队，第一时间制订出应对生源流失的方案，同时加大提升教学及服务水平的力度，及时挽回了部分家长，最大限度地止损。

在经历了大半年的亏损之后，杭州校区在2017年9月终于实现单月盈利，继而在2018年1月实现在校100名儿童，师资队伍也达到了60人左右。而至现今，经过两年的沉淀和口碑的传播，杭州校区在当地建立了良好的口碑，取得了家长认可的同时，也得到了政府部门相关业务主管单位的认可，受到了许多主管单位领导的嘉许。这些是对杭州校区全体老师努力的最大回报。

第二节 | 组织驱动部署全国

在总结杭州校区经验基础上，江鹏思考要从全国布局的角度，开始搭建康语总部组织架构，从市场部到人事部，再到事业部，再到培训学院，财务部等，截至2018年年初，整体集团化运作的架构已然初步成形，为康语全国战略部署做好充分准备。

企业在持续发展阶段，规模不断扩大，组织架构变得越来越复杂，企业需要根据实际情况，组建不同的事业部群，并在事业部群的架构下，根据不同的子业务实际情况，采取不同的组织架构样式。

企业组织架构的调整要因地制宜，要根据企业的战略、规模、环境和技术的变化而变化，只有这样才能有效发挥出组织的核心协同能力，凸显企业的竞争优势。

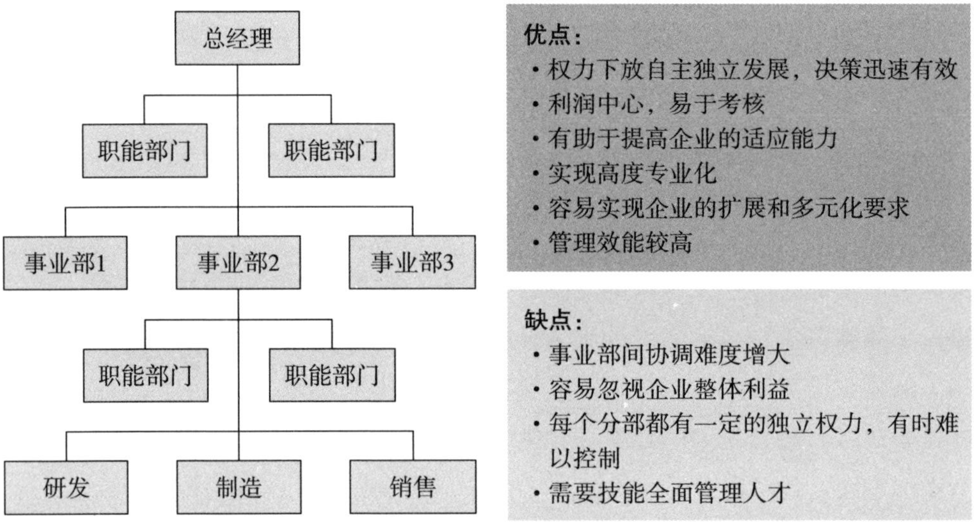

图24-1 事业部组织架构示意图

大型连锁企业的特点就是一线组织数量特别多，地域分布广，甚至跨国经营，业务类型多元化。康语作为一个康复的教育集团，必须把校区开设到客户面前才能产生服务，客户很难远途来接受服务。这就在组织选择上有了很大的局限性，只能选择以区域为基础的事业部型组织架构。

一般来说组织采用了三级组织模式，即“总部——区域管理——一线组织”的组织模式。这时候就有“注意事项”了。连锁总部的部分职能转移到区域管理部的相应部门中去，也就是适当放权；总部把所有职能都规划到总部，这就是集权。集权对事业部型组织建设有着至关重要的作用。

总部的功能：承担对企业政策和发展规划的制定、监督执行、协调各区域管理部。

区域的功能：负责本区域经营发展规划，处理本区域各门店的经营管理。

这是跨区域管理的组织架构，那跨国经营应该如何调整组织结构呢？一般总部设立国际事业部负责海外连锁事业发展，在相应海外发展地区设立合资或独资公司，实现法人当地化来执行连锁业务。当连锁事业部进一步再扩大，企业的组织架构还需要不断调整。国内业务和国外业务不再被严格区分开来，而是并行设立亚洲事业部、欧洲事业部等。这个时候连锁企业就真正发展成国际性的连锁组织了。

组织管理学里，把这种形式组织架构称为事业部制，到底何为事业部制？

对于不熟悉事业部体制的企业而言，事业部充满神秘，而对于了解并转型为事业部制的企业来说，体会事业部创造价值的同时，也可能正经历着事业部带来的各种福利。说到事业部制不得不提斯隆，因为事业部制又称斯隆模式，它是美国企业家斯隆于1923年创立的并在通用汽车公司实行的一种管理体制模式。20世纪20年代初，通用汽车公司并购许多小公司，规模迅速扩大，产品种类和经营项目增多，而内部管理却十分混乱。当时担任公司常务副总经理的斯隆以事业部制的形式于1924年完成了对原有组织的改组，使通用汽车公司的整顿和发展获得了很大的成功，成为实行事业部制的典型。

事业部制组织架构在实施过程中的优点和特点不胜枚举：

1.责权、利划分相对清晰，比起直线型组织和直线职能型组织更能调动经营管理人员的积极性。

2.领导层可以通过事业部的授权行为摆脱日常行政事务，聚焦有力的决策机制，让企业战略和高层思维能更进一步加强，企业发展步履更快速。

3.每个事业部都有自己的产品和市场，能够规划其未来发展，也能灵活自主地适应市场出现的新情况并迅速做出反应，所以，这种组织架构既有高度的稳定性，又有良好的适应性。

4.权力下放，能够形成作战单元，能使各事业部发挥经营管理的积极性和创造性，从而提高企业的整体效益。

5.事业部总经理虽然只是自己独立单元，但是由于事业部自成系统，独立经营，相当于一个完整的企业，所以能经受企业高层管理者面临的各种考验。显然，这有利于培养全面管理人才，为企业的未来发展储备干部。

6.事业部作为利润中心，即便于建立衡量事业部及其总经理工作效率的标准，进行严格的考核，又易于评价每种产品对公司总利润的贡献大小，用以指导企业发展的战略决策。

企业发展过程中，组织架构也存在各种各样的指标，当指标有不同的指示时，组织架构就要变形了。组织架构的指标体系包括企业内部的规范化、专门化、标准化、权力层级、复杂性、集权化、职业化和人员比率等多个结构性指标，未来的组织结构演变过程就是企业从绝对科层制向市场回归的过程，使市场替代企业。

第三节 | 体系化革新

康复培训机构运营模式想得到成功，五个要素一定不能少：市场定位的精准、运营团队的卓越、组织架构的匹配、管理制度的适度和高度的社会责任感。

1. 市场定位的精准

何为市场定位的精准？第一，解释自身定位是什么，即每一个康复机构存在的价值和核心意义。康复机构核心价值不仅仅是能够提供“有特殊性的产品和服务”。第二，解决客户的需求，自身定位和客户需求是紧密联系在一起的。你存在的价值是什么？你能够给客户，给你的服务对象提供的最核心的利益是什么？现实中许多人和机构总是走着走着就转弯，所以说准确的定位是一个非常重要的问题。

2. 运营团队的卓越

康复培训机构的运营模式中，团队优秀显得尤为重要，有的时候可能模式并不理想，但是有一群优秀的人可以去创造、去创新、去克服困难。也就是说任何一种定位和服务，都是靠团队来实现的。优秀团队一般都有共同的目标和奉献精神。尤其是使命感，使命感是让组织支持下去干到底的动力。然后就是个人素质和组织角色分工，很多团队虽然有共同的目标和共同的使命感，但是如果没有团队的合作，目标是很难实现的。学习和创新也是卓越团队必备标志，要有不断创新的精神。

3. 组织架构的匹配

康复机构的成功运营模式中组织架构是非常重要的一个要素。企业组织如同建筑一样需要有一个清晰的架构。因为康复机构不是几个人就能运作的，一旦扩张起来成百成千，甚至上万人加入。架构的搭建尤为重要，架构设计的时候重要的不是有多优秀，关键是匹配对。对康复机构来讲，有课程研发、有市场招生、有咨询、有教学服务，也有教务系统，这个时候就可以按照业务流程来划定组织架构。

4. 管理制度适度

在快速发展的企业里，不需要有太多的管理制度，制度代表了组织刚性需求，而快速发展过程中的不确定性给组织带来柔性的需求。创新和标准化是组织成功运营模式体系面临着两大矛盾对立统一的问题。组织在建设过程中，管理制度要跟上，同时也不宜过多，事无巨细地进行规定，不仅仅浪费管理成本，同时也限制组织自身发展。

5. 高度的社会责任感

企业社会责任是组织发展到一定历史阶段对企业提出的期望与要求。康复机构与一般企业不同的是，从一建立就要有高度的社会责任感，为了帮助更多的儿童康复而努力。康复机构应该以长久发展的眼光投向社会，积极践行企业社会责任，努力培养富有社会责任感的员工，为社会贡献力量。而企业对于社会责任感的有效强化，同样会为企业带来新的竞争力，未来之路也将越走越宽广。

第四节 | 筹划平台型组织

一个企业从无到有，犹如一个人的成长从蹒跚学步到蹦蹦跳跳，再到步履稳健，需要一个漫长的过程。而且不是一个机能的问题，是人整体机能在控制协调这一个行为。江鹏在做康语发展过程中，非常注意体系化建设。因此，康语在体系搭建过程中，就产生了三个组织协同的机制：平台机制，专业提升和市场检验。

1. 用平台布局业务

每个企业都有自己的战略导向、组织架构、岗位职责、业务流程等。没有哪个企业大到不可被挑战，也没有那个企业小到不具备竞争力。一个企业，**规范管理是基础；制度落实是保障；拓展经营谈发展，带好队伍是关键。**江鹏在搭建平台之时，将自身的行业资源、信息资源、资金资源联合起来，江鹏认为：

“所谓平台建设之初，首要事情是把这三种资源找齐。”

在构建企业平台之时，要具有互联网思维，整合好资源才能让平台化成为真正的核心竞争力。三项资源齐备，平台算是初见成效，日后的平台维护，团队的建设，客户链条的搭建，品牌信誉度的传播都是平台上专业化分工的表现，如下图所示。

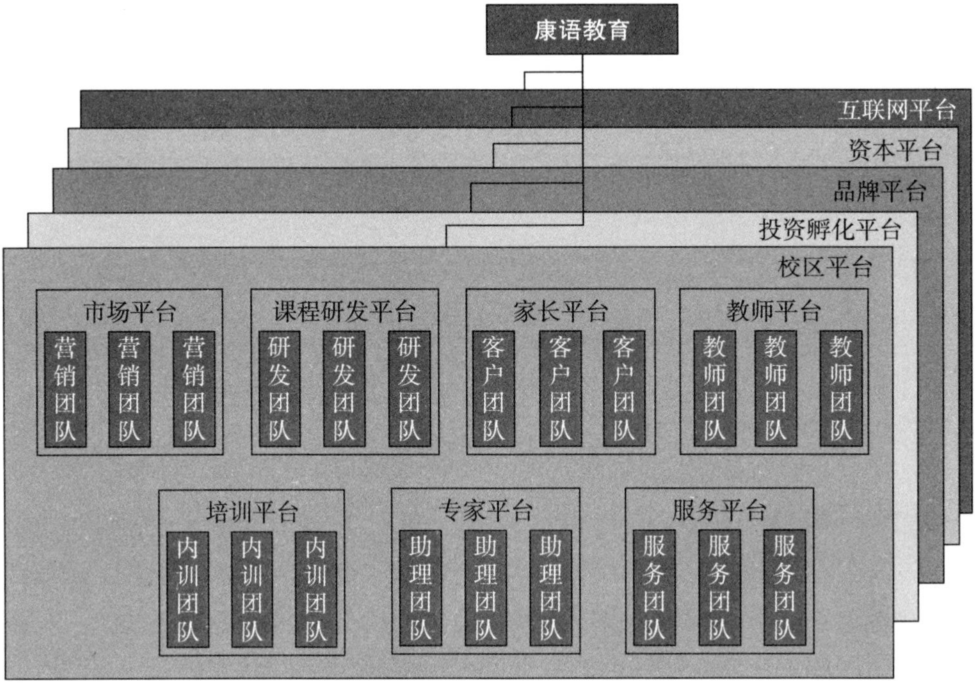

图24-2 康语平台建设示意图

2. 专业提升

事业部组织更注重深度专业分工，就目前而言，做市场、做品牌、做产品、做服务、做管理都是举足轻重的，都能做好才是企业长期发展的追求。

（1）以市场为核心的资源拓展职能

詹美露的市场部变革为营销专业化进行了实践。搜集市场信息及市场资源，寻找目标客户，拓展销售渠道。并根据计划完成商务合作伙伴的找寻、洽谈、合作，通过战略合作、商务合作、资源互换等形式，挖掘有利于平台建设的合作资源。还要负责线上线下的合作对接，对合作项目的实施过程跟进，探索更高效的商务模式，管理和协调合作伙伴，建立更紧密的合作关系。

（2）以课程研发中心为核心的师资及课程开发管理职能

杨梦丽在推行新启智课程时，目标是建设雄厚的师资、专业的学校背景、相对健全的培训资质、比较配套的实操场地设施，由课程研发中心统一建立系统内外师资库、课程体系库、评价试题库等。为相关校区进行专业输出，提供必要支持保障，为个别教师提供一对一深度辅导服务。

（3）以业务为核心的组织建设职能

2018年入职的副总级别的总裁助理刘斌最终成为这个职能建设的最佳人选。刘斌从业务角度梳理全公司的架构、业务模式、战略、制度、人力资源规划，并根据校区建设的不同阶段的不同需求确定目标，协调各中心的工作执行和落地情况，并给予赋能与支撑。连接和对接公司级资源，寻求战略的落地和各项规划的实现。同时负责与外部的投融资机构对接和谈判。

3. 让市场检验

企业解决问题的效率决定着企业发展的快慢，企业发展的快慢取决于企业管理体制的合理化和团队战斗力的强弱，更取决于企业各岗人员的作用是否能发挥到最大化。众所周知，在过去粗放式的市场环境下，许多企业在不断寻求市场，追求利润。而规模逐渐扩大时，其内部效率却呈现下降趋势，而且实践也证明，规模越大的企业，其管理问题就越突出。导致企业外部与内部发生脱节；外部市场的残酷竞争没有反映在企业内部；企业内部各个主体及个人没有感受到外部市场强大的压力等。康复教育行业早已走向了市场，家长们的需求和评价就是康语内部变革的价值。让市场来检验康语的价值，就是要让市场来检验康语的体系化程度，是否真正堵住了组织发展的漏洞。

第25章

从“产品思维”到“资本阶段”

组织成长过程是企业规模的成长与组织资源相结合的过程。这时的江鹏意识到可以开始启动资本运作，作为企业规模扩张的主要手段，也是企业充分利用经营资源，分散风险、获取经济效益的途径。

第一节 | 多元立体的资本需求

资本运作是以资本为基础的资本运营，其概念是指把企业所拥有的一切有形与无形的存量资本变为可以增值的活化资本，在企业不同时期，有不同资本运作重点。

1. 企业种子期时

在企业种子期时，相对而言资金投入非常大，这个时候资金本身就具有一定的稀缺性，下一步的研发、成熟产品和形成产业化的方案都需要资金支持，来验证其创意的可行性和技术的合理性。此时的资本运作主要是风险投资，投资的目的是创意的商品化。通常，这时的投资规模不是很大，但风险很高。此阶段的资金大多为天使投资人提供。

2. 企业发展期时

企业发展期是产品已经商业化，马上进入客户营销阶段，此时更需要大量的资金购买设备、租用场地、校区设计建设，后续研发及进行市场的试营销。最主要的任务是确定产品在市场的可行性及构建营销网络。企业发展期阶段，由于企业业绩还不明显，很难获得商业信贷。风险投资公司及风险投资人的创业资金就显得尤为重要。其所承担的风险，多为技术风险、市场风险和管理风险。

3.企业扩张期时

企业扩张期主要的标志是：企业处于扩大生产、开拓市场，而达到一定规模和市场占有率。这个阶段，资金需求量呈几何倍数增加，市场风险和管理风险加大。在这个阶段的资本又分为运营资金和扩张资金，其来源主要为原投资者增资和新的投资者进入。康语正处在这个阶段。

4.企业成熟期时

企业成熟期是指企业进入成熟标准化阶段。这个阶段是企业上市前的最后一个阶段，也是风险投资的退出阶段。在这个阶段，企业已形成客观的现金流，技术成熟，市场稳定，具有足够的资信信贷能力。康语正式要迈向这个阶段，开始启动上市计划。

因此，江鹏和刘斌引入了清华大学出身的唐子宸。唐子宸主攻方向为企业顶层设计，之前在咨询公司服务过的企业涵盖科技类、连锁类、服务类、消费类、生产类企业等，经验丰富。

什么是顶层设计？顶层设计最早出自工程学，但随着时代发展，这一理念目前已在商业领域得到广泛应用。企业管理范畴的顶层设计有一个基本定义：以核心理念为基准，以战略性系统思考与设计为方法论，构建变革与管理能力提升的整体框架，统揽全局，抓住关键要素及主要问题，重点突破，渐进式系统推进。

顶层设计需要强逻辑，从企业的基准理念开始，然后再去构建整个公司的管理能力、组织能力，以及高效团队等。

企业从初创到发展过程，必须要思考三大基本命题，分别为：我是谁（使命与存在价值）、到哪儿去（愿景与对未来成长的基本假设）、怎么去（与生俱来的资源与价值观）。唐子宸从管理角度解释了这三大基本命题，是企业生存空间和幅度、战略目标的分解与执行、组织差异与竞争力。

所谓企业的生存与发展空间就是一家企业为何要做战略，做市场、文化、人力资源等建设，对企业未来的发展定位考虑是否准确，完全影响着战略、营销和团队。然后考虑企业的发展方向是什么，要实现一个什么样的目标，如何实现，分工和分步实现的阶段性计划是什么？最后考虑组织与其他企业的差异化竞争在什么地方？优势、劣势和核心突出的方面是什么？

这些上升到理念体系，就是一个顶层设计大纲。这也是做顶层设计管理时一套完整的逻辑体系，企业如果能按照该逻辑思考问题，一定会走得更远。

在当下的资本市场中，涌现了更多的优秀案例，也能发现更多的投资逻辑。

1.通过产业打造多个流量入口，增加细分领域的流量来源；

2.平台化效应明显，深度优化内部交易结构，让企业拥有一个良好的生态机制；

3."产业+资本+网络"，对应着"入口+平台+生态"，这是资本青睐的模式，也是当下企业增值的基础，通过产业场景入口，借助资本与互联网，完成产业生态圈构建。

也因此，康语在资本市场发力，一系列的动作让康语更强大，更具有竞争力。

第二节 | 看得见未来：战略梳理

丁勇、江鹏、刘斌和唐子宸领导全员首先进行了战略梳理。因为任何企业战略谋划的都是基本性问题，而不是具体性问题。任何企业战略都是关于企业问题的计谋而不是常规思路。一个校区一个市场有其攻坚难度，如果战略方向错误，会让这个难度放大更大的倍数。

在企业发展战略的制定和实施过程中，不管是战略防御还是战略进攻，其中都会存在重中之重，这就是管理学中的规律性。抓住事物的主要矛盾，就抓住了问题的实质，会使问题的解决事半功倍，许多问题迎刃而解。企业发展战略的重点是企业的竞争能力。企业的竞争能力基于对企业内部要素的客观分析和评价取决于行业结构和企业相对的市场地位。企业具有核心竞争力，才是企业发展战略的实质核心。

一个企业要获得持久的竞争优势就必须有清晰的战略。从竞争角度看，战略对于企业有以下重要意义：

1.由于企业确定了未来一定时期内的战略目标，可以使企业的各级人员都能够知晓企业的共同目标，进而可以增强企业的凝聚力和向心力。

2.由于企业明确了未来各个阶段的工作重点和资源需求，从而使组织结构设计和资源整合更具有目的性和原则性，进而可以保持组织机构与战略的匹配性，可以更好地优化资源，有利于实现资源价值最大化。

3. 由于企业明确了未来一定时期内各城市、各业务单元的职能战略，从而使各职能部门、各项目组织都能够清楚地了解自己该做什么，进而可以激励他们积极主动地完成任务。

4. 由于企业明确了企业的利益相关者、竞争者和自身的优势、劣势、机会、威胁，从而使企业可以从容地应对机遇的诱惑和市场变化，有利于企业改进决策方法，提高风险控制能力和市场应变能力，进而有利于提升企业的持久竞争力。

企业战略规划应具有可操作性。执行标准和控制方法是否已经具备，是不是符合企业目标的要求；战略计划与现行员工的态度、兴趣与观念能否和谐共存；因为战略规划的实施必然导致一定程度的变革，那么这些变革所达到的目标和企业文化是否能和谐共存，这都是企业需要思考的问题。

第三节 | 实施合伙人计划

2019年夏季一个不算炎热的下午，康语在大型会议室隆重举行了康语“合伙人计划”全面启动大会暨康语合伙人签约仪式。

江鹏简要介绍了“合伙人计划”的主要目的和内容。在互联网时代浪潮下，康语必须推进组织结构再造，组织管理模式实现由管控、层级到平台、资源的转变，员工角色由雇用、岗位向联盟、创客转变；康语的资源会逐渐聚焦优秀员工，为团队赋能。

实际上，早在2017年康语就启动了基于“合伙人模式”的股权激励计划，在发展快速的企业里，制定一个几年内相对确定的规则实属不易，但是逐步完善、适时修订的当下，“合伙人计划”体现了先进和优越感。此举不仅在业内引起巨大轰动，在当地商业市场中也属少见。

丁勇再次强调了此次合伙人大会的重要价值意义，并通过“转角色、强责任、共担当、创未来”四个方面与大家分享了康语合伙人理念的发展历程和战略不断迭代的过程。再次勉励大家“有作为就有地位”，康语人不仅要成为“利益共同体”，更要成为“价值共同体”，为“同路人、共未来”赋予了更深层的价值和意义，合伙人计划的优势总结如下：

1.合伙人计划适用于初创阶段，业务市场空间大，企业成长性强，具有较大的风险和不确定性的公司，通过合伙人激励保持核心经营团队稳定性和积极性。股权激励适用于成长阶段，已挖掘自身的市场空间，对未来经营情况有一定的预见性及控制力，树立以达成资本运作指标为发展目标的公司，通过股权激励保留公司骨干员工。

2.合伙人计划中跟投模式可以按照项目的多少进行设计，不受项目数量的限制，这种模式有助于加快公司项目的扩张速度，也有助于实现内部创业。这种模式深受各行各业以及需要在各地设立子公司的企业所青睐。

3.合伙人计划将项目经营结果和合伙员工的个人收益直接挂钩，公司可不设本金保障及收益保证机制，在项目投资决策时更加谨慎，在公司运营管理过程中更加注重精益化管理，强化整个团队的执行力，防止经理人可能存在的逆向选择，形成一种合作共赢的合伙人企业文化。

第26章
从“资源整合”到“组织赋能”

一切都欣欣向荣时，在江鹏的办公室里，丁勇、江鹏、刘斌和詹美露再次意识到潜在危机。危机意识是发展的原动力，一个企业能够居安思危，戒奢崇俭，这不仅是领导者们的卓越认知，也是文化基因所在。

第一节 | 设计资源的整合体

任何一家企业组织建设都是各种资源的整合体。如何排列和整合资源，使其效益最大化则是企业管理的关键所在。刘斌提出组织架构是企业资源配置的框架和通道，通过对传统职能组织结构模式的总结，和对矩阵组织结构特点进行对比分析，指出康复机构拥抱矩阵组织结构的优越性和先进性，对多品牌、多区域的未来发挥最大的作用。

康语人对此认知形成了高度一致的意见，但是如何呈现企业内部的优势和特色，既便于管理者提高管理效率又有利于员工发挥所长，则成为组织管理中一个需要不断思考和改进的问题。刘斌成为这次组织变革的负责人。

刘斌经验丰富，坚毅冷静，冷静让他处变不惊，能很快分析事情的来龙去脉，坚毅让他具备能从一而终的动力。从刘斌身上可以看到一个人的性格确实在很大程度上决定成就，培养良好的性格是很有必要的。一个人的精力毕竟是有限的，单打独斗很难成事，刘斌在资源整合方面，有其擅长一面，之前的董事长秘书工作让他积累了非常多的经验。

组织资源整合也就是把组织中优秀的东西集合起来，重新归类分配，随时为各团队所用，也可以为个人所用，本身更是一种分享价值的方式，也就是团队的力量，平台的力量大于个人。

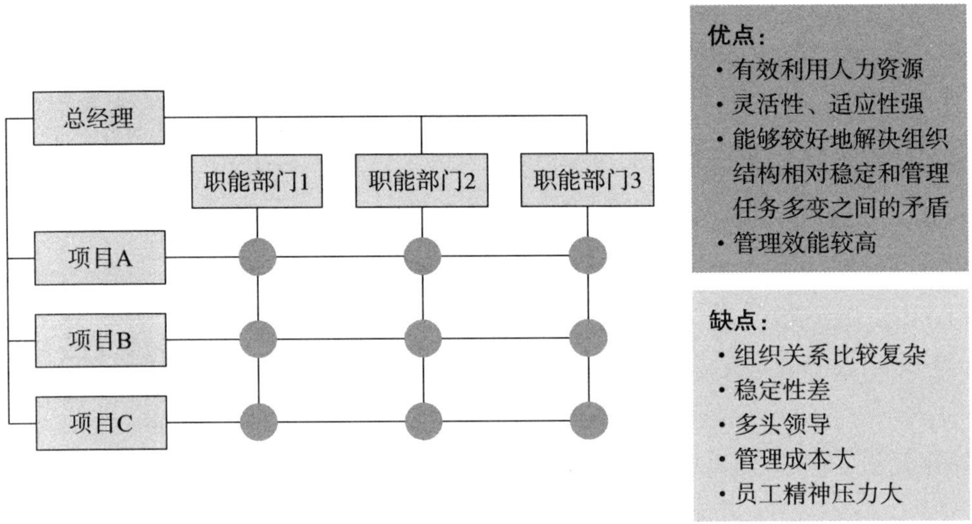

图26-1　矩阵型组织示意图

整合资源工夫要下在平时日常生活的方方面面。而不是好高骛远，祈求一招制胜。整合资源要循序渐进，不能急于求成，如果着急反而是适得其反。记住千里之行始于足下。纸上得来终觉浅，绝知此事要躬行。再好的方法如果不去实践就是空中楼阁。整合资源的过程中，自己的学习能力肯定也会在不知不觉中成长。资源整合有两个层面的工作，一个是战略思维层面，另一个是战术选择层面。

1. 在战略思维的层面上，资源整合是系统论的思维方式。就是要通过组织和协调把企业内部彼此相关却彼此分离的职能、把企业外部既参与共同的使命又拥有独立经济利益的合作伙伴整合成一个为客户服务的系统。

2. 在战术选择的层面上，资源整合是优化配置的决策。就是根据企业的发展战略和市场需求对有关的资源进行重新配置，以凸显企业的核心竞争力，并寻求资源配置与客户需求的最佳结合点。目的是要通过组织制度安排和管理运作协调来增强企业的竞争优势，提高客户服务水平。

作为企业战略调整的手段，资源整合就是要优化资源配置，就是要有取有舍。组织资源处于分散、割裂、封闭和无序竞争状态的情况下，对未来发展战略目标的实现是非常不利的。资源整合是指企业对不同来源、不同层次、不同结构、不同内容的资源进行识别与选择、汲取与配置、激活和有机融合，使其具有较强的柔性、条理性、系统性和价值性，并创造出新的资源的一个复杂的动态过程。

第二节 | 对比传统和未来

刘斌开始梳理传统组织和未来要架构的组织特点，从对比中寻找突破口。

1.职能型组织架构管理的特点

职能型组织架构模式在康语管理过程运用前期发挥了积极作用，但随着近几年康语朝着人员复杂、体量庞大、各专业领域方向长足发展，传统职能型组织架构管理已经无法满足现有组织管理的需要。

（1）层级多，目标任务传递过程中失真

职能型组织架构管理序列主要分为五个层级，分别为领导班子、职能部门总监、校区领导班子、总部部门经理、校区经理，一方面层级较多传达、执行效率低下，另一方面在执行过程中各个部门仅为完成自身职能任务而对总体目标是否完成意识性不强，容易造成各个部门各自为政，部门与部门之间互相推诿，产生组织内耗。

（2）成本管理亟待在组织层面上解决

企业规模化后，成本也呈几何倍数增长。要想实现利益目标就必须要控制成本，而成本管理重点由一线校区的管理控制，而职能型组织架构管理模式成本管理职能由财务部负责，但校区管理又是由校区本身负责，两者思维意识侧重不同，导致价值观不同。一方面更注重进度管理，缺少成本管控意识，成本管理意识淡薄；另一方面忽略目标与成本之间的协同和配比。这不是人员问题，而是组织问题。

（3）存在交叉指令、矛盾指令源

在传统职能型组织架构，管理组织架构中一个部门可根据它的管理职能对其直接和非直接的下属工作部门下达工作指令。例如，作为一位校区市场人员接收市场部总监的指令，同时也接收校区负责人和其他部门的指令，这样就会出现多个交叉和矛盾指令源，严重影响项目管理机制运行和项目目标的实现。

2. 矩阵组织结构管理的特点

矩阵组织结构具有任务清楚、目标明确，灵活机动的特点，分纵横两条管理主线，横向由职能部门组成，纵向由项目组成。

（1）管理层级扁平化，提高工作效率

矩阵组织架构简化为三个层级，分别为领导班子、职能部门、项目经理，管理指令只来源于部门或项目层面，管理层级扁平化更有利于目标任务的实现，提高工作效率，减少权力冲突，有利于目标任务的实现。

（2）有利于团队细分

以项目为单位实行划小核算单元，在实行矩阵组织管理模式后，对整个项目团队进行考核，项目团队包含奖励，惩罚。

（3）培养人才的摇篮

传统职能型组织架构管理模式很多目标任务主要由部门以上负责人承担，没有分解到一线人员，而矩阵管理模式则将目标分解到项目团队，分解到每个人，同时在划小核算单位的分配上提高各级管理人员的占比，有效提升了管理人员积极性。

（4）有利于学习组织建立

采用矩阵组织架构项目管理后，原有职能管理人员就不能仅负责职能、职责，还需对项目的各项目标的达成负责，创造良好的学习平台和氛围，从而提高全体管理人员的综合素质。

（5）有利于附属部分责任划分

杜绝了部分任务找不到责任人，出现问题不知道找谁解决的情况，矩阵组织架构采用项目负责制，凡是在项目的附属部分责任及问题解决均由项目负责，提高了工作效率。

3. 矩阵组织结构在康语组织管理上的具体应用

刘斌把理论层面逐步从经营侧进行优化，实现矩阵组织的场景逐步应用。这个时候的康语是一艘超级大船，激进型变革已经不适合，宜采用渐进型变革，这是这次组织变革的核心思想。

（1）充分分析项目组成，合理进行职责划分

根据项目特点和项目组成合理进行项目划分，考虑各项目目标任务和难度系数，尽量以时间进度作为分界点，便于过程管理。

（2）人尽其才，才尽其用

根据项目的划分充分分析每个项目的特点和管理重难点，有针对性地匹配项目各职能人员的组成，但项目的组成人员必须包含各个职能部门人员，保持项目的职能完整性，体现灵活机动的特点。

（3）用制度来寻找矩阵组织平衡点

矩阵组织比较难操作的就是平衡性。强弱矩阵之间有一定的差异，能够影响整体运营效果。从项目制度出发，促进进度、质量、客户、成本、利润等各项指标的制度实现。部门对项目总体部门职能目标负责；负责部门职能范围内各项制度的制定和检查落实情况；处理各项目反映集中需协同解决的重大问题；负责每月对项目工作开展情况进行评分；制定项目考核评分标准；为公司下一步发展做好前瞻性的准备工作；负责部门职能的培训、教育工作；负责下达各项目的月度目标。

（4）保障矩阵组织架构高效运行的措施

在矩阵组织架构下配套完善对项目的考核办法，每月召开月度例会对考核结果进行通报并兑现奖惩。考核办法将考核等级分为优秀、良好、合格、不合格，不同等级对应不同奖惩，对全员具有较好的激励作用。

定期对项目进行评分，引入内部竞争。在每周例会和重大事项时候会对项目进度、质量、客户方面进行评分，实时对扣分情况进行反馈，那么在项目与项目之间就有一个对比和竞争，这对于塑造项目内部荣誉感、责任心、团队凝聚力均能起到较好的激励作用，形成比、学、赶、帮、超的氛围。

在进行责任划分的同时也下放管理权力，作为项目团队有效管理的保障，避免发生团队协作中不服从项目管理的情况，项目团队具有一定的决策权、财务权和人事任免权，具有资源申请、审核权力，最大限度地将权力下放到一线校区，灵活、机动、快速解决现场问题。

（5）根据项目进展实行动态项目管理

在项目初期阶段，结合人员匹配和问题集中的特点采取“弱化项目，强化职能部门”进行管理，利用有限资源对校区以及其他项目实行统一管理，集中解决教学中存在的共性问题和难点问题。

项目中期阶段由于人员配备资源配备基本到位，共性问题普遍得到解决，则采取“强化项目，弱化职能部门”进行管理，最大程度调动项目主动性、自主性、积极性，解决项目存在的问题。

项目结束阶段的特点是人员陆续撤离，任务减少，更多的是结算和流程性工作，采取“弱化项目，强化职能部门”管理，最大程度释放人力资源，集中解决收尾工作。

组织管理发展迅猛，但企业管理水平不能适应快速发展的需要，传统职能型组织管理模式很大程度上阻碍建设企业做大、做强，采用矩阵组织管理模式在很大程度上提升建设企业管理水平，对企业做大、做强形成强有力的支撑和保障，对建设企业的管理模式改革势在必行。

第三节 | 把握企业文化建设的黄金时间

优秀企业建设达到预期，企业文化建设要找准启动时机切入点。

康复个训老师原权深有感触，原权利用公司年会全体员工欢聚一堂的大好时机，通过组织适当的企业文化活动、举行独特的企业仪式、开展强化员工目标感与责任感的企业文化培训，一方面可以有效地传播公司的企业文化理念，另一方面可以充分激发员工的拼搏激情，最终推动良好经营业绩的实现。

因此，原权很快成为康语的企业文化官。那企业文化大有作为的时机是什么时候呢？具体来讲，把握企业文化建设的黄金时节，至少可以在4个方面有所作为：

1.在经营分析的同时开展企业文化模型诊断

企业文化模型诊断强调的是一种阶段性管理，指的是通过对企业文化模型的各个维度来诊断年度建设工作和成果，并对严重问题进行深入调查，客观评估企业文化现状，总结企业文化阶段性工作的经验得失，明确存在的问题与改进方向。

2.利用各系统各部门会议的机会，企业文化要有针对性地传播

这一阶段的企业文化培训与传播，需考虑到时机的特殊性与传播对象的差异化，以达到最佳的培训传播效果。更可借助部门总结计划会的契机，通过开展企业文化共识研讨活动凝聚中高层管理者对组织文化的共识，深入领会组织的战略意图与发展方向；通过组织针对管理者的企业文化专题培训。

3.新员工入职时，企业文化应当先行进入

通过组织针对新员工的企业文化基础知识培训，强化其对公司文化的认同度与向心力，明确自己的工作价值与努力方向，能够更好地将个人发展与公司未来联系到一起。

4.结合年度经营目标，从公司层面明确企业文化建设项目

企业在一般岁末年初的时候，都会制定下一个年度的经营目标与实施计划，为了更好地让全员明确年度的工作重心，需要提炼年度的管理主题和具体的企业文化项目规划，规划的过程本身也是文化普及的过程。

越来越多的企业开始重视企业文化的建设，但是一些企业把企业文化建设理解成是挂在墙上的标语、口号和举办一些文体活动，认为只要梳理出一些文字内容，搞一些热热闹闹的活动就是企业文化建设。原权并不是这样理解企业文化的，其实企业文化建设是一个系统工程，企业文化建设像洋葱一样，至少有四个层次。

1.核心理念

企业文化理念主要是全体员工共同信守的基本信念、价值标准、经营理念、职业道德等，理念的提炼主要是对企业使命、愿景、价值观、经营理念等进行提炼，并进行诠释和润色，形成企业文化的核心内容和灵魂。

2.统一行为

员工的行为规范、行为准则是企业文化理念的具体化，首先要确保员工的行为规范、准则要与理念一致，是将理念进行具体化、明细化，体现了理念的真实内涵；其次要确保所有员工在日常经营管理活动中的行为表现统一，看上去是一群相同的人。

3.做事规范

在企业文化传播的过程中建立起视觉识别系统，对文化理念、行为规范和行为准则符号化、标准化、视觉化，让全体员工对企业产生一致的认同感和价值观，让社会公众对企业的认知比较容易辨识。

4.文化符号

企业文化建设首先是对企业理念进行准确表达，其次是不断追求理念与行为的一致性，同时将理念和行为符号化、标准化进行传播。文化符号通常有8种表现。

（1）规章制度

文化理念能够落实，在规章制度里都会有表现，员工的行为能够体现出企业理念的要求，如员工行为规范、公共关系规范、服务行为规范、危机管理规范、人际关系规范等。

（2）决策机制

企业文化必须反映在企业的日常工作和决策中，高管负责人应该以身作则，言信行果。

（3）会议仪式

在必不可少的各类典礼和仪式上可以有效推广企业理念，丰富生动地贯彻到各个方面。如企业各类会议、展览、庆典以及企业内部外部节日等。

（4）榜样英雄

像我们学习雷锋一样，为了实施和贯彻企业理念，需要有各个部门及员工学习的榜样，树立典范或优秀人物可以让所有的员工感受到切实的影响。

（5）传播载体

要有效地传播企业理念，共享价值体系，也为了让员工切实参与到企业文化中，就需要建立畅通而多样化的途径，如内部网络、报刊、论坛、宣传阵地。并利用这些途径经常性地对员工进行教育和培训。

（6）企业形象

企业形象是企业通过外部特征和经营实力表现出来的，被消费者和公众所认同的企业总体印象。由外部特征表现出来的企业的形象称表层形象，如招牌、门面、徽标、广告、商标、服饰、营业环境等，这些都给人以直观的感觉，容易形成印象。

（7）指导思想

积极探索当前形势下企业文化建设的新规律，构建符合时代需要、符合现代企业制度需要的文化体系，为增强公司核心竞争力、提高企业经济和社会效益，创造良好的文化氛围和强大的力量源泉。

（8）远景目标

根据企业的整体发展战略，遵循有计划、有步骤、由浅入深、由表及里的程序，建立起一整套科学、完整的企业文化建设系统。从精神、行为、制度、物质四个方面着手，全面推进、系统运作，构建出切合实际、便于操作的企业文化建设体系，并纳入企业整体发展战略目标当中，成为企业整体规划的重要组成部分。

第四节 | 理解趋势，成就未来

回望2019年，康语走过了不平凡的一年，这一年教育培训行业出现了很多新的变化和趋势，这也为已经到来的2020年带来新的启示。

更好地把握当下，才能更好地走向未来。康语发展正在朝着多元化和规范化的道路发展，在居安思危的同时，康语的舵手们也积极探讨未来趋势，希望能够继续决胜于未来。

1. 招生下沉

招生及营销方式将会受到冲击，口碑招生将超过传统招生和营销方案，“招生下沉”将成为营销趋势。品牌加盟也将下沉到四五线城市，更多创新类产品将迎来新的发展契机。

2. 网络改变着传统模式

客户选择学校的角度将发生变化，随着互联网的发展，便捷式服务让家长越来越觉得课程外的体验更重要，网络的普及和应用的确不停改善着教育方式。

3. 客户新需求

客户新的刚需即将出现，随着各行各业经济影响，家长生活工作压力将会增大。很多康复学校都是家长开设的。因此康复机构与家长形成新的合作模式即将实现。

4. 以人为本

校区利润率可能面临下降考验，人力成本逐年增加，以课时为基础的结构，必须以人效为基础，越来越以人为本的管理，称为企业经营核心问题。

5. 差异发展

以前更注重模式的复制，现在康复机构发展则更聚焦产品，每家的产品课程都有其独特的一面，做出差异化，从而提高核心竞争力。

6. 师资紧俏

招聘将会更难，更多机构招聘对于教师高要求的需求加大，而现有特教专业的老师很难满足庞大的市场需求，将会导致招聘难度增加。机构应积极组织老师参加资格证考试和调整薪酬激励模式，来应对人才竞争。

7.资本市场变冷

投资趋于理性化，“热钱”变少，上市过程审核也很严格，在这个过程中需要更多更复杂的工作准备。

8.互联网+

互联网科技将持续影响传统教育，整体行业将向互联网靠拢，更多取向“边际成本”，所以校区应多了解和多关注，有资金可考虑去占股拥有人工智能的机构，走一条未来发展之路。

从一家三百平方米默默无闻的小机构，到如今中国特殊教育行业领军人物，康语正在以势不可当的姿态，迎来行业变革的浪潮，康语正是这弄潮儿。七年蓄力，三年赶超，康语速度，引领行业，康语为福建省乃至全国的特殊教育机构树立了榜样，也助推着行业发展水平的拉升。这背后，是丁勇、江鹏、詹美露、刘斌、杨梦丽、原权、唐子宸等康语人的初心和永不言弃的精神，是呕心沥血投入巨大时间精力的康语管理团队的功劳，是组织精心策划适应市场的变革精神功劳，也是尽心尽责的千百位一线特教老师的功劳！

康语的腾飞，来自适时适宜的组织变革！

组织快发展，特教慢艺术。

POSTSCRIPT | 后记

与三茅网结缘的这两年多来，我和三茅网数以万计的HR从业者之间的距离逐渐拉近，他们的画像在我心中愈发清晰明朗。他们是正在奋斗拼搏的HR从业者，他们有过成功的喜悦，也有过对职业发展的焦虑；他们乐于学习知识，也有能力付诸实践；他们愿意分享经验，也相信自己潜力无穷。

然而，每一位HR在职场发展中遇到的问题大多是相通的。从不同情境下的问题中找出共性的答案，并总结出优秀从业者的成功经验，是三茅网始终如一的诉求。三茅网能做的，就是坚持分享有用的知识、内容和经验，帮助每一位HR从业者少走弯路。为此，我们邀请到行业内5位优秀的人力资源从业者分享经验，他们均在知名企业或专业咨询公司工作过多年，拥有丰富的企业管理和行业经验。用他们所分享的案例和总结的经验来解答人力资源领域的困惑和问题是再合适不过的，也更具有针对性和实操性。在此，衷心感谢参与编写的5位撰稿老师，感谢您们与三茅一起，为HR从业者提供方向与力量。

本书的制作过程前后经历了将近一年的时间，从选题立意、策划、大纲拟订到成书的过程中得到了中国法制出版社潘孝莉主任的大力帮助。在此还要一并感谢三茅网总经理黄志宾、运营主管阚新婷以及与我共事的同事们，是他们给了我时间和机会，并在整个出版过程予以悉心指导，在此一并致以真诚的感谢。

周轩同

图书在版编目 (CIP) 数据

人力资源核心技能实战复盘：技能升级、案例精解、经验复制、战略落地 / 三茅人力资源网编著 .—北京：中国法制出版社，2020.10

（三茅百万 HR 系列丛书）

ISBN 978-7-5216-1272-1

Ⅰ. ①人… Ⅱ. ①三… Ⅲ. ① 人力资源管理—基本知识 Ⅳ. ① F243

中国版本图书馆 CIP 数据核字（2020）第 170460 号

策划编辑：潘孝莉（editorwendy@126.com）

责任编辑：郭会娟（gina0214@126.com）　　封面设计：刘璐璐

人力资源核心技能实战复盘：技能升级、案例精解、经验复制、战略落地

RENLI ZIYUAN HEXIN JINENG SHIZHAN FUPAN：JINENG SHENGJI、ANLI JINGJIE、JINGYAN FUZHI、ZHANLÜE LUODI

编著 / 三茅人力资源网

经销 / 新华书店

印刷 / 三河市紫恒印装有限公司

开本 / 710 毫米 ×1000 毫米　16 开　　印张 / 18　字数 / 280 千

版次 / 2020 年 10 月第 1 版　　2020 年 10 月第 1 次印刷

中国法制出版社出版

书号 ISBN 978-7-5216-1272-1　　定价：69.00 元

北京西单横二条 2 号　邮政编码 100031　　传真：010-66031119

网址：http://www.zgfzs.com　　**编辑部电话：010-66022958**

市场营销部电话：010-66017726　　**邮购部电话：010-66033288**

（如有印装质量问题，请与本社印务部联系调换。电话：010-66032926）